三晋历史文化名人书系

王振川 — 著

于成龙

山西出版传媒集团
北岳文艺出版社
·太原

图书在版编目(CIP)数据

于成龙 / 王振川著. —太原：北岳文艺出版社，
2021.5

（三晋历史文化名人书系 / 古卫红主编）

ISBN 978-7-5378-6355-1

Ⅰ.①于… Ⅱ.①王… Ⅲ.①于成龙（1617—1684）
－传记 Ⅳ.①K827=49

中国版本图书馆CIP数据核字（2021）第004870号

于成龙

王振川　著

//

责任编辑
韩玉峰

书籍设计
张永文

印装监制
郭勇

出版发行：山西出版传媒集团·北岳文艺出版社

地址：山西省太原市并州南路57号　邮编：030012

电话：0351-5628696（发行部）　　0351-5628688（总编室）

传真：0351-5628680

经销商：新华书店

印刷装订：山西人民印刷有限责任公司

开本：787mm×1092mm　1/16

字数：210千字

印张：22

版次：2021年5月第1版

印次：2021年5月山西第1次印刷

书号：ISBN 978-7-5378-6355-1

定价：68.00元

于成龍

出版前言

习近平总书记强调："文化自信是更基础、更广泛、更深厚的自信，是更基本、更深沉、更持久的力量。"坚定中国特色社会主义道路自信、理论自信、制度自信，说到底是要坚定文化自信。奋进在建设文化强国的伟大征程中，我们要努力从中华民族世世代代形成和积累的优秀传统文化中汲取营养智慧，延续文化基因；萃取思想精华，展现精神魅力。

山西是中华文明的重要发祥地之一，以尧舜禹为代表的根祖文化，以长城为代表的多民族交融的边塞文化，以云冈、五台山、平遥为代表的物质遗产文化，都极大地彰显了山西传统文化的软实力。特别是从尧舜禹起，乃至晋文公、荀子、赵武灵王、卫青、霍去病、关羽、薛仁贵、王勃、王维、柳宗元、司马光、元好问、关汉卿、薛瑄、傅山、于成龙、陈廷敬、祁寯藻、杨深秀等，一大批政治家、思想家、军事家、文学家，在中华民族历史上做出过重大贡献，占据崇高地位，产生了持久的影响，是山西乃至中华文化的典型性人物，他们的文化成就，是中华文明的宝贵财富。

2020年5月11日至12日，习近平总书记再次亲临山西视察，对山西历史文化给予高度评价，对山西历史文化名人给予高度肯定，勉励山西要深入挖掘优秀传统文化，引导广大干部群众提升道德情操、树立良好风尚、增强文化自信。习近平总书记的重要讲话重要指示，给山西人民以极大鼓舞和激励，为我们传承和弘扬山西优秀传统文化，建设文化强省、文化强国，进一步指明了方向。

当前，山西正处于转型发展和建设文化强省的重要历史关头，迫切需要汇聚更强大、更深厚的精神力量，这就要求我们要更加坚定地以习近平新时代中国特色社会主义思想为指导，深入贯彻、忠实践行习近平总书记视察山西的重要讲话重要指示，乘势而为，守正创新，充分挖掘和弘扬山西历史文化名人的精神内涵，为山西高质量转型发展提供精神动力。为此，我们山西出版传媒集团主动策划了《三晋历史文化名人书系》。

该书系从众多的山西历史文化人物中遴选了荀子、卫青、霍去病、关羽、司马光、于成龙、陈廷敬7位极具代表性的名人，以传记的形式，深入浅出地讲述他们的生平事迹和重要成就，彰显了他们在中国古代政治、经济、军事、文化、教育等领域所做出的杰出贡献。尤其重在阐释荀子的"为学之道"，卫青、霍去病的"勇武之功"，关羽的"忠义之气"，司马光的"正直之德"，于成龙的"廉能之志"，陈廷敬的"清勤之能"，通过深入挖掘山西历史文化名人的精神内涵，汲取精神力量，引导全省干部群众深入了解山西历史文化名人、大力弘扬中华优秀传统文化。这是山西出版界贯彻习近平总书记殷殷嘱托的一项成果。

党的十九届五中全会吹响了建设社会主义文化强国的冲锋号，我省提出要凝心聚力建设新时代文化强省，熔铸发展软实力，增强文化晋军影响力，用璀璨文化之光照亮转型发展之路。我们相信，《三晋历史文化名人书系》的出版，一定有助于全省党员干部进一步深入贯彻落实习近平总书记视察山西重要讲话重要指示；有助于全省干部群众在新的历史起点上，加速转型发展，率先蹚出一条新路；有助于增强我们的历史责任感，重塑文化形象，坚定文化自信，为实现中华民族伟大复兴的中国梦奋勇前进。

山西出版传媒集团党委书记、董事长

贾新田

序论

"天下第一廉吏"于成龙

于成龙（1617—1684），字北溟，号于山，明末清初山西永宁州人，出生于富裕的乡绅家庭，其故里在今山西省吕梁市方山县北武当镇来堡村。

于成龙明崇祯十二年（1639）中"副榜贡生"，清顺治十八年（1661）进入官场，历任广西罗城知县、四川合州知州、湖广黄州府同知、湖广武昌知府、湖广黄州知府、湖广下江防道、福建按察使、福建布政使、直隶巡抚、两江总督。他为官以清廉正直、精明干练、勇于任事著称，平生三次在官员政绩考核中被举为"卓异"，又被誉为"天下廉吏第一"。不仅造福任所的一方百姓，同时带动当时的官场风气，影响造就了一大批清官廉吏，为康熙盛世的吏治建设做出了贡献。

于成龙出生在明朝末期，前半生经历丰富，饱尝忧患。

曾经少年得志，早早地中了秀才，考上"副榜贡生"，又曾经乡试不第，痛感挫折。经受过辛勤的农耕生活，又在灾荒战乱中备尝艰辛。明亡清兴的大变革时代，让于成龙经历了重大考验，也让他在痛苦中思索新的人生之路。

于成龙在初仕罗城的赴任途中曾向朋友宣称："此行绝不以温饱为志，誓不昧'天理良心'四字。"从此，"天理良心"成为他终生奉行的从政理念，言出必践，始终如一。他后半生的官场之路，也充满了磨难和考验。广西罗城和四川合州都是当时最艰苦的地区，于成龙在煎熬中挺了过来，创造了不凡的政绩，获得了良好的声誉。湖广、福建、直隶、两江都是当时的繁剧之地，有盗匪，有灾荒，有战乱，还有复杂险恶的官场斗争。于成龙一步一步地走了过来，挺了过来，从一名普通的基层官吏，逐渐成长为位高权重、朝野钦敬的封疆大吏。最后积劳成疾，鞠躬尽瘁，为自己的一生画上了辉煌的句号。

于成龙是中国传统文化培养出来的士人，不仅熟读儒家经史，浏览佛典道藏，于诗词小说也广泛涉猎，知识丰富，才智过人。他又是忧患时代磨炼出来的官员，饱经离乱风雨，心忧天下苍生，以做官从政的手段，致力于恢复太平盛世。

在罗城时期，他编制保甲，缉捕盗匪，改革盐务，修复城池，创建学宫、养济院，医治了罗城的战争创伤，迅速恢复了经济民生。

在合州时期，他革除弊政，招徕流民，增加户口，开垦荒田，让这个寂无人烟的荒州，逐渐恢复了繁荣。

在黄州时期，他抓捕盗匪，维持治安，赈济灾民，办学兴教。后来又剿抚叛乱，办理军需，恢复经济，稳定社会，在烽火扰攘的三藩叛乱时期保障了一方百姓的安宁。

在福建时期，他整治了官场秩序，平反了大量冤狱，释放了数千名无辜百姓，解救了数百名战时奴婢和儿童，免除了数万名百姓的不合理差役。解冤救苦，功德无量。

在直隶和两江时期，他作为地方长官，革火耗、禁奢靡，做了大量的兴利除弊事务，造福无数黎民百姓。同时还为朝廷和百姓选拔推荐了一批德才兼备的贤良官吏，为开创康熙盛世做出了贡献。

于成龙一生忠君、报国、勤政、爱民，信奉"为政以德""仁者爱人"的儒家思想，又坚信因果报应、行善积福的佛道观念，总结出独特的"天理良心"格言。在二十多年的官场生涯中，于成龙过的是一种类似出家修行的清苦生活，布衣蔬食，淡泊自甘。平生的物质享受，大概只有每晚的一壶老酒而已。他从不贪取一丝半缕的不义之财，反而经常捐出俸银，用于赈灾济贫、兴学育人等慈善公益事务。每当入不敷出、捉襟见肘之时，他便典当衣物骡马，以糠粥青菜勉强度日。这样的人古近少有，堪称"天下第一廉吏"。

于成龙不贪图财利，也不留恋功名，经常在诗作中流露出急流勇退的情绪，也多次付诸行动，向上级和皇帝上书，要求辞官归隐。但是在特殊的战乱时代，他的请求一直没有得到批准，只能鞠躬尽瘁，死而后已。

于成龙是一位坚持原则、不唯上只唯实、性情刚烈的人，敢和上级顶嘴吵架；又是一位严肃认真的人，对不正之风绝不姑息。另外，他是一位精明多智的人，面对繁杂的政务，总能想到有条有理的解决办法；是一位勇于担当的人，在好几次危急关头，都敢于挺身而出，破格办事；是一位宽厚仁慈的人，对属下的小失误能够包容原谅，而对百姓的疾苦，则经常伤心地泪流满面；是一位顾全大局、讲究体统的人，面对政敌的攻讦，他只是反躬自省、引咎自责，绝不为自己的官位和名声而争辩反击、激化矛盾。他也是一位浪漫风趣的人，面对风花雪月、名胜景观，喜欢吟几句诗，填几阕词，颇有文人士大夫的风雅情调；而在不开心的时候，他也经常用诗词发几句牢骚，释放自己的情绪。

于成龙身材高大，须发茂密，面如重枣，目光如电，长相十分威武。特别是在晚年的时候，"白须伟貌"是他的标准形象。下属官员和平民百姓对他十分敬畏，也十分爱戴。当时及后世的许多知识分子、正直官吏，都以于成龙为学习的榜样，对他顶礼膜拜，称誉有加。于成龙的清廉故事、判案故事、捕盗故事，也是民间文化的热门题材，至今流传不绝。

在21世纪的新时代，于成龙的人格精神、清廉事迹仍然有着相当重要的借鉴教育意义，可以服务于廉政建设，为广大党员干部的忠诚报国、勤政爱民、廉洁自律、守正创新提供源源不断的精神营养。

目 录

第一章

平生功名是贡生

清朝康熙年间的"天下第一廉吏"于成龙，出生于明朝万历四十五年（1617）八月二十七日丑时，家乡在山西汾州府永宁州来堡村（今吕梁市方山县来堡村）。父亲于时煌，母亲田氏，哥哥叫于化龙。

于时煌，别号龙溪，是一位普通的乡间读书人。因家道富裕，科举无望，捐了一个从九品的名誉官职，名叫"鸿胪寺序班"。他并不需要去上任，只在家乡居住，读书课子，管理家业。于成龙可以说是出身于富裕的乡绅人家。

于时煌对两个儿子期望很高。"于"与"鱼"同音，他取"鲤鱼跃龙门"的寓意，希望一个儿子"化龙"，一个儿子"成龙"。而且，每条"龙"都给一个"大海"，于化龙字"南溟"，于成龙字"北溟"。

永宁大族

永宁州位于山西的吕梁山区，原来叫石州。明朝中期外族入侵，石州曾经失陷。有官员认为"石"与"失"同音，讨个吉利，就改州名为"永宁"。其管辖范围大致包括现在的离石区、方山县以及周边一些地区。

于成龙次子于廷劢的《墓志铭》中说："于氏世为州右

族。"所谓"右族",是指大家族。不仅指人口众多,也指家大业大势力大。因为年代太久,历经战乱和变迁,永宁于氏早就没有完整的家谱。现存的几种家谱,互相又无法连贯。现在能查到的于氏最早的先祖叫于伯达。他是"石州白霜里人",在今山西省柳林县境内。于伯达是一名普通百姓,家里有地,也读过书,但没有科举做官。他的儿子叫于建中,孙子叫于仕贤,也都是普通百姓。于仕贤生了个儿子叫于渊,家族这才开始兴旺发达。

于渊,字德深,读书有成,进学做了秀才、贡生。贡生有做官的资格,于渊初任河南永宁县(今河南省洛宁县)县丞,因为政绩突出,被河南巡抚举荐提拔为永宁县知县,后来又调任卢氏县知县。他在河南任职几十年,做了大量的善政,深受百姓爱戴,但也没有升官的机会。于渊家里人丁兴旺,他生了四个儿子、两个女儿,又有十一个孙子、八个孙女。于渊在世的时候,还见到了三个曾孙。

于渊的第四个儿子叫于坦,他是永宁于氏家族里唯一凭科举做到高官的人物。也正是他,为于氏家族带来了一次大兴旺。于坦在明朝景泰年间,先中了庚午科举人,四年后又中了甲戌科进士。出仕后,最初做的是行人,掌管传旨、册封、抚谕等事。后升官为工部员外郎,是正六品的官员。之后他的官运一直不错,到了明孝宗弘治年间,已经官至"大中丞"。所谓"大中丞",一般指"都察院副都御史",比照的是古代的"御史中丞",正三品,是负责监察的朝廷重臣。但朝廷特派到各地的"巡抚",一般都有一个"副都御史"的兼衔，也可以称为"大中丞"。根据《永宁州志》记载，于坦做的是"巡抚"，但具体在哪里做巡抚现已不可考。有记载说，于坦为官多年，积累了丰厚的家资，晚年退休后回到故乡买宅置地，过起了富翁的日子。

陈廷敬撰写的《于清端公传》中说，于成龙"先世仕明者讳坦，有声，弘治朝官至大中丞"，明确指出于成龙是于坦的后代。

○
○

来堡分支

清朝康熙年间修订的《于氏宗谱》卷五中说，于成龙这一支的始祖是于素。于素是于坦的什么人，记载是不清楚的。根据《卢氏县令于君墓表》，于渊的八个孙子名字都带玉字边，这里头没有于素。三个曾孙没有记载名字，不知道有没有于素？或者于素还要再低一两辈？

于素是于成龙的高祖，这个谱系是很清楚的。于素生四子，第四子为于恩。于恩又生四子，第三子为于采。于采生四子，长子为于时煌。于时煌生二子，长子为于化龙，次子便是本书传主于成龙。据某些记载，于成龙还有个弟弟叫于变龙，很可能未成年就夭折了。

不知具体什么原因，于素一家离开了"白霜里"祖籍，迁到了位于今山西省吕梁市方山县境内北武当山下的来堡村。于素，被家族后人称为"来堡始祖"，他们这一支，正式成了来堡村人。

来堡村位于风光奇秀的北武当山下。这座山原名龙王山，唐朝时就是道教的圣地，山顶建有玄天大殿。明朝万历年间，汾州府的庆成王非常崇拜真武大帝，花费重金修复了玄天大殿，又把登山道路砌成了石阶。从那时候起，龙王山就正式被称为北武当山、真武山，香火十分旺盛。

○
○

积善之家

永宁的于氏家族，一向有读书上进的传统，但科举考试的成绩，却显得不如人意。成绩最好的是于坦，中了举人和进士。排在第二的便是于成龙，但只中了个乡试副榜，连举人都未中。清朝乾隆年间有位于世荣中了举人，算是超过于成龙，逊于于坦。其他的有一批贡生：于渊、于琉、于化龙、于廷翼、于廷劢、于瀚、于大梁、于大枬、于大檀、于大楫。另外有一批是生员，靠捐纳官：于玺、于廷宣、于廷元、于汪、于大榳、于飞凤。于准虽然官至巡抚，但他是沾了祖父于成龙的光，走的是"官荫生"的途径。

以上这些资料，都采自清朝光绪年间编撰的《永宁州志》，可信度是比较高的。这种现象说明：永宁于氏家族财力雄厚，能有一批人靠捐纳做官；家族读书风气浓厚，秀才多，贡生多，但和以八股文为主要考试内容的科举制度不太合拍，举人、进士非常少。于成龙后来在《家训》中说：

族人不知读书之乐，侥幸博一青衫，自以为万事皆足。至于科第一节，皆诿之于阖郡风水。不知发过先达，尽系读书之人。岂风水之说，独不应于我辈乎？愿我家子弟破除积习，做童生，下一番苦功望进学；做秀才，下一番苦功望中举。

从这段话可以了解到，于氏族人往往满足于做秀才和贡生，把中不了举人进士的原因，归结为永宁州风水不佳。

于氏家族的另一个特点，就是和寺庙宫观关系密切。

于渊在河南做官时，就曾修建庙宇；于坦曾经是永宁安国寺的"大护法"；于采、于时煌、于成龙、于廷翼、于准等几代人，也多次积极捐款，修建佛教道教的庙宇，永宁安国寺几乎成了他们于氏的家庙。现在，研究于氏家族的情况，各处寺庙里的碑文和遗迹也是一个重要的资料来源。

在捐资建庙的同时，于氏家族也热衷于修桥补路、恤孤抚贫、赈济灾荒等公益事业。所谓"积善之家，必有余庆"。这种信仰宗教、重视功德、热心公益的家族风气，无疑对本书传主于成龙的思想形成和人生道路，有着重要的影响。

○
○

少年风貌

于成龙幼年的时候，母亲田氏就去世了。不久，父亲于时煌续娶李氏。李氏深明大义，对于成龙兄弟二人慈爱有加，如同亲生，于成龙和继母的感情也比较深。

熊赐履在《于公成龙墓志铭》中，曾经写到于成龙青少年时期的风貌：

> 公生而庄毅，异于凡儿。稍长，须髯如戟，即颦笑不苟，见者惮而敬之。性善吃辛苦，诸人所不能堪者，一处之恬如。为学务敦实，行不屑屑辞章之末……

再结合其他记载可知，于成龙的相貌特点是：身材魁梧，脸色发红，鼻梁高挺，胡须茂密，双目明亮，非常威武，不像是个文人，倒像是名武将，和《三国演义》中关公的模样有几分相似。到晚年后，因为操劳过度，须发皆白，又被人描述为"白须伟貌""白须伟躯"。

于成龙十八岁左右结婚，娶妻邢氏。他一生只娶了邢氏一位妻子，没有纳妾。二十岁时生长子于廷翼，后来又生了次子于廷劢和幼子于廷元，一共三个儿子。女儿的情况则没有记载。

○
○

学习趣闻

于成龙少年时代的读书学习，主要是由父亲于时煌教导的。后世流传了他的几则学习趣事，很好地反映出于成龙不平凡的心胸和才气。

第一件事，于时煌要求于成龙兄弟大量读书，经史子集各种书都要读。终于有一天，于成龙读够了，不耐烦了，他把书一合，大声对父亲说："经史子集千本万卷，无非四字而已！"

于时煌吃了一惊，连忙问道："是哪四个字？"于成龙一本正经地说："仁义礼智！"于时煌本来是要责罚于成龙的，听他说了这四个字，反倒没了脾气，叹服不已。

于成龙所说的"仁义礼智"四个字，全面地讲，应该是"仁义礼智信"五个字，也就是儒家提倡的"五常"。经史子集包含极广，除了正统的儒家思想，还有诸子百家的内容，绝非"五常"所能概括。于成龙这么说，反映出他的价值取向。

第二件事，于成龙有一次读李白的诗作《嘲鲁儒》：

> 鲁叟谈五经，白发死章句。
> 问以经济策，茫如坠烟雾。
> ……

读完后，他不由感慨万端，拍案而起，说：

> 学者要识得道理，从头做去，诵咏呻吟，有何用哉？

从这件事可以看出，于成龙不喜欢做纯粹的学者才子，而想致力于实际生活中的学问，注重提高实际工作能力，要能办大事才行。这种想法，和于成龙日后做官的处世风格，是十分一致的。

第三件事，于成龙曾经研习程朱理学，最后也总结了简单的四个字"天理良心"。程朱理学的内容是十分复杂的，一代一代的理学家们刻苦学习研究，探索实践，不断发展，尚不能穷其究竟。于成龙能把这些高深学问归纳为"天理良心"四个字，则反映出他驭繁于简的性格特点。

山寺读书

于成龙青少年时代，曾经在永宁城西二十里的安国寺刻苦攻读。他孙子于准在《重修安国寺碑记》中说：

> 先大父清端公未达时，厌城市之嚣，沙霾之蔽，尝读书寺之东楼，与浮屠纯天者为方外交。纯天虽奉慈氏法，颇通子墨，清端公故喜与之游。

在《重修安国寺碑记》中又说：

> 先王父清端公为诸生日，苦志静修，尝下帷于僧舍东楼。时寺僧纯天者参禅而通儒，与先王父朝夕谈心，遂称为方外交云。

还有记载说，于成龙住寺读书的时间长达六年之久。

于成龙读书时住的房子，后世称为"于成龙读书楼"，现在还有遗存。当时，安国寺的住持法名性善，号纯天，是位儒佛兼通、善于作诗的风雅和尚，《永宁州志》有他的传记和诗作。他在生活和学问上给了于成龙很多照顾，两人相处得很好。于成龙在寺中，除了刻苦攻读儒家经史，积极地准备科举，可能也翻阅了很多佛教经典，吸收了佛教文化知识。寺院中的晨钟暮鼓，清净素斋，也让富家出身的于成龙有了一种全新的体验，为他日后的俭朴生活打下了基础。

于成龙在安国寺，还有一次奇特的经历。在某晚的睡梦之中，于成龙遇到了佛菩萨或神仙。仙人赏给他一朵"优钵罗花"，让他吃了下去。他在梦中还为此吟出一句诗来："仙人赐我钵罗花。"梦醒之后，于成龙把这种奇特体验讲给纯天和尚。纯天在藏经中查阅了半天，发现所谓的"优钵罗花"就是佛经中经常出现的"优昙花"。这种有宗教意味的奇特经历，无疑会给于成龙一些暗示和鼓励，让他珍重对待自己的人生，努力做一番不平凡的事业。用民间的语言来说，这个奇梦意味着于成龙是很有来历的人物。四十几年后，功成名就的于成龙回忆起这件奇事，还专门写了一首七律：

优昙曾记梦中餐，山寺日高柏水寒。
云绕佛龛常五色，香飘精舍比芝兰。

生平未识金银气，偶尔轻抛麋鹿滩。

四十年来魔障尽，好教拂袖紫霞端。

○
○

乡试副榜

崇祯十二年（1639）秋天，二十三岁的于成龙参加了山西乡试。

根据惯例，于成龙应该提前几个月就赶到省城太原府，先安顿下来，适应省城生活。然后拜访名师，结交文友，揣摩科场风气，抓紧复习功课。他后来有一批多年相交的好朋友，比如交城县的张奋云，稷山县的武祗遹，另外有荆雪涛、时泽普等等，很可能就是在这种环境下相识的。

到了秋高气爽的八月，大家进入贡院参加考试。考毕发榜，年轻的于成龙没有中举，但成绩很不俗，中了一个"副榜"。

我们解释一下所谓的"副榜"。乡试正榜取中的，名曰举人，第一名称为解元。当时，每个省取中的举人名额有限，各省限额不同，山西省是九十名。一般每三十名秀才，能中一名举人，所以当时参加山西乡试的秀才有两千七百人左右。

举人，俗称为孝廉，已经具备了做官的资格，同时可以到京城参加会试。会试取中称为贡士，第一名称为会元。贡士再参加殿试，殿试取中名为进士，前三名分别称为状元、榜眼、探花。进士及第，就算是当时读书人的最高做官资格了。

乡试的"副榜"，始于明朝嘉靖年间，本来只是一种鼓励措施，说明虽然没有中举，但成绩很出色。也可以称"候补举人"，如果"正榜"出了问题，就可以立即从"副榜"里补充。名额也有限制，大约每取五名举人，则取一名"副榜"。于成龙参加乡试的这一年，山西省得中"副榜"的秀才，大概也就在十八名左右。

年纪轻轻的于成龙，第一次参加乡试，就在近三千人中，考了一百名上下，所以说成绩很不俗，能够证明他是一位聪明颖悟、才华横溢的优等生。"副榜"还有一个好处，可以不必再经过考试选拔，直接参加下一科的乡试。

副榜恩贡

这一年，朝廷采纳大学士杨嗣昌的建议，乡试副榜与正榜同日揭晓，副榜生员准贡，也就是可以做"贡生"。

"贡生"是怎么回事呢？朝廷在北京、南京等地设立国子监，算是国立大学。国子监的生源，有好多种途径，"举人曰举监，生员曰贡监，品官子弟曰荫监，捐赀曰例监"。所谓"贡监"就是指"贡生"，是从地方办的府学、州学、县学中招收的。贡生又分四类：岁贡、选贡、恩贡、纳贡。岁贡，本来是每年按定额择优保送的学生，但后来并不择优，只保送那些年老的廪膳生和增广生，以便给候补的生员腾出名额；选贡，原本为了打破岁贡的常规，特别选拔保送的优秀生，后来名不副实，保送的也是年老的廪膳生和增广生；恩贡，是朝廷因国家吉庆大典特旨降恩招收的学生，实际上和岁贡类似；捐资纳贡，属于"交钱上大学"的那种。国子监学生学习期满，通过考试，被分拨到朝廷的各个衙门实习，实习期满，再经过考试，就可以到吏部选官，成为国家正途出身的官员。

明朝初年，百废待兴，人才缺乏，国子监学生被朝廷委以重任、提拔任用，很多人最后都做了高官，这一条人才通道算是最热门的。明成祖永乐十八年（1420）迁都北京后，国子监设在北京，但南京仍保留了原来的国子监，史称南监和北监，招收的监生数量大增。国子监曾经有国内及东南亚各国的高才生近万名，非常红火，史称"其时布列中外者，太学生最盛"。但后来，科举越来越盛行，进士出身的人大都能得到重用和提拔，身份很高。学校出身的人只能得到小官冷官，提拔很困难，这一条路方才冷淡下来。

因为学校出身仍然算正途，读书人并不愿意放弃。又因为是冷途，读书人并不热衷。这样造成的后果是，贡生、监生虽然名目繁多，参加的人也不算少，但很难选拔到真正优秀的人才。国子监也经常是空空的，没有人老实坐监学习。

国子监是国立大学，总空着没人念书也不行啊，大学士杨嗣昌向朝廷建议"乡试副榜准贡"，实际目的就是要补充国子监的生员，强迫这批比较优秀的学生到条件最好的国子监念书。当时，还没有"副贡"这个名目，大家都把它当成是"恩贡"。到清朝后,"副贡"才成为常规,属于五贡之一。

○
○

依亲读书

于成龙二十三岁就取得了"副榜贡生"的身份,当然是很值得高兴的。而且他这个"副贡",和那些靠年龄资历混上去的贡生相比,含金量无疑是很高的。但于成龙年纪轻轻,风华正茂,自然不愿意走"贡监"的冷途,还想继续拼搏,中举人,中进士,做翰林,博得更为高贵的出身。

按照当时的规矩,于成龙到北京跑了一趟,办理了国子监的手续。然后再按照有关规定,办理"依亲读书"的手续。所谓"依亲读书",就是以父母年老多病、需要儿子侍奉尽孝为由,请假回家自学。但这其实只是于成龙的借口,他办这个手续的主要目的,是想继续参加科举考试。于成龙晚年有诗曰:"四十年前经过地,于今一别到三山。"应该就是回忆这次赴京过程的。

如果到国子监读书,完成课业,就可以称为"监生"。于成龙没有完成这个课业,所以后来还是称"贡生"。监生和贡生既可以继续参加科举考试,走科举做官的路子,也可以直接参加吏部的考试,做正途出身的朝廷官员。

第二章

天理良心誓不昧

清朝顺治八年（1651），于成龙再一次参加了山西乡试。这个行动，标志着于成龙对清朝统治的认可，但考试却失败了。蹉跎了多年，于成龙在四十五岁的时候，方才以明朝副榜贡生的身份出仕罗城知县。

○
○

气节问题

明朝的崇祯十七年（1644），也是清朝的顺治元年（1644）。江山易主，风云变色，对广大读书人来讲，成天学习"忠孝节义"的封建道德，这时候就有一个最敏感的气节问题。这一年于成龙虚岁二十八，完全有自己的思考能力和行为能力。他是如何面对这个问题的呢？

现在能看到的史料中，对这个事是只字不谈的。于成龙本人和他的于氏家族，在明清易代之际，肯定会有亡国的痛苦，肯定会有思想的波动，也肯定会有一些左右摇摆的行动，这是毋庸置疑的。但是，另一个更迫切的问题是生存。历经了多年残酷的战乱，身边的亲朋好友不断死亡，房屋破败，田地荒芜，正是古人所谓的"白骨露于野，千里无鸡鸣"。侥幸活下来的这一小部分人，最需要做的，是重整家业，努力生活。

可以试想一下：如果你有一大家子人，上有父母，下有妻儿，旁有一大批亲友，大家要穿衣要吃饭，要读书要治病，要娶妻生子，总之一句话：要活下去。作为家里的"顶梁柱"，这时候的你该怎么办呢？是农民，你就要去种田；是工人，你就要去做工；是商人，你就要去做贸易。那么读书人呢？在明清时代，读书人其实只有一条生活出路，那就是科举做官。实在做不了官的，才会去教书、去游幕，一是为官场准备新的人才，一是直接为官场服务，说来说去还是离不开这个官场。这是个非常无奈的事情，设身处地一想，也就明白了。即便是那几位宁死不屈的著名遗民，比如黄宗羲、顾炎武等，有的是在晚年勉强归顺清朝，有的是自己坚决不仕，但并不反对儿孙及亲友去做官。因为遗民不能世袭，大家都要活下去啊！顾炎武曾在《日知录》里提出一个"亡国"和"亡天下"的命题：

> 有亡国，有亡天下。亡国与亡天下奚辨？曰：易姓改号，谓之亡国；仁义充塞，而至于率兽食人，人将相食，谓之亡天下。

朱家社稷换成了爱新觉罗家天下，汉族王朝换成了满洲王朝，这叫"亡国"，但这和"亡天下"相比，要算是小事了。什么是"亡天下"呢？社会失去秩序，失去正确的价值观，失去保障，弱肉强食，互相残杀，这就是"亡天下"，是更痛苦的大事。完全可以这样理解：致力于恢复天下太平和致力于恢复朱明江山相比，前者属于更高的道义。

于成龙最终选择了积极出仕，选择了在清朝的官场上力行仁政，恢复天下太平。

○
○

乡试失利

崇祯十二年（1639）以后，有几个乡试年，但于成龙可能都没有参加。他最后一次参加乡试，是在清朝顺治八年（1651）。于成龙这年春天就赶到了太原，和朋友一起复习功课，准备应考。

关于这件事，于成龙的学友稷山人武祗遹在《跋〈于山奏牍〉后》中说，他和永宁的于成龙、交城的张奋云是多年的好友。顺治八年春天，三人同在太原崇善寺居住学习，准备应考。因为崇善寺处在闹市区，歌舞管弦，十分喧嚣。三个人厌烦不已，在朋友荆雪涛、时泽普等人的帮助下，又住到太原城北前明晋王开办的莲池书院去学习。当时的学习情况是"晨夕琢磨，以希一遇"，也就是想在秋天的乡试中光荣中举。另外，朋友们在一起，也私下讨论了很多话题，比如改朝换代和出仕新朝这些最敏感的问题。于成龙著名的"天理良心"命题，就是在这时候向朋友们提出的。

但这次乡试，三十五岁的于成龙却没有了当年的好运气。他和武祗遹、张奋云三个人都落榜了，铩羽而归。

科举考试有很大的偶然性，八股文风时有变迁，考官的兴趣爱好也各自不同。考不上不一定是没有才华，但毕竟很丢脸。据武祗遹记载，这次乡试失败后，三个好朋友都很灰心，回乡后都闭门谢客，羞于见人。不过，他们三人还是经常通信来往，互相规劝砥砺，并没有放弃原来的志向。

于成龙回乡之后，都干了点什么呢？

有人说，他在永宁州大武镇那座著名的木楼里教书，赚点微薄的束脩银子养家；有人说，"贵人遭磨难，于成龙砍过炭"，好像是下过煤窑当过矿工；还有人说，于成龙卖过酒……反正是跌到了人生的低谷。

教书，是有可能的，读书人科场不顺时，首选的职业就是教书。卖炭，也不是没有可能的，但不一定会作为主业。卖酒，也许是因为于成龙家里有座酒坊，他参与过销售或管理过一阵子吧。总之于成龙落榜后，境遇确实是不太好。

于成龙的家境，在永宁应该属于中等偏上的。经过多年的战乱，经济凋敝，原来的有钱人家日子过得也很拮据，有时候会卖房卖地兑换现银，但总还是过得下去的。

于成龙是贡生，仍然具备做官资格，在永宁城里，仍然是有头有脸的人物。于成龙后来在《请正朝仪详》一文中，曾经详细回忆故乡永宁州朝贺典礼的程序细节，这说明他亲自参加过多次典礼，可能还是主持操办的工作人员。这样的典礼，也只有地方官吏和士绅中的头面人物才有资格参加。

根据《从好录》的记载，于成龙青年时期在永宁曾经参与过一个文人结社，社友大概有十几人。其中有一位社友家境富裕，仗义疏财，为了资助贫寒社友，后来竟弄得家道中落。据说，于成龙也受过这个人的无私帮助。有这么一个要好的朋友圈子，于成龙这一时期的生活，应该也是有一点乐趣的。

　　另外，于成龙后来上任罗城知县，算是第一次当官，但他办事有条有理，似乎是公门老手，这也不是单纯的读书人能做出来的。他一定是在某些地方，积累了相当的工作经验。再看看康熙十三年（1674）于成龙在黄州平叛时的种种记载，当时有很多生员、武举、贡生、监生、绅士等身份的人士参与了于成龙的各项工作，立下了汗马功劳。这些人被简称为"绅衿"，绅是指退休官员，衿是指有功名的读书人。这说明在那个时代，有功名的读书人参与地方官府事务，是常见的一种现象。

　　在家事方面，也有很多变化。

　　于成龙的大哥于化龙做了几年"候补知县"，没有等到上任，便在顺治十一年去世了。他的父亲于时煌此时已进入了垂暮之年，又丧了长子，白发人送黑发人，境况好不到哪儿去，需要于成龙在家侍奉。于成龙就安心在永宁当起了于家的家长，管理经营那份祖传的家业。于成龙曾说："吾永宁地土硗瘠，亢涝靡定。"意思是永宁这地方土地贫瘠，水旱灾害比较多，农业生产很艰难。他还说，做家长应该"率其佃仆及时耕种，及时耘耨。宁先时，毋后时。

仍不时亲身董率，勿自家懒惰，委之家人"。他自己在农忙时节，也会亲自下地劳作。农业方面的技术和经验，他应该也积累了不少。和农业相关的其他副业，他应该也比较熟悉。当然，闲下来的时候，于成龙也许会到安国寺住上几天，潜心读书，继续培养自己的道德学问。

○
○

候补知县

顺治十三年（1656），于成龙四十岁。他以"副榜贡生"的身份，到北京去了一趟，参加吏部的考试，获得了一个"候补知县"的新身份。这次行动，可能是出于官府的督促，可能是出于老父亲的命令，也可能是于成龙积极主动去的。吏部的考试也不容易：考了"上上卷"，能够"候补通判"；考了"上卷"，能够"候补知县"；成绩稍差一些的，就只能"候补教谕""候补训导"。推测于成龙大概是考了"上卷"，所以成了"候补知县"。

因官位少，候补时限较长，加之父亲于时煌年岁已大，于成龙一时未能补缺上任，只好回乡侍奉父亲，为父亲养老送终。到顺治十五年（1658），父亲于时煌病故，于成龙因为要守孝三年，还是没有急着出去补缺上任。

于成龙有一首五言古诗《老女吟》，收录在其《诗集》的第一篇。这首诗表面上是用同情怜悯的口吻描写一位过龄未嫁的老姑娘，但实际上是寄托了于成龙自己中年未仕的身世之感。全文抄录如下：

妾身已许嫁，梅实过三春。

四德未敢斁，归期何尚迟。

岂为侬貌寝？应是婿家贫。

冰融霜又至，何以采涧滨？

布丝郎可贸，井臼妾所亲。

旭日雁声寂，蛾眉低自颦。

谁家车和马，百两烂其邻。

妾命嗟成薄，桃叶空蓁蓁。

拊心叩昊天，终待结朱陈。

就使穷难嫁，讵将香逐尘。

悲思古贤妇，馈饁敬如宾。

卬友心同否？有生殊不均。

○
○

吏部掣签

于成龙顺治十八年（1661）春天去北京求官。这时候，朝廷刚刚经历了顺治皇帝驾崩的变故，小皇帝玄烨才八岁，管事的是索尼等顾命大臣。不管怎么样，朝廷该办的事，总还是要办。

于成龙到吏部参加"掣签"，通过抽签方式，决定到哪里任职。他的运气差极了，抽了一支"下下签"，被分配到了刚刚纳入清朝版图的广西省。广西省，当时习惯上称之为粤西，是一个极其偏远的烟瘴之地，又是一个多民族杂居的险恶之地。去那里做官，和充军发配差不多，简直是去送死，这就是他多年追求的目标吗？于成龙自己也觉得确实挺倒霉挺丧气的，他后来在《治罗自纪并贻友人荆雪涛》中回忆当时的情况是："亲者不以为亲，友者不以为友，行李萧条，自觉面目可憎。"

四月，盘缠已经用光的于成龙，用赊账的方式，从北京的脚行雇了骡马脚夫，一路的饭钱店钱，也由脚行先垫着。他就带着这样复杂的心情，赶回到家乡永宁，为上任做准备。

于成龙怀里揣着一张宝贵的"上任文凭"，有了这张纸，他做官的梦想终于实现了。多年读书考试，只为博个一官半职，封妻荫子，光宗耀祖，改变家族的地位和命运。如今真的有了一官半职，他却丝毫没有开心的感觉。

行到山西清源县，也就是今天的清徐县，内心忐忑的于成龙终于忍不住了。他想找朋友聊一聊，听听朋友的看法，让朋友给出出主意，自己应该怎么办才好。但在内心深处，于成龙是想听到鼓励的声音。

住在清源县的同年好友王吉人，早早地中举做官，担任过浙江萧山知县和江苏苏州府同知，如今正"丁忧"在家。他是官场上的老手，阅历丰富，熟悉南方的情况。于成龙便去了他家里拜访。

王吉人"慷慨仗义"，很隆重地招待了于成龙，可能还帮他结算了脚夫钱。酒席宴间，谈起任职广西的事情，王吉人坚决反对。他给于成龙讲述了广西省的情况：气候湿热，瘴气弥漫，影响人的身体健康；多民族杂居，风俗语言不同，不容易交流；打斗抢掠严重，人身安全没有保障；再比如居官偏远，升职不易等等。总之一句话，广西并不是吉祥的地方。

王吉人最后说，既然于成龙家境还比较富裕，日子能过得下去，那就没有必要到广西冒险。应该把上任文凭缴还给吏部，从此和官场说再见。

于成龙一边听，一边喝闷酒，心里却不服气。他在《治罗自纪并贻友人荆雪涛》中回忆过当时的心态：

> 成龙时年四十五，英气有余，私心自揣，读书一场，曾知"见利勿趋，见害勿避"，古人"义不辞难"之说，何为也？

于成龙说自己当时有一种英雄豪气，信心百倍，很认同圣人经典中所说的君子"见利勿趋，见害勿避""义不辞难"等观点，觉得凭着自己的热血和勇气，一定能够战胜那些所谓的困难。其实，如果设身处地地想一想，也能够替他找到一番自我说服的道理：广西那地方气候虽然不好，但当地人能习惯，难道外地人就习惯不了？在广西做官的北方人也有不少，难道都适应不了？蛮夷杂居，好勇斗狠，难道就不能教化驯服吗？唐代柳宗元做过柳州刺史，明朝王阳明做过贵州龙场驿驿丞，他们不都成功渡过难关并且青史留名了吗？

王吉人见于成龙低头不语，也就不再多劝。最后，双方互道珍重，洒泪而别。

○
○

典田卖屋

五月三日，于成龙回到了家乡来堡村。他把求官的情况向老母亲和妻子儿子诉说一番，全家人自然又是一番情绪激动，悲悲喜喜，喜喜悲悲。喜的是于成龙终于做了现任官员，悲的是天涯万里，也许就一去无归。好在老母妻儿都是支持于成龙做官的，没有人提反对意见，没有人让他辞官不做，大家都开始做准备工作。

永宁到广西，六七千里地，一路上需要不少盘缠。家里现银不足，就典当出售了一部分田地和房屋，凑足了一百两银子。于成龙年近半百，到任上不能没有人照顾生活，派妇女去又不方便，就雇用了五个年轻力壮的小伙子做仆人。其他的如骡马、衣服、被褥、文具、书籍、常用药品、日用器物等等，自然也要准备齐全。

一般人读到于成龙"典田卖屋"的记载，第一感觉是于家比较穷困。其实，那个时代整个社会经济都还比较落后，富裕人家的现银也不会太多，一有大事，就得处理"不动产"了。

临行前一天，于氏家族设宴为于成龙饯行。族中长辈对于成龙说了很多鼓励的话，大家频繁劝酒，欢饮到深夜。这也说明家族中人对于成龙做官持支持态度。于成龙扶醉归家，刚刚躺下不久，天就亮了。

起床后，于成龙把儿子们郑重地叫到了身边。这一年，于廷翼虚岁二十六，早已进学成为秀才，并且已经结婚生子了。于廷劢十五岁，于廷元八岁。于廷翼一向没有管过家务，没有见过世面，还腼腆得像个大姑娘。

于成龙把家里的地契房契整理到一起，一件一件地向于廷翼交代。从此以后，于家的家长就不再是于成龙，而是年轻的于廷翼了。廷翼不仅要管理好自己的小家庭，还要孝敬祖母和母亲，关心教育两个弟弟，管理经营家里的产业，甚至还要照料伯父于化龙一房后代的生活。

于成龙还说了两句感伤的话："从今以后，我在外做官，管不了你们；你好好治家，也不用想念我。"这真是撕心裂肺之语。老母李氏、妻子邢氏、儿子及媳妇，有的在屋内，有的在屋外，听见这番话，全都放声大哭。于成龙后来回忆说："壮士非无泪，不洒离别时，此不情语也！"

待家事嘱咐完毕，于成龙向老母亲李氏磕头告辞，又拜别了于氏宗祠。然后，带着行李仆从，骑着马，泪流满面地踏上了旅程。身后相送的，仍然是一阵一阵的哭声。这真是——世人都道做官好，只是全家分别了！

于成龙觉得自己此行很悲壮。他读了多年的书，学了一肚子的本事，经历了多年的磨难考验，如今却要到蛮荒之地的广西省施展才华和抱负了。好勇斗狠的蛮夷土司又能如何？传播疾疫的烟岚瘴气又奈我何？

"我于成龙会战胜你们的！"

慷慨发誓

于成龙一行离了永宁，一路南行，不久来到晋南的稷山县，看望老朋友武祗遹。前往广西，不一定非从稷山县经过，于成龙是专程来向武祗遹倾诉心事的。

根据武祗遹的记载，当时于成龙"毅然"地说了这么一段名言：

> 我辈虽无科第身份，上古之皋、夔、稷、契，岂尽科目中人耶？我此行决不以温饱为志，誓勿昧"天理良心"四字。子素知我于莲池书院者，敢为子质言无隐。

这段话被后世认为是于成龙的"从政誓言"。某些传记资料认为，这段话出自于成龙上任前夕给朋友写的书信。但当事人武祗遹的《跋〈于山奏牍〉后》明确指出，于成龙是在上任途中经过稷山武宅，当面亲口说出的这段话。现在稍做解读：

我们这些人，虽然没有通过科举，考上举人进士，但上古尧舜时代的贤臣皋陶、夔、后稷、契等人，难道都是进士出身不成？我这番出仕，绝不是为了一家人的温饱和富贵。今天我郑重发誓，绝不会背弃"天理良心"四个字。以前在莲池书院读书时，你就知道我的远大志向，所以今

于成龙故居原貌

天我才敢对你说出心里话。

于成龙的这段话，其实颇有负气的意思。首先，没有考上举人进士，是他的一块心病，所以这时候要以古代贤臣为榜样，发誓干出个模样来，让那些进士出身的人看看，贡生出身的官员并不是没有水平。其次，做满人朝廷的官，也是他的一块心病，很多汉族人都还在秘密反抗清朝呢，他倒跑去南方做官了，难道是为了追求荣华富贵？所以他发出誓言，此行绝不是为了"温饱"问题。再次，他提出"天理良心"四个字，把这四个字作为考量他言行的最高标准，不管别人如何议论，他于成龙是要坚守"天理良心"的。最后，关于"仕清"这件事，当年在莲池书院读书时，于成龙和武祗遹、张奋云、荆雪涛、时泽普等人是讨论过的。忠于"一家一姓""一国一族"只是"小忠"，忠于"天理良心"才是"大忠"。这是他们这批人投身清朝、致力于开创太平的思想基础。

于成龙纪念馆

　　"天理良心"四个字算是于成龙平生读书学习的一个大心得、大信念，也可以说是他的人生宗旨。这四个字，用简单的话说，就是"公道""公理"，或者是现代人说的"公平正义"。"天理"是老天爷的道理，"良心"是自己内心的道理，不管做什么事，都要问问苍天，问问内心。

　　如果再要往深里说，程朱理学讲究"存天理，灭人欲"，认为宇宙中存在一个至高无上的法则，人类要遵循这个法则才行，可以把这种学说称为"客观唯心主义"。阳明心学讲究"致良知"，认为人有一个善良的本性，可以把这种学说称为"主观唯心主义"。于成龙把二者连在一起说，就可以大概地把它理解为儒家的一套观念，比如仁义礼智信等。它既天然地存在于宇宙之中，又天然地存在于自己的内心，需要在实际生活中不断用功修行，去"体认天理"，去"致良知"。

　　另外，于成龙和他的家族，对佛教道教等宗教一直很亲近，一直信奉行善积德、因果报应这些宗教理念，把宗教理念作为行动的准绳。从这方面简单解读"天理良心"，就是"举头三尺有神明"，一切言行都要符合"神明"的意志。

这种"神明意志"，事实上和前面说的"公道""公理"是一致的。所谓"天视自我民视，天听自我民听"，社会大众公认的道理，其实就是"天理"。而一个人抛开私欲、偏见，呈现出来的心态就是"良心"。

于成龙后来和人交谈时，一旦涉及私情私欲，他就立即说"上帝临汝""天监在兹"，非常认真，这是他贯彻"天理良心"的形象表现。

武祗遹对于成龙的这番表态，十分赞叹。他在回忆文章中提到，听了于成龙的话之后，他想起了四位古代名臣：包拯、赵抃、司马光、海瑞，认为于成龙一定能够成为这样的人物。

第三章

千难万险赴罗城

顺治十八年（1661）夏天到康熙元年（1662）夏天，于成龙遇到了平生最大的考验。他好像堕入了"活地狱"，环境恶劣，举目无亲，身体多病，仆从闹事……这既是于成龙人生的最低谷，也是"天下第一廉吏"的最佳转折点。

○
○

中途患病

于成龙一行六人，在稷山县告别了武祗遹，继续沿驿路南行。长途跋涉，鞍马劳顿，气候变化，水土不服，这一路果然走得十分辛苦。走到号称"湘西南门户"的冷水滩时，于成龙因不服水土，身染重病。这是他出仕途中的第一场大磨难。仆人们在冷水滩求医问药自然不必说，于成龙的病体却没有好转迹象。他是个倔强的人，不愿意耽误行程，就拖着病体，继续往前走。

离了冷水滩，很快就进入广西省。当时广西的省会在桂林府，于成龙要到那里拜见省级官员，办理手续。他拖着病体去报到，长官们看见他的样子，都咋舌不已。大家奉劝于成龙不要急着赴任，在条件较好的桂林城里暂住一些时日，等把病养好了再说。于成龙生性倔强，谢绝了长官们的好意，执意要带病出发。长官们只好随他的意，让他赶到柳州府的罗城县去。

在广西省，罗城县属于极偏远极恶劣的地方，顺治十六年（1659）才纳入清朝版图，派了两任知县，死了一位，跑了一位，现在县里头还是无政府状态。这种情况对于成龙来说，无疑又是一次沉重打击。他后来回忆说："抱疴之人，至是胆落。往日豪气，何从得来？"本来他就是仗着一点英雄豪气，才硬着头皮来广西上任的。老天爷好像在故意磨难他："你不是有豪气吗？到罗城去试试豪气！"

这一通"杀威棒"，打得于成龙心惊胆寒，但事情还没有完。

于成龙办完省里的手续，继续赶路，前往管辖罗城县的柳州府，那里是唐朝时候山西老乡柳宗元曾经担任过刺史的地方，有一道上任手续要在柳州办。路上，于成龙病情加重，几乎到了死亡的边缘。但他被病痛折磨了好久，却又活了过来了。用于成龙自己的话说是因为"苦孽未尽不速死"，他把生病理解为前世恶业的报应，因为恶业太多，报应未完，所以不能马上就死。这种观念，也许能带给他一些精神安慰。

入活地狱

在柳州办理完赴任手续，接下来就要赶往目的地罗城县了。

这种偏远地区，官方修建的驿道驿站不太完善，于成龙一行人只能凭着大概方向，一边走一边问，越走越艰难。进入融县地面，听说融县的沙巩与罗城接壤，于是又找路赶到沙巩。到了沙巩，仍是无路可循，不知道罗城在什么方向。这时候，于成龙遇见一位"许乡老"。于成龙向许乡老仔细盘问，方才知道对面的大山就是罗城县境。主仆六人费尽力气爬上山顶，向罗城县境内眺望。这一刹那，倔强的于成龙彻底后悔了。王吉人的忠告涌上了心头，再也挥之不去。

罗城县境内山峦起伏林立，看上去像营阵一样。满目都是茂密的茅草，看不见人行的道路。用于成龙自己的话说是："山如剑排，水如汤沸。"

主仆六人应该是放声大哭了一场吧。于成龙在《治罗自纪并贻友人荆雪涛》中写道："哀哉！此何地也！胡为乎来哉？悔无及矣！"这时候掉转马头回柳州，回桂林，回故乡，怕是都来不及了。弃官逃走，那是要承担法律责任的。

于成龙想，罗城边界可能真的人烟稀少，到了县城附近，应该会繁华热闹一些吧！不如就进去看看。一路斩草而行，终于在顺治十八年八月二十日抵达罗城县城。从边界到县城，都是一样的荒芜。用于成龙的话说是"可怜黄茅，直抵城下"。

罗城县城的规模不大，周长二里有余（《清史稿》言当时罗城并无城郭廨舍，《读史方舆纪要》则记载了明末罗城城池的规模）。进城之后，仍是一片狼藉。房屋虽然有不少，但十室九空，残破不堪。青壮年躲避战乱兵役大多逃到山林里去了，数了数，住在城里的只有六户人家，全都是老弱病残。

一行人灰心丧气地寻找住宿地。终于，眼前一亮，看见了一座破败关帝庙。这好歹也是咱山西老乡啊！关老爷是山西解州人，从宋朝以后一直受到朝野各处的崇拜，明清时代崇拜更甚，山西商人在各地都建有关帝庙。正所谓"他乡遇故知"，不如就先住到关老爷的"家"里吧。关老爷的部将周仓，据说是山西平陆人，也是老乡，仆人们就把于成龙的床铺安置到周仓神像的背后。于成龙是有信仰的，到此免不了向关老爷和周仓上三炷香，拜上几拜，请求支持保护。未结人缘，先结神缘。住了一宿，第二天一早到县衙上任。

可怜的县衙是前任知县修建的。说是县衙，却简陋得如同农舍一般，周边都是茂密的竹林和杂草。没有大门、仪门、两墀，迎面就是茅草搭建的三间堂屋。东边一间是宾馆，西边

广西罗城凤凰山立于成龙塑像

一间是书办房，中间一间是审案办公的大堂。大堂背后有门，通向后院。后院也有三间草屋，是知县的宿舍，四周连围墙都没有。一些资料说，这座县衙好像处在原始森林，有时，大白天都能看到虎豹豺狼、猿猴等野生动物跑来跑去。北方人初到这种地方，还不被吓得半死？

罗城县自从上一任知县逃走，一直处于无政府状态。于成龙心想，既来之，则安之，不管怎样也得处理公事，于是访贫问苦，嘘寒问暖，终于让为数不多的几户罗城人知道新任知县于老爷到了。然后，于成龙就着手料理自己的生活，把后院的三间草房修理修理，勉强住下。没有做饭的锅，就在城里找了一个破瓦罐，挖了个地灶，先凑合用着。于成龙其实还是后悔不迭，不断发出哀叹："哀哉！此一活地狱也！胡为乎来哉！"

于成龙心情不好，病势自然越发沉重。五个仆人一路辛苦跟来，本来想着除了工钱，到县里还能有些赚钱的机会，谁想到罗城像活地狱一般，简直不是人待的地方。大家自然也是满腹怨言。

○
○

仆从尽散

于成龙卧病在床，一躺就是一个多月。他虽然是老爷，此时也只得饱看仆人的冷脸。仆人们对于成龙的照料还算周到，只是都没有好心情，成天落泪想家。

一个多月后，于成龙病情好转，逐渐恢复了健康，用他的话说是"无如罪孽未尽，死而不死"。经过这一场大病，于成龙的身体好像是换了水土，适应了环境，从此就基本没有问题了。这里山高皇帝远，没人理会罗城县官吏百姓的生死，于成龙只好认真和老天爷打交道，自己"立意修善，以回天意"，着手调查罗城现状，改革弊政，恢复民生。但是，还没有来得及有所作为，五个仆人却又病倒了，一个个面黄肌瘦，如同寺庙壁画上的饿鬼。不久就病死了一个，其他几个越发地惊恐不安。

到了康熙元年（1662）正月，有几个仆人开始闹情绪，要求于成龙放他们回家。于成龙想了想，自己运气太差，流落到这么个鬼地方当官，仆人们有什么罪过，凭什么要连累他们呢？不如就放他们逃生去吧。这时候，有一个名叫苏朝卿的仆人义正词严地表示："若今生当死于此，回去亦不得活。弃主人流落他乡，要他们何用哉！"于是，苏朝卿就留下来伺候于成龙，其他三人领了些盘缠，急急地逃回山西老家去了。

这时候，于成龙再一次后悔了。只有一主一仆，在罗城县实在是举步维艰，生活艰难，更不要说好好当官治民了。于成龙就是在这样的"老少边穷"地方开始了异常艰难的宦海第一步。

三名仆人回到家乡后，于廷翼得知情况，又给父亲雇了四名仆人派过来。但新来的仆人很快病死了三个，另一个则发疯了。于成龙无奈，只得派忠心的苏朝卿护送疯仆回家。罗城，只剩下于成龙一个人了。

这时候的于成龙，真是可怜到了极点，无奈到了极点。白天要自己煮饭，为了方便，经常只吃一顿饭，闲了才吃两顿。晚上睡觉时，为了防备盗贼和野兽袭击，头下枕一把刀，床前插两支枪。这哪里像是个官老爷，简直就是中国版的"鲁滨孙"了。

所谓"天将降大任于是人也，必先苦其心志，劳其筋骨，饿其体肤，空乏其身，行拂乱其所为，所以动心忍性，增益其所不能"。命运把人到中年的于成龙安排在这么一个随时都会死亡的绝地之中，同时也把他放在了"天下第一廉吏"的起跑线上。人生的道路，该往哪边走，就看于成龙的了。

第四章

治理罗城有方略

于成龙在罗城一待就是七年，做了足足七年的知县。在这种一穷二白的地方，只要信念坚定、一心为民，反而容易做出成绩。这七年中，于成龙逐渐形成了自己的执政风格。

罗城简介

清朝时期的广西省柳州府罗城县，就是现在的广西壮族自治区河池市罗城仫佬族自治县。截至2011年，县内有人口三十八万以上，其中仫佬、壮、瑶、侗、苗等少数民族近二十九万以上，汉族人口不足十万，仫佬族人口最多，占到总人口的三成左右。清朝初年各民族的人口比例，应该和现在差不了太多，只是整体人口会少许多。据顾祖禹《读史方舆纪要》记载，明末罗城县编户五十里，那时五家为一邻，五邻为一里，全县缴纳赋税的户口应该在一千二百五十户左右，按一户五口计，也就六千多人口。顾祖禹的统计数据也许是繁荣时期的罗城人口，于成龙初到时，人口可能要少很多，整个县城才住六户人。据估计，全县总人口不会超过三千人。

那么，罗城县的各民族人民，真的都是好勇斗狠、冥顽不化之辈吗？其实不尽然，少数民族也有着自己灿烂的民族文化。著名歌剧《刘三姐》中的主人公刘三姐，就是罗城这一带的人氏，号称"歌仙"。当地有这么动听的歌曲，难道会没有文明？至于其他的民族文化内容，只要简单查阅一些书籍，就会有所了解。

罗城县的气候物产又如何呢？根据现代的资料，罗城地处广西北部九万大山中心的南麓，气候宜人，冬无严寒，夏无酷暑，降雨量充沛。土特产有茶叶、香菇、木耳、沙田柚、甜竹、蒜薹等。农作物主要是水稻和玉米，都有很多优良品种，其他农作物也十分丰富。

这样的地方，为什么被北方人称为"烟瘴之地"呢？主要是不习惯和不了解。南方气候湿热，带病菌的毒虫多一些，北方人初来乍到，身体难免不适应。如果心理素质不好，情绪低落，医治不当，可能会死亡。相反，只要调理得当，安心生活，北方人也是能适应当地生活的。

现在广西壮族自治区河池市盘阳河流域的巴马一带，被称为"世界长寿之乡"，百岁老人很多。罗城离这一区域不算太远，自然条件差异不会太大，应该也是很适合人类居住的，并不是入者必死的"烟瘴之地"。

于成龙上任时的罗城县，荒草遍地，荒凉无比，是有其历史原因的。明清易代之际，自然灾害严重，战争频繁发生，造成了人口的锐减和农业生产的荒废。朝廷和地方政权屡次更迭，无暇顾及偏远地区，也会造成这个地方的政治真空和社会混乱、治安无序。最明显的弊病自然就是盗匪横行、民族冲突以及家族冲突严重。

于成龙上任时，罗城县城里只有六户人家，其余人都跑到哪里去了呢？在战争中死亡的、外逃的不算，仍在本地生活的人，应该都躲到山林和乡下去了。城里没有官府和王法，是最不安全的地方。乡下有大族聚居，筑堡自卫，在族长的带领下，可以抵御盗匪的抢掠。另外一些不肖之徒，可能是拉起队伍，修筑山寨，自己去做盗匪，打家劫舍去了。

知县职责

于成龙担任的这个知县官，级别是正七品，年俸只有四十五两银子。其职责是："掌一县治理，决讼断辟，劝农赈贫，讨猾除奸，兴养立教。凡贡士、读法、养老、祀神，靡所不综。"

根据规定，知县还有几位副职：县丞、主簿、典史。有一批属员：巡检、驿丞、闸官、课税大使、河泊所大使等；县学中的教谕、训导等。在内地的大县，官吏的配置是齐全的。而在罗城这种战乱之后的边荒之地，副职、属员可能并不齐全。

今人陈茂同的《中国历代职官沿革史》说："清代的州、县制度极不健全，因而造成了地方吏治的特别腐败。州县官无用人权，执行州县政务全靠吏役。官署既无足够的办公费用，俸禄又极其微薄，吏役几乎等于没有工资。这样，非法营私便成为公开的行为。上司及过路官员的供应索贿，各种临时任务的摊派，更使得州县官几乎成为专门伺应上司的官员。"

对清朝初年的罗城县来说，情况可能更差。因为县里太穷了，太乱了，太荒了。其实，清朝政府把于成龙派到罗城做知县，"主权"意义大于"治理"意义。也就是说，罗城县里有官有印，表示此地已经正式接受清朝政府的统治。至于管理得怎么样，并不重要。对上级官员来说，于成龙只要穿着官服，抱着官印，活生生待在罗城县，他就算是成功了。只要罗城县没有公开举旗造反，只要于成龙在县里待够规定的"边俸"年限，他就可以调职或者升职。于成龙需要做的，就是不要被盗贼杀了，不要被野兽吃了，不要被疾病折腾死了。能做到这三点，于成龙就算是圆满完成了任务。

○
○

平易近人

上任之初，于成龙曾经到罗城的城隍庙里真诚祈祷，说自己平生没有做过一件亏心事，希望城隍老爷保佑他能够好好治理罗城，任满后能够平安回家。除了求神保佑，于成龙也"立意修善，以回天意"。而"立意修善"，就要从罗城的治理开始，就要从"爱民如子"开始。

在这种多民族杂居的边荒州县，"天朝大官"一般都采取"盛气凌人"的高压统治作风。端起官架子，板起面孔，拍响惊堂木，让人充分感受到七品知县的威严，产生恐惧的心理。面对这样的官，老百姓确实会感到害怕，也会表面服从，但却会疏远他。等到时间久了，老百姓发现县太爷并不是天上的神仙，他判断官司有时会糊涂，面对金钱有时会贪婪，面对百姓造反会吓得瑟瑟发抖。这样，那虚假的官威很快就会化成泡影。然而，于成龙却是另外一套做事风格。

于成龙待在自己的破衙门里，不喜欢穿官服戴官帽，不喜欢摆官架子，成天不是访贫问苦，就是烧火做饭、读书喝酒，很像一个普通的老书生。罗城县的老百姓有时会到官衙里来欣赏这位北国来的县官，于成龙便和颜悦色、比比画画地和老百姓聊天，和老百姓交朋友。于成龙说的是吕梁山里的永宁方言，百姓们说的是罗城县的民族语言，双方要充分交流，起初还真是很困难。但凭借着手势、眼神、笑容，总算是能够做一点沟通。百姓们多多少少能懂一点汉语，衙门里的差役也有懂民族语言的。天长日久，于成龙便和百姓们打成了一片。

乱世重典

罗城县当时最主要的问题就是盗匪多，治安状况极差，百姓的生命财产安全没有保障。熟读经史的于成龙，面对这个问题，自然是成竹在胸。他采取了一套"霹雳手段"，三下五除二，就做出了成效。

于成龙运用的是中国历史上著名的"保甲法"。这种制度，历代演变不同，这里只做一点简单介绍：将境内的平民百姓，按照居住地，编成一种准军事化组织。保有保长，甲有甲长，层层领导，层层管理。对外是防御盗匪，一有匪情，便鸣锣击鼓，大家拿起棍棒兵器，团结起来一起出击，让外来的盗匪不敢轻易进犯。对内是严格管理，保甲内的人员情况，保长、甲长要详细了解登记，百姓外出办事，也要汇报请假。如果有违法犯罪行为，保甲内各家各户要及时规劝、制止，无效则要向上举报，隐瞒犯罪事实不报的，事发后大家要"连坐"。在乱世，这是一种保障大家安全的必要手段。

于成龙是雷厉风行之人，对付违法犯罪绝不手软。所谓"治乱世用重典"，谁敢无法无天，那就立即依法惩办，轻则坐牢判刑，重则砍头示众。于成龙要求百姓平时不许携刀带枪，不许肆意械斗，通过几个案例警示，很快就执行下去了。

"保甲法"推行以后，那些流窜作案的盗匪，渐渐就势孤力单、难藏踪迹。贡生出身的于成龙，居然还是一位侦破缉捕的高手，他带着为数不多的衙门差役，在各地保长、甲长的配合下，一宗一宗地破案，抓捕，审理，处决，示众。

没过多久，社会治安大为好转，逃散在山林里的乡民也回来了。于成龙号召大家垦田种粮，恢复经济，一桩桩政绩就这样做出来了。

上级官府对他的行为表示赞赏，明确给他授权：大型盗案破获后，把人头解送到省里请功；小型盗案不用上报，自行处决便是。这就是他后来写的"大事杀了解省，小事即行处决"。

越境剿匪

罗城县还有外患，邻近的柳城县西乡镇，有一大股惯匪，实力雄厚，多年为盗。他们经常窜入罗城县，烧杀抢掠，无恶不作。而且机动性又很强，来无踪去无影，抢完了就立即出境。罗城县管不着他们，柳城县也不敢管。于成龙是了解朝廷法令的，这样的事情不是自己一个知县能管得了的，只好向上级汇报。

上级官府也很头疼，越境抢劫不属于举旗造反，不能动用大兵征剿。如果只派少量的兵马去，明显打不过熟悉地形的本地匪徒。盘算半天，只好装聋作哑，让于成龙自己看着办。很显然，办好了是大家的功劳，办砸了是于成龙一人的罪过。

于成龙反复思量，如果不严厉打击这股境外盗匪，他们只怕会得寸进尺，而其他盗匪也会有样学样。罗城的老百姓这么服从自己的法令，这么配合自己的工作，成天盼望着过太平日子，自己怎么能不处理好这件事呢？问题的难点是，没有朝廷的命令，越境办案，出兵征剿，即使大获全胜，回来也是要问罪追责的。明清时代是中央集权专制政府，一切权力归朝廷，一切权力归皇帝，地方官是没有多少自主权的。如果地方官能够随便募兵打仗，那不就成了割据一方的藩镇和军阀了吗？

摆在面前的这个难题，似乎就是老天爷在考验于成龙。

你不是爱讲"天理良心"吗？这个时候你问问自己的"天理良心"，该不该打这一仗？

于成龙终于有答案了："问罪就问罪，杀头就杀头吧！奋不顾身，为广大百姓的安宁生活而捐躯，总强于苟且偷生或患病死于烟瘴吧！"

罗城百姓在多年的战乱中，本来就具备了一定的武装自卫力量，家家藏有刀枪。这时候被于成龙组织起来，统一训练，准备进剿西乡。于成龙还和百姓杀牛盟誓，要求大家有仇报仇，有怨报怨，和盗匪一命抵一命，勇敢作战。为了保障进剿成功，于成龙还组织百姓修了一条通向柳城西乡的道路，让自己的民兵能够进退自如。

这场越境剿匪战斗最后并没有真的打起来。于成龙的《治罗自纪并贻友人荆雪涛》说："渠魁俯首，乞恩讲和。"于成龙练兵修路，声势浩大，柳城西乡的盗匪头领闻讯后害怕了，赶紧派人来讲和。他们表示，愿意把以前从罗城掳掠的人口、牛羊、财物尽数归还，从此再不"打扰"。同时也希望罗城方面能够有所妥协，每年十月以"犒赏"的方式，送给他们少许牛羊、布匹和美酒。这些条件，于成龙和罗城人民完全能够接受，双方就签订了协议。

于成龙的态度仍然十分强硬，要求对方认真写下保证书，并找保人签字画押。此后，罗城边界基本上宁静了。偶有盗贼犯境，也会被于成龙毫不手软地严厉打击。

于成龙的这一政绩，获得了上级官府的嘉奖。上级觉得于成龙办事果断，效果明显，反而开始厌烦其他州县官请示汇报、等待上级派兵的做法了。

○
○

复兴罗城

于成龙维持社会治安时用的是"霹雳手段"，用严厉手段打击了少数坏人，换来的是大多数善良百姓的平安生活。他还有春风和煦的另一面，霹雳手段与菩萨心肠，在他身上是合而为一的。

平民百姓务农为本，只要社会治安好了，盗贼绝迹了，农业生产自然而然就逐渐恢复了。于成龙作为一县之长，有"春郊劝农"的职责，用现在的话说，就是视察指导农业生产。每年春季，于成龙都会征调几名瑶族差役，用一架简陋的竹滑竿，抬着自己下乡视察。在田间劳作的百姓们看见县太爷来了，都跑过来围成一圈，拜伏于地，嘘寒问暖，非常热情。于成龙虽然没有种过水稻，但也是懂农业的，看谁家的田地经营得好，就表扬一番，给这家题一个匾，写一副对联，鼓励他们好好干。看谁家偷懒不耕种，就动员左邻右舍去好言劝告，恶言辱骂，总要把这家的人轰到地里干活去。于成龙是穷老爷，手里没钱赏人，就靠这些朴素的手段，奖勤罚懒，动员大家把生产搞好。不几年工夫，荒芜的罗城就变得"禾穗被野，牛羊满山"，大家都过上了温饱的生活，经济一天天地繁荣起来。

于成龙也很重视县城的建设。他号召因战乱躲到深山的百姓搬回县城居住，并给他们提供耕牛和种子。谁家有乔迁添口之喜，他也会用题匾写对联的方式，表彰鼓励一下。他又组织百姓修缮城墙，疏浚护城河，让人住在城里有安全感，县城终于有了个县城的样子。

后来几年，罗城县渐渐繁荣起来，于成龙便修建学校，招收百姓子弟读书学文化，让他们参加科举考试。又修建养济院，收养民间的孤寡老人。

于成龙很注意和老百姓搞好官民关系。百姓家的婚丧大事，于成龙都尽量去参加，送一份薄礼，讨一杯水酒，一点儿也没有官老爷的大架子。他还借机劝导大家讲究礼仪，节俭办事，不要奢侈浪费。

老百姓也都把于老爷当成是自己人，过上三天五天，就跑到县衙看望看望，帮助于老爷干干活，安慰安慰于老爷的乡愁。听说于老爷很久没有收到家信，了解不到家乡亲人的情况，大家就跟着一起难受，一起着急，好像自己也漂泊到了异乡。

○
○

不收"火耗"

征收赋税，是县官的一项主要工作职责，自然也是于成龙的主要工作。

当时官府的陋规很多。朝廷的政策本来是轻徭薄赋，与民休息，但地方官俸禄微薄，不够花销，地方官府也没有什么活动经费，所以就形成了不成文的规定：地方官以碎银熔铸银锭时有损耗等理由，征税时加收一笔数量不定的"火耗"银。征收赋税时，也常在砝码升斗上做手脚，尽量多收一点，充实自己的"小金库"。

于成龙在这件事情上严肃认真，完全遵守朝廷法令，赋税不加收一丝一毫。为了防止差役暗中取利，于成龙亲自坐在大堂上收税。老百姓直接把银钱交到于成龙手里，于成龙则直接把收据写好发给百姓。称银称粮的砝码升斗，都以户部统一颁发的为准，绝不欺瞒百姓、伤害百姓利益。

罗城县的老百姓哪里见过这么讲天理、有良心的官老爷。他们知道于成龙的生活十分清苦，心里过意不去，在缴纳钱粮时，常常会多带几个铜钱，顺手放到于成龙的桌案上。于成龙忙于公务，一开始并没有留心百姓们的小动作，后来发现了，便询问是怎么回事。罗城百姓不好意思地说："阿爷不要'火耗'钱，我们稍稍提供点柴米钱总可以吧！"

于成龙坚决不收，百姓们坚决要给，最后于成龙终于破例一次，只象征性地收了一壶酒钱，算是让百姓们请客。后来百姓们再拿钱来，于成龙就坚决不收了。

于成龙后来总结道："时法令太严，有犯必杀；情谊为重，婚娶丧祭民间之礼，一行无不达之隐。罗城之治，如斯而已。"在这段话中挑出八个字，就是"法令太严，情谊为重"，换句话说，就是对犯罪分子像冬天一样寒冷，对平民百姓像春天一样温暖，对犯罪分子用霹雳手段，对平民百姓用菩萨心肠。封建官吏于成龙，就是这么一位超越时代的独特人物。他信奉的"天理良心"，在这里也得到了最好的阐释。

第五章

判案故事多异趣

在民间流传的于成龙故事中，有一个系列是精彩的判案故事。大清官于成龙不仅巧妙处理疑难官司，还撰写了大量风趣幽默的判词，展示了他执法如山和仁政亲民的独特形象。这里只介绍几则流传较广的故事。

械斗杀人

罗城民间素有械斗风气，不同民族之间，不同家族之间，为了芝麻绿豆大的小事，便会酿成几个家族、几代人之间的仇恨，打打杀杀，无休无止。历代官府，对此既管不了，也不敢管，只能听之任之，由民间自己解决，解决不了就继续打下去。

于成龙上任后，屡次明令禁止民间械斗，老百姓虽然肯听于成龙的话，但械斗风气并不是几张告示就能彻底禁止了的。终于有一天，爆发了赵廖两个家族的大械斗。双方为了争五亩地，已经斗了多年，这次双方都倾巢出动，大打出手。廖家死了四十七人，赵家死了三十八人，赵家另有七十二家的房屋被焚毁。赵家吃了亏，便跑到衙门告状，请求于成龙主持公道。

于成龙一看，嗬！罗城县才多少人口啊，你们一打，就打死了近百号人！罗城县才多少房屋啊，你们一烧，就烧了七十二家！这可是个典型案例，正好借此杀一杀罗城的械斗风气。他把涉案双方的人都叫到县衙，其他无关的罗城百姓也来了很多，要观看知县大人断案。

于成龙仔细研究案情后，用"判词"的形式发表了精彩而严肃的长篇大论，以此教育百姓。我们不妨用白话阐述这篇"判词"：

械斗这种恶习，是犯王法，伤和气，天理不容，人神共愤的罪恶。本县上任以来，曾经几次贴出告示，明令禁止械斗。又担心百姓们不能悔改，所以在每月初一、十五召集各乡各村的父老当面告诫劝谕，希望能够消除械斗，挽救罗城县的不良风气。谁知道，本县虽然费尽唇舌，但大家都听不进去，改悔不了。最近又发生了赵廖两家的大型械斗，死伤众多，损失惨重。这都是因为本县诚信不够，威望不够，不能很好地感化百姓，才导致了这么一种结果。

今天，我再一次告诫你们：天下的各种事情，都应该讲道理，用公平的道理来调解矛盾，化解纠纷。如果道理讲不通，那就应该诉诸法律，用朝廷的王法来替你们评判。使用法律已经不算是上策，更何况是使用暴力呢？如果暴力最终能够解决问题，那也行，可是暴力解决不了，只能激化矛盾，不断地酿成悲剧，最后还得使用法律和道理来公平解决。就以本案为例，暴力不但不能解决问题，反而把问题复杂化、严重化了，这是何苦呢？所以说，械斗是天下最笨拙的人使用的办法，聪明人是不会这么干的。

再说说本案，赵廖两家相争的，不过是五亩大的一块土地。以每亩二十贯钱计算，五亩不过是一百贯钱。两家如果有诚意，可以好好商量，或者分开耕种，或者合伙耕种，为什么要出此下策，大打出手呢？如果你们自己解决不了，那就让官府来解决，即使一方败诉，损失也不过是一百贯钱，算得什么大事呢？

　　现在你们不愿意讲理，也不愿意打官司，自己用械斗方式来解决，结果赵家死了三十八人，廖家死了四十七人，加起来是八十五条性命。人的生命这么宝贵，把它赔给价值一百贯钱的土地，值不值呢？又烧了七十二家的房屋，这七十二家的财产与一百贯钱的土地相比，哪个损失更大呢？

　　如果你们十天前来找本县投诉，那么这八十五个人就不必死，七十二家的房屋就不必烧了。你们仔细想一想，痛苦不痛苦？后悔不后悔？本县给你们讲这些话，都难受得伤心流泪啊！

　　现在，如果按照法律来惩办凶手，那么至少应该再杀赵家四十七人，廖家三十八人。你们要知道，两者不能相抵，甲杀了乙，按律应该杀甲，丙杀了丁，按律应该杀丙，不能以各死一人结案。现在赵家的死者，不一定全是廖家的死者杀的，廖家的死者，也不一定全是赵家的死者杀的，按法律应该各算各的罪。

　　本县仁义为怀，不忍心在大难之后，又杀赵廖两家几十口人，把全村变成废墟，使两姓断绝后代。必须法外从宽，将胁从犯罪的大多数人免于追究，只将赵姓族长赵君芍、赵翰生，廖姓族长廖桂穆、廖顺成按律斩首，以示警告。

另外，廖家死亡虽多，但房产没有损失；赵家房产被焚，全村化为灰烬，死者则较少，双方算是扯平了。那块荒地，是械斗的起源，两家都不能购买，由官府变价发卖给外姓，隔断两家，永免争执……

最后，于成龙再次告诫教育了一番，让现场的老百姓全都领教了一回械斗的害处。不久，血淋淋的四颗人头悬挂在高高的杆子之上，形成震慑。别的大户人家，哪里还敢再发动械斗？

这则"判词"，说情、讲理、论法皆感人至深，让人感叹良久。于成龙名为轻判，实为重判，说是重判，又算是轻判，这中间的权谋机智，确实是厉害得很。按大清法律，这次算判得极轻，按罗城官府旧例，又算判得极重。而且，砍的全是族长的脑袋，丝毫没有姑息，颇有古良吏"诛豪强"的遗风。

○
○

胥吏害民

罗城县生员严从龙控告县衙书吏胡安之欺诈百姓，并指责于成龙"养奸宿蠹"。面对百姓的指责，于成龙既没有恼羞成怒，也没有包庇下属，而是用自责忏悔的态度，依法处理了此案，给了严从龙满意的答复。

于成龙在批示中说："如果不是你仗义执言，本县就会终身受到坏人的蒙蔽。本县去年到罗城上任，身边缺少能干的人才。只有胡安之周详安稳，谨慎勤劳，在众胥吏中鹤立鸡群，表现出色。本县因此信任他，把许多事情都交给他办。又见他办事认真，毫不苟且，矢勤矢慎，于是更加信任。没想到胡安之这些出色表现，原本就是要骗取本县信任的。他先取得本县的信任，然后肆无忌惮地祸害百姓。本县读书多年，竟未能看透这个玄机，如果不是你来控告，我至今还受蒙蔽……现在已秘密派人将胥吏胡安之拘押起来，特此通知你。"

这个案例的最终结果，人们今天不得而知，到底是胡安之犯法，还是严从龙诬告，记载并不明确。在明清时代，衙门胥吏蒙骗长官、欺压百姓是常见现象，恶劣生员包揽词讼，挟制官府，也并不鲜见。

谁是谁非在这个案例中并不重要，重要的是于成龙的为官态度。自己有了错误，敢于承认改正，下属有了错误，也敢于严肃处理，并不一味地维护官府面子。

豪家私刑

常言道："国有国法，家有家规。"这话似乎是合情合理的。但有家规，并不意味着就可以滥用私刑。在朝代更迭，中央政府统治力量薄弱时，地方上的豪强大户往往会凭借势力，号令一方。代替官府执政，欺压百姓。

罗城县原来普遍存在这种情况，经过于成龙的一番整治，地方治安好转，民间的各种力量大都俯首帖耳，开始当太平百姓。但有少数大户人家藐视国法，自行其是，仍然是社会上的隐患毒瘤。这些人家号称"总戎""侯伯"，都挂着朝廷的武职官衔，一向就比较强横。于成龙说："今威令已行，民知礼仪，此曹不悛，终不可为治。"

不久，有一家黄姓大户，被于成龙抓了典型。事情是这样的，黄大户家一个年轻的家童，违反了家规，大户先将家童打了个半死，然后让人押着送到县衙，说明违规缘由，要求于成龙做主，将家童斩首正法。大家在看影视剧乃至小说时，常会遇到这样的情节。大户人家对待下人，最严厉的威胁就是绑起来吊打然后送官法办，好像官府是他们家的。

于成龙自然不吃黄大户这一套：你把人都打得半死了，还送到我这里做什么？该不该斩首正法，自有三尺王法，岂是你这土豪劣绅能够擅自做主的？他仔细审问，了解到家童犯的只是轻微过失，按律最多杖责一顿，并不是死罪。黄大户私自用刑，却也犯了王法，不能不追究。

于成龙立即拍案而起："你把家童押送到官府，说明你懂得朝廷法律。但你擅自动刑，杖责家童，却犯了'藐视官法'的罪。"下令将黄大户责打三十棍。

此举无疑为罗城的广大穷人出了一口恶气，知道官府是讲天理讲法律的，并不是和有钱有势的大户人家穿一条裤子，更不是不管穷苦百姓的死活。

寡妇受欺

寡妇沈宗氏的九岁儿子跑到邻居江峰青家里玩耍，挥拳打了江峰青七岁的儿子。事后，沈宗氏一面责打儿子，一面上门赔礼。但江峰青却不依不饶，小题大做，非要告到官府，让沈宗氏赔偿他儿子的医药费。

这件事，本来就是沈宗氏理短，谁让你儿子先动手打了人家儿子呢？适当赔偿医药费，也在情理之中。但于成龙不这么看问题，他认为小孩打架，家长们各自管教孩子也就是了，江峰青这样大闹，分明是大男子仗势欺负寡妇，其心可诛。

于成龙在判词中说："江峰青所谓的延医调治，说白了就是讹诈医药费。沈宗氏是位寡妇，含辛茹苦，抚孤守节。你一个堂堂男子，做她的邻居，就应该尊敬她，佩服她，周济她的困难，原谅她的过失。你反而觉得孤儿寡母好欺负，你还有做人的良心吗？本县是相信天道的，知道你将来免不了恶报。你儿子如果真的有伤，限三日内抬到县衙检验，由本县出钱给你儿子治伤，你不能再向沈家索要一丝半点；如果无伤，就从此了事，不许争论。如果你再胡搅蛮缠，强词夺理，本县就把你抓起来惩办，以此警告那些欺凌孤寡的恶徒。你不要觉得本县存心厚道，就以身试法。"

从这篇判词中，可以看出于成龙的独特之处，他常用道德良心、因果报应的观念来教育感化人。

婉姑婚姻

这是一宗普通的婚姻纠纷。古时讲"父母之命，媒妁之言"，婚姻的男女当事人并没有多少发言权、选择权。于成龙作为封建时代的官吏，按道理也应该尊重"父母之命"的习俗，但他却别出心裁，用自己的"天理良心"成全了一对有情人。

事情是这样的：西门外居民冯汝棠，有个女儿名叫冯婉姑，美丽而多才，她爱上了家里的塾师钱万青。两个人情投意合，私通款曲，这在那个时代也算是出格的丑事。不过，钱万青是有情有义的人，正式托媒向冯家提亲，准备结成百年之好。这时候，城里头有个纨绔子弟吕豹变，看中了婉姑的美貌，他知道钱万青与婉姑私订终身，就买通冯家婢女，挑拨离间，为钱、冯两家制造矛盾。同时正式向冯汝棠提亲，聘礼下得很重。冯汝棠贪图吕家富贵，就答应了这门婚事，让吕家择吉迎娶。冯婉姑和父亲哭闹了几回，无济于事，只好上了吕家的花轿。在拜堂时，刚烈的冯婉姑拔出剪刀，刺中了吕豹变的喉部，然后趁乱跑到县衙告状。钱万青闻讯后，知道婉姑没有变心，也跑到县衙要求于成龙主持公道。吕豹变匆匆包扎好伤口，也跑来告状。一宗案子，三家都想当原告，只有冯汝棠几头不是人。

于成龙问明案情缘由，决定为这对有情人做主，便写下一段极有趣的判词，原文如下：

《关雎》咏好逑之什，《周礼》重嫁娶之仪。男欢女悦，原属恒情；夫唱妇随，斯称良偶。钱万青誉擅雕龙，才雄倚马；冯婉姑吟工柳絮，凤号针神。初则情传素简，频来问字之书；继则梦隐巫山，竟作偷香之客。以西席之嘉宾，作东床之快婿，方谓情天不老，琴瑟欢偕。谁知孽海无边，风波忽起。彼吕豹变者，本习顽无耻，好色登徒。恃财势之通神，乃因缘而作合。婢女无知，中其狡计；冯父昏聩，竟听谗言。遂令彩凤而随鸦，乃使张冠而李戴。

婉姑守贞不二，致死靡他。挥颈血以溅凶徒，志岂可夺？排众难而诉令长，智有难能。仍宜复尔前盟，偿尔素愿。明月三五，堪谐凤世之欢；花烛一双，永缔百年之好。

冯汝棠者，贪富嫌贫，弃良即丑；利欲薰其良知，女儿竟为奇货。须知令甲无私，本宜惩究。姑念缇萦泣请，暂免杖笞。

吕豹变习犸纨绔，市井淫徒，破人骨肉，败人伉俪。其情可诛，其罪难赦，应予杖责，儆彼冥顽。此判。

判决是钱万青与冯婉姑成婚，冯汝棠免究，吕豹变杖责。由这篇判词便可以知道，成天研习理学、讲究"天理良心"的封建官吏于成龙老夫子，并不是面目可憎的"卫道士"，而是一位通情达理、亲切可爱、成人之美的仁厚长者。

○
○

青选代婚

有个叫颜俊卿的年轻人，长相十分难看，但家境富裕。他看中了高贤相的女儿慧娟，却不敢自己前去提亲。他表弟钱青选家世清寒，却是英俊多才。颜俊卿央告钱青选代替自己去相亲，青选一去，婚事果然就定了。过了几天，要迎娶了，颜俊卿还是不敢出面，仍由钱青选代劳。不料，老天爷这次帮穷人，下起了大雨，河流水涨，迎亲队伍无法回家。高贤相急中生智，就请钱青选在自己家里和女儿拜堂成亲，入了洞房。钱青选战战兢兢的，虽然与美女同床，也只是隔着被子睡觉。对外人来说，这也算是"生米煮成了熟饭"。三天后，恼羞成怒的颜俊卿赶到高家，不由分说就冲着钱青选的脸上揍了一拳。钱青选不服，到县衙击鼓告状。就是这么一件逗人的事情。

于成龙听了自然是忍俊不禁，问明缘由，提笔写了一篇绝妙的判词，原文如下：

> 高贤相相女配夫，乃其常理；颜俊卿借人饰己，实出奇文。东床已选佳婿，何知以羊易牛；西邻纵有责言，终难指鹿为马。两次渡湖，不让传书柳毅；三宵隔被，何惭秉烛云长。风伯为媒，天公作合，佳男配于佳女，两得其宜。求妻到底无妻，自作孽也。

高氏应断归钱青选，不须另作花烛。颜俊卿既不合设骗局于前，又不合奋老拳于后，事已不谐，姑免罪责。所费聘仪，助钱青选成婚之资，以赎一击之罪。

媒妁尤原、言福焘，往来诓诱，实启衅端，各重答一千，以示惩儆。此判。

这宗案子的结果是，颜俊卿赔钱，两位媒人挨打，钱青选与高慧娟安心做夫妻过日子。老百姓看到这判决，真是心服口服，开怀大笑不已。

月饼纠纷

判断官司，本来应该是在事实基础上，讲法律，讲道理，合理合法才行。但有的官司，事实已经完全搞不清，法律和道理也就没法讲。在这种情况下，于成龙也有自己很灵活的处理办法，让判决合乎天理人情，让大家都能够坦然接受。比如下面这宗月饼案。

罗城县有一家茶食店，主营糕点类食品。中秋节来临的时候，他们便大量出售五文钱一个的月饼。有位钱老太太，带着三百文钱，到店里购买了六十个月饼。一手交钱，一手交货。但当时店中顾客太多，店员孙小弟前后忙碌，失于检点，竟在这个节骨眼上出了差错。孙小弟坚持认为，钱老太太还没有付钱，钱老太太则坚持说，自己已经把三百文钱交给孙小弟了。双方争吵起来，店内顾客和店外居民都跑过来看热闹，一时间聚集了几百人，乱哄哄无法收场。

罗城县城本来就很小，在县衙里的于成龙很快就得到了消息，带人赶了过去。他控制住现场秩序，仔细盘问了钱老太太和孙小弟，也询问了当时在现场的顾客和店员，大家各执一词，莫衷一是。

于成龙调查研究一番，说："钱氏老太太，年过六旬，一向老实厚道，似乎不至于为了三百文钱而起赖账之心。何况，她出门时确实带了三百文钱，现在钱袋子已经空了，可见她确实是付了钱。"店员孙小弟一听，急忙喊冤。于成龙接着又说："茶食店信誉良好，也绝不会因为三百文钱而欺负老太太。店员孙小弟，在店中工作八年，一向诚实可靠，更不会有诈财之事。看来，事实是这样的，钱老太太确实付了三百文钱，放在柜台上，而店中其他人乘乱顺手牵羊，偷了此钱，店员孙小弟并没有真正收到这笔钱。现在，如果让钱老太太再出三百文钱，未免太冤。如果让茶食店认了这三百文钱的损失，则怕开了先例，以后会让坏人钻空子。"

于成龙看了看围观的几百人，笑着说："来店内购物者有三百多人，大家不妨学古代的鲁仲连，做件好事，排解纠纷。一人出一文钱，凑够三百文，了结此事如何？"

现场每个人出一文钱，实在算不上什么损失，反而算行了一善。于成龙这种做法，其实是照顾了钱老太太，也救了孙小弟。如果按合法合理的判法，应该双方各认一半，钱老太太再出一百五十文，另一半由店里承担，而店里肯定会让孙小弟来承担，甚至还会因为出错而解雇孙小弟。

于成龙的判法，其实就是要大家挺身而出，付出善心，保护弱者。

○
○

粪污新衣

罗城居民平襟亚，家里有几个小钱，他从广东买了几件昂贵的绸缎衣服，准备结婚的时候穿。可是，新衣服买回来，不穿出去显摆显摆，那不是白买了吗？他穿上新衣，浑身轻飘飘的，在城内城外闲逛。没想到这天十分倒霉，在桥上遇见挑粪的乡民屈天章，屈天章一不小心，失足滑倒，两桶大粪正溅到平襟亚的新衣服上，甚是倒霉。平襟亚恼羞成怒，火冒三丈，非要屈天章赔他一套新衣服。屈天章是个挑粪的穷汉，哪有钱赔偿高级衣服？于是，官司就打到于成龙这儿来了。

按道理，这事是屈天章不对，弄脏了人家的新衣服，就该赔偿人家。但屈天章不是故意的，属于无心之过，另外家里穷，也确实没有钱赔。于成龙从"良心"出发，就偏袒了弱者屈天章。他先问平襟亚："你的衣服能洗干净吗？"平襟亚不敢胡说，答道："能洗干净。"于成龙道："能洗干净就回家洗一洗吧！洗完了不还是新的吗？屈天章弄脏你的衣服不对，但又赔不起钱，让他给你磕二十个头赔礼吧！"

县官发话了，平襟亚只好从命。

第六章

结交大吏展宏才

康熙二年（1663）秋天，广西乡试，于成龙临时被调到省会桂林担任帘官。因为其特殊表现，获得了广西巡抚金光祖的青睐。他给金光祖提了大量合理化建议，并且协助其解决了广西省的盐务弊政，造福全省百姓。

○
○

穷官进省

据于成龙的《治罗自纪并贻友人荆雪涛》，说这次做考官是"特取入帘""居闱中"，应该指他担任"内帘官"。而别的记载，都说他是"外帘官"。"内帘官"包括各位考官，也有处理其他考务的官员，"外帘官"则主要负责维持考场秩序和外围工作。区别只在于，"内帘官"属于限制自由活动的保密人员，"外帘官"的活动范围大一些，自由一些。

于成龙是小官穷官，到桂林之时，衣装陈旧，行李简单，只有一件皮套（羊皮被子或者大衣之类）。虽带了一位随从，也是又老又丑，和这位穷老爷相映成趣。于成龙平时待在罗城，倒没什么感觉，一到桂林，会见各地官员，就显出寒酸来了。因为乡试是省城里的一大盛事，官员们像串亲戚做贵客一样，穿上最好的衣服，带着最俊俏的仆从，处处都要摆阔气、出风头。于成龙对此倒很想得开，满不在乎，

于
成
龙
·

我行我素。他的《偶吟》诗云："石崇豪贵范丹贫，生后生前定有因。传语世间名利客，不如安命是高人。"

○
○
结交大吏

广西左布政使，俗称为"藩台""藩司"的，名叫金光祖，是汉军旗人。这个人脾气暴躁，对待下属非常严厉，动不动就要粗口骂人。但他是广西省的行政长官，下级官员们只好低头忍受。于成龙是性情刚烈的北方硬汉，也不肯让人。在考场工作的那些日子里，只有他敢和金光祖顶嘴，也因此挨了更多的骂。《治罗自纪并贻友人荆雪涛》中的原话是："时藩宪峻厉异常，辄欲诟詈属官。成龙心不平，居闱中屡以抗直，不少挫辱。"

但结果怎么样呢？于成龙不但没有因此得罪金光祖，反而引起了他的重视。别的官员都是唯唯诺诺的，一副奴才相，反倒把于成龙衬托得鹤立鸡群。金光祖再一对照于成龙平时的政绩：哟！怪不得他敢顶撞我，原来他就是那位著名的"罗城令"啊！所谓"不打不相识"，两个人从此就惺惺相惜起来。

金光祖心态一变，眼光一变，再看于成龙就倍加可敬可爱。每天早晚，只要有了闲工夫，他就把于成龙请过来聊天，畅谈广西军政大事。于成龙原本一肚子学问，一肚子见识，这时候终于遇见了知音，也就大谈特谈，问啥说啥。把个金光祖听得心花怒放，请喝茶，请吃酒，这些在别的官员看来是"恩典"的好事，都陆续地降临到于成龙的头上。于成龙是个好酒之人，三杯过后，头脑发热，吹胡子瞪眼，谈起国家兴亡，民生疾苦，往往是义形于色，毫不顾忌。当时的官场上，哪里能见到这种率直的英才？通过这次交往，罗城知县于成龙无疑成了广西左布政使金光祖跟前的"大红人"。

○
○

知无不言

不久，金光祖官升一级，担任了广西巡抚。

《于清端公政书》中有一篇《对金抚台问地方事宜》，应该是当时谈话的文字记录。谈话时，金光祖还是广西左布政使，俗称"藩台"，不久后升任巡抚，就称为"抚台"了。这篇文章可能是事后的记录，所以称其为"金抚台"。文中所说的"地方事宜"，内容重大而广泛，于成龙的回答相对简略一些，好多问题都只谈到处理原则，而没有提到具体解决办法，有些问题于成龙表示很为难，并没有办法解决，这都像是仓促之中的口头回答。

金光祖是省级大员，平时关注的问题很多，于成龙只是偏僻地方的小小知县，对全省政务不一定有很全面的了解，只能从宏观原则上谈一谈。后人读史，既没必要求全责备，也没必要盲目称赞。对金光祖来说，于成龙的回答已经非常出色了，证明他绝不仅仅是个"知县"的水平。从这些回答中，也可以了解成龙本人的政治理念，下面分条介绍：

肃清吏治

于成龙提出："粖宁地方之要，莫若安民。而安民之法，必以肃清吏治为先务。吏得其人，而洁己爱民，则弭盗固圉，省刑息讼，兴利剔弊，诸务毕举。虽在边徼，可渐次化理矣。"

这个说法并不新鲜，属于老生常谈。在孔子时代，就有"举直错诸枉，能使枉者直"的说法。问题的关键是如何肃清吏治。历代王朝制定的各种复杂而严格的官吏选拔考察制度，目的都是肃清吏治。用孔孟之道、程朱理学教育天下读书人，目的也都是培养合格的官吏人才。而清官廉吏层出不穷，贪官污吏也层出不穷，无法从根本上解决问题。现在我们只能说，各朝的前期中期，走向盛世的阶段，清官廉吏相对多一些；中期后期，走向衰世的阶段，贪官污吏便大量出现。一切似乎都是为孟子"生于忧患，死于安乐"的观点提供论据。

消弭盗匪

于成龙清醒地指出，地方上的"盗匪"其实全都来自于"人民"。黎民百姓虽然没有读书明理，但天性都善良老实，绝对不愿意入山为寇。一者因为灾荒战乱，饥寒交迫，得不到官府的赈济安抚，只好铤而走险；二者因为官府催讨赋税，刑罚过重，百姓无法忍受，只好啸聚山林。所以，地方上"盗匪"多，主要还是官府的责任。于成龙的这个说法，十分合理，也十分大胆。

至于解决办法，也还是从吏治做起。基层官员要"清净寡欲"，自己先做个清官好官。然后用儒家的圣贤之道教化百姓，引导百姓安居乐业。再用法家的"保甲法"严格管理，防止意外事件发生。官员要爱护百姓的生命和财产，刑罚和赋税都要尽可能减少一些，要让老百姓多享受一些人生的乐趣，一家老小团团圆圆，男耕女织，勤俭致富。这样，山上的盗匪也愿意回家了。

这个理念，于成龙奉行了一生，他在各处为官，就是这样做的。

安抚僮瑶

广西多民族杂居，当时民族矛盾比较严重，壮族、瑶族等民族经常有起兵反抗清朝的"叛乱"之举和相互之间的劫掠行为。被清朝大兵镇压之后，表面上暂时安定，但仍然是暗流汹涌，时有危机。于成龙提出的解决办法是："若稍疏一面之网，多方招抚，开诚布公，消疑释嫌，逆僮（壮族）虽愚，亦必乐生恶死，悉归王化，不烦弓矢而土宇宁谧。"意思是不要只依靠征剿镇压，而应该多用和平的招抚手段，加强沟通和交流，缓和民族矛盾。至于和平时期的民族政策。于成龙认为，这些民族不懂孔孟之道和诗书礼义，"骄悍固其素习"，这是不可能彻底改变的。地方官对他们，应该慢慢地笼络教育，不要急于求成，要"宽舒其手足，约束其心思"。这句话不容易理解，仔细推敲一下，应该是在日常行为上随顺他们的民族习惯，放任自流，让他们保持原有的生活状态；而在统治关系上，要加强思想控制，要求他们绝对服从官府，做清朝的顺民，不允许有一点点的反抗。在"抚绥驯制"方面，于成龙提出"宁猛勿宽"，一发现他们有反抗迹象，就严厉打击，绝不手软。

综合上面这几种观点，其实就是胡萝卜和大棒并用，怀柔政策与高压政策并行，灵活运用，以保障统治。这也是于成龙终生奉行的理念之一。

要塞设防

于成龙表示自己不太熟悉广西地理，不知道何处地势险要，何处应该设防，只是按一般常识，提出：

> 屯戍之兵不可不设，而统兵之法不可不严。兵以卫民，亦有祸民者；兵以防奸，亦有作奸者。屯戍设防，宁简勿滥。

于成龙在这里，还是注重"以民为本"，提出了军民关系问题。那时候，除了个别名将带兵时军纪严肃，对老百姓秋毫无犯，大部分兵营里都充满了"兵痞"，将官们也有很多不法之徒。驻扎一方，骚扰一方，对民间来说是一大害。但国家军事要塞，又不能不设防，所以必须严明军纪，防止军人作奸犯科。设防地点和兵马，当然是越少越好。

兴复驿站

古代没有电报电话互联网，政府的信息传递全靠遍及全国的驿站。驿站除了接待信使，还兼有"宾馆"的功能，为过往官吏提供食宿服务。有时候，还要兼理一部分物资运输事务。国家在驿站设有专门的官吏，每年也有一定数量的工作经费。但驿站事务繁重，军情大事刻不容缓，过往官吏又难免无理征调勒索，稍出差错则上司责罚立至，驿站人员不堪忍受时，只有弃职逃走一法，这就造成了大量驿站的"倒废"。所以，于成龙说："驿站最为民苦。"关于如何兴复，于成龙认为，这事没有什么好办法。驿站是国家通信和交通命脉，绝对不能够出差错，再苦也要兴复开办。但驿站应该严格执行制度，检查过往信使及官吏的证件及公文，有合法手续的就提供服务，手续不全的就拒绝服务，以减轻驿站的负担。另外，严禁过往官吏私自征调差役，无理勒索财物。驿站还要健全档案，详细记录各种事件的账目。文簿四季循环，以便随时查核。主管官员应该真心执行制度，并体贴关怀驿站人员，不要过重地批评责罚，避免出现驿站人员弃职逃亡事件。这样，驿站的吏民受害较少，驿站也能逐渐恢复起来。

完成钦限

这里说的"钦限"，是指官府内要限期完成的紧急公文及册籍制作等事。明清时代属于高度中央集权制，大部分政策和命令都由朝廷发出。而朝廷为了研究下情，又需要收集丰富的基层信息，这就造成了超大数量的公文来往。在中原一带，基层官府里精通文案的人才比较多，还可以勉强应付。而偏僻的广西省，有文化懂计算的知识分子数量很少，官府很难雇用到足够的书吏，处理公文的难度就比较大。于成龙在文中说："一二经承，兼理六房。事繁人寡，簿书堆案。有司攒眉，昼夜不停，而案牍弥积。"

日常处理的文案事务，有由单、奏销、会计、征解，还有清丈田亩、编审户口、催造开垦等等，全都非常重要，出不得一点差错，违不得一点期限。稍有差错，上级就会发回重造，这又势必会超过期限，受到责罚。如何解决这个困难呢？于成龙提出一条不得已的办法。广东省经常把罪犯发配到广西来，这群人中有一些精通书算的，可以临时借来帮忙。但官府又没有这笔工资开支，不能给人家支付费用。这些人挣不到工资，就会勒索本地的"里甲"，这又是违法犯纪的事情。于成龙表示很无奈，这事没有什么好办法，只能硬着头皮，加班加点干而已。

管理土司

土司制度是封建王朝对西南少数民族地区的一种特殊政策。对那些有一定凝聚力战斗力的部落，朝廷采取羁縻怀柔手段，封赐给其首领一定的官职，颁发印信，由他统领整个部落事务。官职也是世袭的，可以子孙相传。这些土司名义上臣服于朝廷，并缴纳一定的贡赋，实际上是相对独立的自治王国，朝廷并不干涉其内政。到了政权更迭，朝廷统治无力的时代，这些土司政权就难免蠢蠢欲动，制造混乱。于成龙认为，这是因为土司身边没有正人君子做助手，出主意，所以才会胡作非为。解决的办法就是，派一些能干的人进去，影响、教育土司，使土司内部和平，正常向朝廷缴纳贡赋。至于地方官府，最好不要对土司有过多的苛求，免得引起他们反感。

剔除陋规

这个问题，是于成龙比较熟悉的，他做知县，成天面对的就是这些"火耗"、陋规。于成龙非常客观也非常无奈地表示，广西经过二十年战乱，黎民百姓一直挣扎在生死线上，贫穷程度超乎想象。才勉强完成正赋，又要面对朝廷强行摊派的盐引，百姓们只能束手待毙，已经没有什么被敲诈的价值了。即使是最贪最坏的地方官，也无法征收"火耗"钱。为什么？老百姓是要钱没有，要命也只剩半条了。

清理刑狱

战乱之后，百姓穷困，犯罪的人多，监狱经常是满的。而不法之徒，恃强凌弱，又常常打着法律旗号兴讼诬告，既坑害善良百姓，又给官府增加了工作量。这就出现了清理刑狱、惩处刁顽的问题。这方面的情况，于成龙也是熟悉的。他的思路很明确，提出"宁失出，毋失入"的大原则，也就是宁可错放，不可错抓。"失出""失入"都是官员在执法过程中容易犯的错误，但两相比较，还是"失出"对百姓更有益一些，对清理刑狱更有效一些。这倒不是说于成龙支持办错案，而是要把握一条"少抓人"的原则，让百姓们能够安心生活，如此则"好生之德自洽"。

封建时代法律森严，司法机关和法律制度都相当完备，但又不提倡打官司，认为这是万不得已的办法，主张民以教化为先，矛盾纠纷以调解为上策。哪个地方的人爱打官司，就会被视为"民风刁顽"，"民悍健讼"。于成龙消除诉讼风气的办法是，"禁止教唆，严绝赦前"，也就是发现某人教唆别人打官司，就要立即惩处，严禁这种风气。而且，朝廷大赦之前的违法犯罪行为，既在赦免之列，那就绝不受理。在听取原告陈述时，官员要仔细审察他的语调和表情，看他是不是诚实人，有没有恶意诬告的情况，绝不随便受理官司。

鼓励垦荒

多年战乱造成人口锐减，土地荒芜。战乱过后，招纳流民，开垦荒地，就成了朝廷大事。在这方面，朝廷本来就有优惠政策，垦荒之后三年之内，可以不向朝廷缴纳赋税，三年之后才"起科"。于成龙认为，地方官员谨遵朝廷"三年起科"的政策就足够了，不要随便扰民，老百姓哪个不爱垦荒种地啊？田园很快就能够恢复，人烟很快就能会密集起来。

惩治贪官

这是封建社会的大问题，更是老问题，但具体到比较偏僻的广西省，于成龙认为事情就会相对简单一些。他说："蛮烟瘴雨，地瘠民贫，性命之念重，富贵之心冷。"也就是说，那些富庶之地，地皮厚，油水多，容易引起官员的贪心，贪污腐败现象就严重一些。像广西境内这些贫穷地方，官员们都以保重身体、延续性命为头等大事，发财致富的心思相对要淡泊一些。如果上级严格执法，就可以杜绝下级官员的贪污现象。官府内部的衙役，被称为"衙蠹"，祸害百姓的情况要多一些。于成龙说，这也不难治理，发现一个，就清除一个。衙役应每年更换一次，不让他们长期待在官府。平时严格管理，不要让他们酿成大错，落到犯罪砍头的地步。

积储备荒

于成龙提倡古法，也就是建立"常平仓"。秋天，从百姓手里平价收购余粮，储存起来。第二年春天青黄不接时，再平价出售给百姓。这种宏观调控办法，也不是没有一点弊端，但只要官府实心理事，是能够起到调节有无、抑制物价的救济作用。

于成龙在《对金抚台问地方事宜》中，还简略地提到其他几项事务。如土物之采买、里甲之苛派、新役之帮贴等，都属于地方弊端。但他认为在百废待兴之时，这些细枝末节并不是要急于考虑的问题，就没有进一步展开议论。

根据于成龙的《治罗自纪并贻友人荆雪涛》，他向金光祖提出的这些建议，大部分都得到了采纳。金光祖又把这些建议全部向朝廷做了汇报，朝廷也采纳了其中一大部分。应该说，"七品芝麻官"于成龙通过口头和书面的议论，为当时的朝廷政治做出了一定的贡献。他的这些出色表现，也为将来自己的举"卓异"和连续升官奠定了基础。这篇对答，可以算作是于成龙对上级现场考试的一份出色答卷。

○
○

盐务问题

在中国封建时代，食盐属于国家垄断专营，是非常重要的财政收入。明朝建立后，实行"开中制"，国家向盐商出售特许证"盐引"，商人持"盐引"到盐场买盐，然后运输到指定地区销售。这里头虽然不能说没有弊端，但百姓们已经适应了。可是，清代初期，朝廷为了财政收入，提高了原来的规定限额，要求各地多卖盐，多收税，这就造成了一系列新的弊端。

广东、广西两省，在清朝都属两广总督管辖。广东省"盐引"积压，不能完成销售任务，官府就把这部分积压"盐引"强行摊派给了广西省。广西省为了完成任务，又层层摊派给下级官府，并把食盐销售成绩和官员的政绩考核挂起钩来。完不成销售任务，官员们就算是"不称职"，会影响到今后的提拔重用。各级官员万般无奈之下，只好自己组织差役运输销售，把食盐强行出售给百姓。官员们十分痛苦，但最痛苦的还是广大老百姓。

金光祖担任布政使时，主管全省财政，对盐务的利弊自然十分清楚。当升任巡抚之后，手中的权力稍大，他就决心改革这项弊政。第一次，他向朝廷上书申请豁免食盐销售任务，被朝廷严词拒绝。他在被迫执行朝廷命令的同时，继续研究解决办法。第二次，他向朝廷上书，提出"区划户口食盐法"。在他的极力调停之下，"盐引"被削减了三分之二，各级官府和老百姓头上的负担便减轻了一大部分。但是，盐务仍然弊端重重，官府和百姓依然叫苦不迭。金光祖无奈，便下发文书，要求基层官员研究对策。

○
○

分析利弊

于成龙接到文书后，结合自己对盐务利弊的认识，向金光祖上了一份《条陈引盐利弊议》。在这篇文章中，他详细汇报了基层的实际情况，并提出了解决办法。

于成龙说，自从"区划户口食盐法"实施之后，各地官府都积极行动起来，有的招商立埠，有的组织官运，有的委托上级代为招商。在大家的努力下，食盐销售任务普遍都能完成，有的地方还能超额完成。各级官员的"考成"应该是都没有问题了，但广大百姓受到了更严重的剥削，越来越穷苦了。问题出在哪里呢？于成龙提出"禁官运""革埠商"两条解决办法，指出问题就出在"官运"和"埠商"这两方面。

所谓"官运"，就是官方组织食盐的运销。柳州府一带，官府和百姓都很穷，官府没有足够的运销资金，百姓也不可能事先垫付，所以只能先向盐主赊借。盐主因为不是现钱交易，便趁机抬高了价格。运输时，官府的差役因为不是给自家做生意，处处都不节省，运费很高，这些费用最后全转嫁给了买盐的百姓。这样在销售时，盐价就已经高了好几倍。另外，发盐之时，官买官卖，都不考虑市场的实际需求，只是一味地多多发运，贪图完成任务，表现政绩。到零售时，因为发来的食盐数量过多，又不得不强迫百姓多买。百姓们既要出高价，又必须多买，贫穷人家能有几个钱，这不仅影响了百姓向国家缴纳"正赋"，也造成了很多百姓破产。所以于成龙提出，"官运"应该立即禁止。

所谓"埠商"，是指本地的盐商。这些盐商，为了自己赚钱发财，在运销过程中自然斤斤计较，处处节省，不会有浪费的环节，其成本和"官运"盐相比，是要低很多的。但是，因为有官运的高价食盐在，这些商人怕得罪官府，不敢低价倾销，便把盐价提高到"官运"盐的水平。这样利润极大，埠商自然是一百个愿意。他们卖盐时和官府勾结，强行摊派，收钱时又沿门挨户强行索讨，造成了极坏的影响。所以于成龙建议，革除埠商的卖盐资格。

于成龙的正面建议是支持"流商"，也就是自由贸易的外地商人。流商成本低廉，竞争也比较激烈，在市场杠杆的操纵下，他们愿意深入到各地去贩卖价格便宜的食盐。这样，既能完成全省的销售任务，又能方便百姓，是个两全其美的事情。为了方便流商，于成龙建议简化流通环节：流商从广东运盐进广西省，在梧州要办理一个"交引换票"的手续，等于是获得省内销售的"许可证"；从梧州到柳州府，再"凭票换牌"，获得柳州府境内的销售权。进入柳州府境之后，就不应该再有更多的管理环节，不要限制区域，让商人们自由买卖。另外，官府对"私盐"的缉查力度也应该适度放宽，不要总拿这个借口去骚扰流商做生意。这样，流商和百姓都方便了，到处都会欢迎流商的便宜食盐，唯恐流商不去，食盐量少。

于成龙还说，广西提督手下有数万兵马，每年食盐的消费量很大。而朝廷为兵营准备的"马平盐包"，不足二百个。省内多余的"盐引"，其实可以存起来，以备兵营的不时之需。而两广境内和周边地区驻扎的藩王以及八旗将军，平时倚仗特权，都会做些贩卖私盐的勾当。于成龙建议，地方官不要多管这些闲事，让那些人和流商一样去自由买卖，以加强市场竞争，平抑盐价，保障供应。

功德无量

于成龙的这篇《条陈引盐利弊议》，确实很有卓见，也比较符合现代市场经济的一些规律。当时的盐务弊端，主要是由于官府办事急躁，错误地将销售任务强行摊派给下级，把销盐与考成挂钩，逼迫基层各级官府实施了一些不合市场规律的措施，最终坑害了百姓，引起了社会的恐慌不安。而一旦放宽了政策，减少了环节，食盐销售量自然会有合理的好转，"盐引"任务不愁完不成，百姓们也有了便宜的充足的食盐。

这篇文章上报给金光祖后，得到了采纳实施，并上报给朝廷，在全国各地推广。它也许只花费了于成龙三五天的时间和精力，算不了什么，但它利民、利官、利国，确实是功德无量，善莫大焉！这也算是于成龙不昧"天理良心"的另一种体现。

鉴于这篇文章的重要价值，后世在编辑《于清端公政书》时，将其放到全书的第一篇。

第七章

初举卓异成名吏

初到罗城时，于成龙认为这里是个"活地狱"。但后来，在他的悉心治理下，罗城的社会经济各方面都有了令人欣喜的巨大变化。于成龙自己，也过上了一种淡薄自甘、有诗有酒的生活。七年后，于成龙被举为"卓异"，给罗城生活画上了闪亮的句号。

○
○

诗酒自娱

于成龙以前就爱喝点儿酒，到了罗城之后，人地两生，他每晚必须喝酒一壶，但只买四文钱一壶的普通烧酒。当手头钱紧的时候，他每天就只喝半壶，反正是不能不喝的。

于成龙的嗜酒，也可能是从史书里借鉴来的养生之道。据《史记》《汉书》记载，西汉名臣袁盎，曾经被朝廷贬谪到比较湿热的吴地，那地方当时也算是烟瘴之地。临行前，他侄子袁种出主意说，每天坚持喝酒，就能对付南方的卑湿，保持身体健康。后来袁盎果然平安地回来了。于成龙的每天喝酒，应该有养生保健的目的，当然也是排遣愁闷的良方。后来，喝酒便成了他终生的爱好。

于成龙晚上喝酒时，不用下酒菜，连筷子也不用。他拿出一本唐诗，一边念一边喝，有时不念诗，自己拿纸笔写诗，边写边喝。有时候，他想起了自己的身世、命运、故乡、亲人、朋友，忍不住悲从中来，就一边掉泪一边喝，喝到嘴里的，不知道是酒还是泪。

于成龙是贡生出身，诗文水平自然不敢和进士翰林们相比，所以他经常解嘲说自己写的是"俚语"。不过，通过于成龙的诗词作品，人们也能很好地领略他的精神世界。

这里引一首《粤西九日》，是于成龙重阳节写的思乡诗：

> 冷落荒城又一秋，每逢佳节转添愁。
> 黄茅嶂远今犹古，白发风凄叹复羞。
> 菊瘦懒看空泪落，雁回遥望暮云收。
> 闭门却厌登高去，醉里心魂到故丘。

有时候，公务并不繁忙，于成龙可以从容地睡午觉，睡足了就起来读史书。古人说："以史为鉴，可以知兴替。"于成龙通过认真读史，学习了不少从政经验，也了解了不少兴亡变迁。读得有感慨了，他也会提笔写几首诗。《罗城署中闲咏》云：

> 窗前驯鸽行书案，惊醒主人午梦时。
> 起坐闲看十七史，古今成败有谁知？
>
> 子厚当年被谪时，柳州城上写新诗。

哪知千载存亡后，我与先生共客羁。

从第二首诗可以了解到，唐朝时的山西老乡柳宗元，被于成龙当成了学习榜样。柳宗元被贬谪到柳州担任刺史，有大量的政绩，其境况和于成龙是极为相似的。

一次，于成龙睡梦之中，居然足踏祥云，向着遥远的山西永宁飞去，好像立即就能见到亲人了。可惜，梦境也不能尽如人意，飞到湖南洞庭湖时就落了下来，被当地的神仙留住说话。这还不算，梦中一摸身上，官印居然丢了，于是又赶紧寻找回转罗城的路途。且看他的《写梦》：

终日思家怅复吁，梦魂飞泊洞庭湖。

忽惊信篆归何处？别却耆童觅旧途。

在罗城当知县，每年的俸禄是四十五两白银。这笔收入，只比教书先生略好一点。有人算过这笔账，知县每月大概只有三两多银子的收入，只能保障全家人的粗茶淡饭，连吃点好的都不行。再多养一匹马，就有点入不敷出。如果再有日常的人事应酬，那就远远不够了。于成龙孤身在罗城，不必管家里的花销，自己一个人的衣食，又极其简单节省，这笔钱应该是花不完的。有时做点善事，捐助公益，也能拿出一点钱来。但于成龙的"穷大方"，有时候竟会影响到自己的酒瘾。没钱买酒了，就去勉强戒酒，戒了酒又睡不着觉，那就干脆写诗吧：

一夜一壶酒，床头已乏钱。

强欲禁酤我，通宵竟不眠。

于成龙后来回忆，在罗城的生活是"天下有极苦之地，居之久而不为苦者"。罗城虽然贫穷破败，但山高皇帝远，无人管束，可以过得自由自在。自己吃粗食，穿破衣，想醉就醉，上司看不见，百姓也不嫌。后来治理得法，条件改善，日子过得也好一些，和老百姓相处得如家人朋友一般。做一点好事，老百姓就会感恩戴德，有一点成绩，上级就会赞赏表扬。平时没有复杂的官场交往，过年过节不用给上级送礼。上级知道他穷苦，也不会嫌弃。这种日子，倒也有一种特殊的乐趣。

○
○

廷翼探父

于成龙的大儿子于廷翼，曾经到罗城县探望过父亲。当初苏朝卿护送疯仆回乡之后，于成龙一个人留在罗城，生活极为艰苦。家里知道后，派于廷翼到罗城侍奉父亲。可能同时也带来了新的仆人。

于廷翼探父期间，据记载发生了三件事：

第一，于廷翼带来一份"族令"，于氏家族要求于成龙任满后立即辞官回乡，不要再做这个吃苦受累的小官了。

第二，于廷翼带来一份"母命"，邢氏夫人挂念于成龙的生活，自己又不能到罗城来，就让廷翼传话，让于成龙在罗城纳一个妾，照料起居，过点有情有爱的生活。

第三，罗城百姓这时候已经和于成龙建立了深厚的感情，大家以为于成龙老家穷得过不下去了，才派大公子到任所取钱，于是凑了一笔钱给于成龙送过来。

第一件事，于成龙显然没有听从，罗城任满以后继续干下去，到黄州以后才几次提出要辞官。

第二件事，于成龙也没有采纳。各种记载中都说，于成龙只有一位邢氏夫人，并没有纳妾。而且，于家有规矩，男人四十无子才允许纳妾，于成龙已经生了三个儿子，自然不需要小妾了。至于个人的生活，于成龙一辈子就没有讲究过享受。

第三件事，于成龙很委婉地拒绝了百姓，说路途太远了，廷翼一个人行路，带钱多了不方便，让百姓们把钱拿回去孝敬自家父母。

于廷翼到罗城的时候，罗城的生活条件可能已经好了不少。有百姓们的帮助，于成龙也能安心生活、专心理事了。见了廷翼，于成龙自然是喜出望外，但同时又担心起家乡的老母亲来。廷劢和廷元都还小，没有廷翼，家里可怎么办呢？这样，廷翼在罗城住了一阵子，就被于成龙打发回去了。

初举"卓异"

康熙六年（1667），于成龙因为政绩突出，被两广总督卢兴祖举为"卓异"，这是清代地方官员考核中名额最少、最为珍贵的特殊荣誉和升迁资本。对于成龙来说，这个荣誉确实来之不易，是他自己在罗城辛辛苦苦，视百姓如家人父子，全身心投入工作的结果。

清沿明制，清代官员的考核制度是比较完备的。文官三年考核一次，武官五年考核一次。京官和一、二、三品地方大员的考核称为"京察"，中下级地方官员的考核称为"大计"。考核的主要指标有三项，即农桑、学校、盗讼，简而言之就是经济、教育和治安，这是政绩好坏的主要依据，类似于后世的 GDP 和社会治安一票否决制。"大计"中，布政使与按察使的考核称为"考题"，由总督、巡抚撰写评语，报吏部核定。省内其他官员，各由其上级撰写评语，送交总督、巡抚审核，汇总到吏部考功司确定等级，称为"会核"。"京察"和"大计"最后都由吏部会同都察院及其他相关衙门审核定稿，上报皇帝批准。

于成龙是七品知县，他的考核评语应该是由柳州知府撰写初稿，汇报给布政使和按察使，经过审核后，再上报给巡抚和总督。督抚审核县官治绩和上级评语后再优中选优，精选出百分之一二，评为"卓异"者推荐给吏部，进行全国性表彰奖励。

考核的成绩分为三等，一等为称职，二等为勤职，三等为供职。考核为一等的，还要"保举"。"保举"有比例，地方中下层官员大概是十五比一。"保举"被朝廷批准的，就称为"卓异"。

于成龙的操守和才能应该都不成问题，健康状况虽然不错，但年龄是偏大的。至于政绩，因为罗城是极穷苦的县，仓库、赋税方面，于成龙的完成情况不太好。所以，在知府、布政使、按察使这几层的"会核"中，给于成龙的评语并不是很高，没有将他列入"保举"名单。

广西省的"一把手"巡抚金光祖，特别器重于成龙，在这件事情上慧眼独具，动用了领导权威。他向布政使和按察使发脾气说："如果你们不把于成龙保举上来，那我就用'特疏'的方式向朝廷推荐他！"

布政使和按察使惹不起巡抚，只好重新撰写于成龙的考语，把他列为"一等保举"，向金光祖报上去。金光祖拿着名单，找两广总督卢兴祖商量"保举"的事，见面时免不了再向总督大人美言推荐一番。卢兴祖看着于成龙的考语，听着金光祖的汇报，忽然间就动了感情，深深地敬佩起这位信奉"天理良心"的罗城知县。他把考语中的"淡薄自甘"四个字郑重地用红笔圈了，向金光祖说："广西省今年就只保举于成龙一个人吧！"

自己喜爱的人才终于有了出头之日，金光祖当然十分高兴。假如保举成功，于成龙被朝廷批准为"卓异"，那就可以进京"行取"，被提拔重用，前途无量。金光祖作为举荐者，也会和被荐者结下一层类似于师生或者派系的亲密

《点石斋画报》载《于清端公轶事》

关系。所以，金光祖干脆好人做到底，为于成龙准备下一笔进京"行取"的盘费银子。

根据《清史列传》，卢兴祖和金光祖为于成龙撰写的保举评语是：

> 罗城在深山之间，瑶、玲顽悍。成龙洁己爱民，建学宫，创养济院，任事练达，堪列"卓异"。

而《国朝先正事略》中的《于清端公事略》，将于成龙的罗城政绩评价为：

> 在罗城七年，招流亡，修学校，增陴浚隍，定婚丧之制。

于成龙的七年罗城政绩可以概括为：第一，为官清廉，爱民如子；第二，招徕流民，恢复生产；第三，兴办学校，发展教育；第四，办养济院，抚恤孤寡；第五，修复城池，建设罗城；第六，崇尚礼仪，教化百姓。

史书没有总结到的还有：缉捕盗贼，维护治安；从严执法，震慑犯罪；改革盐务，造福吏民；撰写文章，研究政情。

于成龙在罗城这种最穷苦最危险的地方，辛勤忘我地治理了七年，做出卓越的政绩，确实有一些值得后人借鉴的为人治世之道。比如：诗酒自娱，心胸开朗；体恤百姓，行善积德；勇于担当，破格办事；依靠上级，积极表现。

第八章

连升三级到合州

金光祖满心希望着于成龙举"卓异"之后，被朝廷"行取"，升任一个好职位。但于成龙命运不济，苦日子却还没有完全到头。他被朝廷以另外的理由，连升三级到了四川合州。

○
○

边俸逾期

以前的记载都以为，于成龙是被金光祖和卢兴祖举为"卓异"，才得以升任四川合州知州。通过阅读于成龙的《治罗自纪并贻友人荆雪涛》，却发现他的升迁事情并非如此简单。原来，康熙六年（1667）的于成龙，忽然遇到了一个"边俸逾期"的情况。所谓"边俸"，是指边疆地区官员的任职期限，相对应的是内地官员的"腹俸"。因为边地穷苦，朝廷定有优惠政策。内地官员五年无过失，才会考虑升职，而边地官员，往往不足三年就会被调任升职。另有一说法是，内地官员以三年为期，边地官员上任两年就算任满到期。这种调动提拔方式，叫作"考满"。

于成龙在罗城干了七年，早就超过了边俸的期限。康熙初年，清代官僚制度可能还不太规范，吏部官员失察，没有及时给于成龙调任。或者是因为没有人肯去边地做官，于成龙在任上既不病死，又不逃走，吏部欺负老实人，索性就让他在罗城多待了几年。

等到康熙六年，吏部却忽然查到了于成龙的档案，发现他"边俸逾期"了，应该赶紧给他调任升官。从正七品的知县，升为从五品的知州，连升了三级；从偏远的广西省，调到离内地较近的四川省。这次的提拔力度，应该是很大的。但是，四川合州历经战乱之后，其荒芜残破程度，与罗城县实在是不相上下，仍然是个极其苦累的地方。

吏部的调令还没有传到广西的时候，金光祖正在费尽心力地为于成龙举"卓异"；金光祖的保举文书送往北京，还没有回音的时候，吏部的调令却已经到了广西。命运和于成龙开了个玩笑，打了一个恶作剧的时间差，让他只得再到四川合州受几年苦。但不管如何，于成龙总算是活着离开罗城了，也真是善有善报。当时是"南人官北，北人官南"，在广西当官的都是北方人，罗城周边州县的同僚们，死在任上的很多。于成龙在《治罗自纪并贻友人荆雪涛》中说："回想同寅诸公死亡，无一得脱，鬼神无爽，能不寒心？"这段话透露出一个信息，在当时肯老老实实当清官的人确实不多，大家多少都有负心害民之处。于成龙严于律己，一点儿不敢马虎，最后能活着离开罗城，能够升官，他自己认为当初的所作所为是正确的，讲"天理良心"没有错。

于成龙接到朝廷的调令后，赶到桂林向金光祖辞行。金光祖很伤感，向于成龙说了一番语重心长的话：

我荐举一场，指望行取。知道你穷苦，我为你凑下盘费。谁知你先升了，此亦是你的命。但两司因认不得你，不肯荐举你。本院发怒，方才举来。谁想督台将你考语"淡薄自甘"四字圈了，立意粤西只举荐你一个，亦是公道难泯处。今你往四川，又是苦了。照罗城县做去，万不可坏我名声。我与书两封，一与总督，一与抚台。

○
○

"眇者"送行

于成龙是个迷信的人，听谣传罗城的"武阳冈三年必反乱一场"。上任第三年，他着实惊恐紧张了一回，生怕各民族百姓造反闹事，酿成大祸。但那年罗城境内和平安宁，没有大事发生。民间还传言罗城"三年一小剿，五年一大剿"，上任第五年，他还是很紧张，结果也平安度过了。其实，百姓造反都是官府逼出来的，罗城有了于成龙这样的好知县，大家过上了太平日子，有一点小矛盾早就化解了，谁还愿意惹是生非呢？

于成龙和罗城县官吏百姓感情极深，如今他真正要离任升官了，百姓们自然是依依难舍。但于大人要升官，总不能拦着啊！还能让他老人家一辈子待在罗城啊？百姓们组织了很多人，为于成龙送行。

据后世传说，当时百姓们相送一程之后，挥泪告别，渐渐都回去了，最后只剩下一位"眇者"不肯离去，还要陪着于成龙走。所谓"眇者"，原指瞎一只眼的人，后来也指双目失明的盲人。

于成龙说："先生，送君千里，终须一别，您还是回家去吧！""眇者"说："于大人一向穷苦，路上的盘费肯定不足。小民有一点算卦的手艺，路上可以帮衬大人一点，就让我送您到合州吧！"

"眇者"送行其实只是个传说，于成龙不可能真的让盲人给他算卦赚路费。他于康熙六年（1667）八月接到调令，很快与新任知县办理了交接手续。赴桂林与金光祖告别后，便起程赶往四川。先到省会成都报到，最后于九月初六抵达合州上任。

值得一提的是，于成龙到达成都时，因为打扮寒酸，没钱"打点"，曾经受过某些势利小人的白眼和刁难。有诗为证："两任边荒囊乏钱，低头羞语尉巡前。淮阴受却少年辱，也了前生一恶缘。"

合州知州

清朝初年的四川合州，就是现在的重庆市合川区，距重庆市区五十六公里，是重庆市的北大门。境内有嘉陵江、涪江、渠江三江交汇，形如叠衣，古称为"褒江"，后来误为"垫江"。自古以来是濮人、巴人的聚居地，曾建有"巴子城"，是古巴国的别都，历史上还有垫江、宕渠郡、合州、涪州、涪陵郡、合川等名称。南宋时期，合州曾经发生过著名的"钓鱼城"大战，蒙哥大汗殒命城下，数万蒙古铁骑为之胆寒。

合州气候宜人，资源丰富，又是水陆交通枢纽和物资集散地，可以称是富庶繁华之地。但是清朝初年的情况却比较特殊。四川一带经过多年的战乱，张献忠等各路农民起义军，南明各政权的抗清义军，清朝的满汉各军，在这一带反反复复地打仗，老百姓死亡无数，和古诗里讲的"白骨露于野，千里无鸡鸣"的情况差不多。

把合州和广西罗城相比，罗城主要是气候湿热，北方人不易适应，有患病死亡之忧；多民族杂居，矛盾激化，地方治安不好；战争灾荒之后，人烟稀少，经济凋敝，百废待兴。合州则只有后者：战后人烟稀少，经济凋敝，百废待兴。比罗城的情况要好一点。

清朝的知州分为两种："直隶州"知州，直属于布政使，正五品（乾隆三十五年改）；"属州"知州，归知府管辖，从五品。合州以前有几个属县，算是直隶州的设置，后来逐渐裁撤，到雍正六年（1728），属县撤完，就算是散州了。于成龙上任合州知州时，合州有铜梁、大足、武胜三个属县，加上合州，总共是四个县的规模，当时应该还是直隶州设置，但已经归重庆府管辖了。

于成龙的知州是从五品官，年俸八十两，比在罗城要多一些。知州的职权，既类似于知县，也类似于知府。他要直接管理本州的一切事务，类似于知县；又要领导几个属县知县，间接管理属县事务，类似于知府。他的助手有州同、州判，下面还有巡检、驿丞、闸官、税课司大使等数量不等的属吏。

于成龙上任合州知州时，由于地方荒残，人口极少，官员的配置很不齐全。三个属县当时都不设知县，全由于成龙一人兼管。登记在册的百姓据说只有一百余人，每年正赋只有十五两左右。可以这样说，当时的合州，几乎就是个空州。于成龙面对的就是这样一个人稀赋少的穷摊子。

○
○

祭祀事务

于成龙做了七年的罗城知县，有了丰富的执政经验，到达合州之后，自然要着手恢复这个地方的繁荣，情形和罗城县应该有一定的相似之处。但根据《于清端公政书·合州书》的记载，于成龙的工作重点，首先是"复祀典，正朝仪"，等于是先从文化搞起，这和在罗城时的风格就不同了。

祭祀是地方官府的职责之一，其内容、仪式、日期，都有详细的规定，经费从朝廷正赋中支取。每年春秋二季的"丁日"，祭祀至圣先师孔夫子、孔夫子的父亲启圣公、梓潼帝君，目的是"崇文教"；"戊日"，祭祀社稷、山川、风云雷电、城隍、土地诸神，目的是"敦祈报"；三月初一、七月十五、十月初一，祭祀孤魂野鬼，目的是"恤幽魂"。

于成龙在写给上级的《请复祀典详》一文中，谈及这些朝廷正祀，是"简而不数，丰而不俭，是诚圣天子百神来享之盛典也"。意思是简洁而不复杂，丰盛而不吝啬。他认为自己刚刚上任，本当首先招抚百姓，但是要招抚百姓，则应该首先"培风化之源，重衣食之本，释厉鬼之恫"，也就是做好祭祀工作。

于成龙说，自战乱以来，合州的祭祀活动一直不能正常进行，上级也没有按规定报销经费。有时候，是地方官自己捐出俸禄来搞祭祀，有时候是本地百姓捐款来搞。他认为，这种不符合朝廷规定的祭祀活动，并没有把皇上的"龙恩"赐给鬼神，鬼神也一定不会来享受祭品，因此就不可能赐福于百姓。这样重大的活动，让地方官和老百姓花钱，实在是朝廷的羞耻。所以，希望上级能够郑重考虑，向朝廷请求恢复祀典，经费从正赋中报销。祀典的丰俭程度，视当年的赋税收入情况而定，收入好时就丰盛一点，收入差时就节俭一点。

这份文书能反映出两层意思：

一是于成龙本人的思想特点，他相信隆重的正规的祭祀活动，能给合州百姓带来福祉：使战争中的孤魂野鬼得到超度，不再作祟人间；使合州风调雨顺，农业生产获得丰收，百姓获得温饱，官府得到赋税；使合州文风昌盛，教育发达，人才迭出。

二是希望祭祀经费全部从公款中报销，减轻当地官绅百姓的经济负担。

在另一篇《请正朝仪详》中，于成龙又指出当时的祭祀仪式，尤其是遥拜皇帝的"朝贺大礼"，仪式不规范，要求朝廷正式颁发统一的仪式。他在文章中还追忆了以前故乡山西永宁和广西柳州府的朝贺仪式细节，说明大家都是随意参照旧例，并无一定仪式。合州本地的朝贺大礼则在佛寺中举行，地点也不合适。

于成龙是儒家知识分子，和所有儒生一样，十分注重礼乐教化。而他在合州上任之初就大谈"礼治"的问题，应该是想以此为抓手，凝聚人心，从而带动其他工作。

○
○

规划铜梁

于成龙曾经给上级写过一份《规划铜梁条议》，畅谈了自己对合州下属铜梁县的治理计划。其中有些内容可能已经付诸实施并见到效果，有些内容则因为于成龙任职时间短，可能只有头绪，并未真正见效，留待后任官员继续实施。这份计划书，被上级采纳上报后，也很有可能成为朝廷恢复荒残地方的新政策，它的价值意义绝不限于合州一地。下面逐条介绍：

招徕流民

于成龙分析了明末清初战乱以来，当地百姓流亡不归的情况：有的是逃到少数民族地区，被当地土司扣押为奴，不能返乡；有的是逃到外地，做了地主富绅的佃户，暂有生计，不愿返乡；有的是在原籍曾经为人奴仆，欠人钱财，不敢返乡；有的是试探性地回家看看，立即被官府强行纳入户籍，征粮征税；还有的人没回来，名字已被官府记录在册，定下赋税。这些情况都影响到流民的返乡。

于成龙的对策是：多贴告示宣传朝廷招抚流民的优惠政策，允许流民返乡后投亲靠友，寄名亲友户籍，满三年生活安定后，再行立户纳税。让本地百姓多加宣传招徕，务使流民乐意返乡。于成龙在这方面做的成绩最大，他到合州一年之后，合州户口就增加到了一千以上。

保护"流寓"

所谓"流寓"，就是从外地逃亡来到合州的人口，对应的是"土著"居民。本来朝廷有政策，允许"流寓"人口占据空房荒地，只要插上自家的标志，官府即承认其永久的产权。但本地人常会欺负外地人，插标占产时他们不作声，等外地人把房子修好了，田地整好了，他们才出面声称，这原是自己亲戚某家的产业，托自己照管，别人不能侵占。因此争夺不已，闹得外地人不敢居住耕种，人心惶惶，想离开合州。于成龙的对策是：严格执行朝廷的有关规定，保护"流寓"的权益，插标占产，永为己业，不许本地人争夺。

奖励垦荒

铜梁县过去编户二十六里，赋银二万二千余两。现在只有三十九户，赋银三两一钱左右，还有大量的荒田没有得到开垦。百姓们垦荒的积极性不太高，又担心朝廷清丈田亩，已开垦的田地也不好好耕种，生活贫困得很。于成龙提出建议，要积极鼓励百姓垦荒，经常派人查访，勤劳耕织的家庭要奖励，懒惰懈怠的家庭要处罚。管得紧了，查得严了，生产就搞上去了，百姓的经济生活也会有起色。

加强教化

于成龙说，铜梁县以前是"人文礼仪之邦"，经过二十多年的战乱，逃出去又迁回来的百姓，大部分没有受过文化教育，反而沾染了兵营习气，不知道"孝悌忠信"，只知道酗酒放肆，为非作歹。地方上虽有乡官，但起不到教化作用。于成龙于是建议，各乡设立"乡约"一名，每月初一、十五，向百姓宣讲康熙皇帝颁布的《上谕十六条》，教百姓们"礼让为先，勤俭为本，戒游逸赌饮"。如果有不听"乡约"约束的，可以报官追究。

裁撤驻防

战争年代，铜梁县城曾经驻兵，逃兵骚扰百姓，久为一害。后来大军迁移，逃兵扰民现象也消失了。和平后，铜梁县城一度"有官有印"，所以派了三十几名官兵驻防，但因为县里人口实在太少，知县官被裁撤，县城的驻兵却一直留了下来。这些兵卒因管理不善，纪律很差，经常酗酒闹事，骚扰百姓。于成龙认为，县城只有八九户居民，用不着三十几名官兵保卫，乡下居民零散，一向也没有盗贼祸害，应该裁撤掉这些驻防士兵。

保护孤寡

战争年代，青壮年男子死亡很多，留下很多孤儿寡妇家庭，生活艰苦。铜梁地方有一种陈规陋习，说"夫死妻必嫁"，不支持寡妇守节。社会上更有一种欺负孤寡的现象，把嫁寡妇当作生财之道。有些人，帮邻里操办丧事，自己出一点钱，然后不急于讨要，过上一年两载，本利相加，逼迫寡妇用再嫁的方式来还债，自己赚取彩礼。还有人给官府行贿送礼，打着官府的旗号，逼迫寡妇再嫁，从中牟利。于成龙建议，如果有公婆、叔伯主婚的，官府可以允许寡妇再嫁。如果家里没有长辈亲人，则听取寡妇本人的意见，愿守者守，愿嫁者嫁，街坊邻里不得替寡妇做主。他说，这样可以使"生者安心，死者瞑目"。

查采楠木

康熙七年（1668）冬天，于成龙接到一项新的任务，带领几名得力部属，离开合州，到彭水、武隆、南川等县的原始森林中，"查采楠木"。

当时，朝廷要重修北京紫禁城，需要大量的巨型木料，生长于四川等地深山老林中的楠木，是首选的优质木材。这项采办工程，由四川巡抚张德地全面负责，可能是由于金光祖的推荐，他十分看重于成龙的才能，两人的上下级关系一直处得不错。于成龙的好几篇建议文章，可能都是写给他的。这次有重大任务，他便遴选抽调于成龙去负责勘查工作。

于成龙于十一月二十五日接到命令，只带了两名书吏、两名快皂、一名门子，便冒着冬月严寒，前往林区。这期间，他给张德地巡抚上了一封《查采楠木详》，谈到四川战乱之后，百姓惊魂未定，采办楠木的大事要严防扰民。冬月严寒，森林之中寒冷更甚，四川百姓一向不准备皮袄棉衣等御寒衣物，也缺乏防御猛兽的兵器，采木大事，尽量不要征调普通百姓。另外，他还谈到进入林区，需要当地文官带领差役，准备斧头钩镰等工具，斩木开路；需要当地武官带领兵丁，准备枪炮刀枪，抵御猛兽。深山老林，出入不便，也需要准备帐篷，就地住宿。自己官小，不方便指挥当地官员，希望巡抚直接下达相关命令。

于成龙负责的是最艰苦的勘查工作。在当地向导的带领下，在无边无际的大森林中寻找尺寸合适的巨木，插上标志，然后详细写明木料的地点、尺寸、运输路线、距离等等，快马传递给巡抚，由巡抚另派人核查，确定后再命人采伐运输。

于成龙寒冬腊月进入森林，新年就在彭水县林区的一座破庙中度过，然后又忙到春暖花开，总共干了一百多天。好多工作其实都是白辛苦，找到了木料，张德地派人一复查，说是不合用，还得继续找，不能拿尖细的木料敷衍塞责。张德地还安慰鼓励于成龙，许诺说，如果找到了适合皇宫大殿的栋梁之材，他一定向朝廷保举叙功。在林区过新年时，于成龙曾经写下一首七律，感叹自己的官场辛苦：

> 驱驰王事入彭川，旅舍神宫辞旧年。
> 七载罗阳梅弄影，三冬蜀道柳含烟。
> 石龟负气星文粲，林鸟声催草木鲜。
> 忽忆家乡思对镜，明晨霜鬓独凄然。

清廉风范

于成龙曾经撰文说，合州这个地方，居住的人口非常稀少，而水陆交通繁忙，过往的官吏客商十分众多，这就造成了合州衙门公务的忙乱。于成龙上任后，对衙门事务进行了简化革新，裁撤了多余的差役，取消了轿夫车夫，拒绝了上司的摊派，减免了对过往官吏的接待。一切以省事节俭为上，受到了张德地巡抚的表扬。

在拒绝摊派方面，有一个典型事件。重庆知府曾经要求于成龙定期为他提供鲜鱼，于成龙写信说明合州的艰苦情况，请求知府大人从今以后不要再有类似要求，知府也没有责怪刁难于成龙。这件事于成龙办得十分大胆，重庆知府好像也格外宽容。在合州这个穷苦不堪的地方，于成龙拒绝上级摊派，做得相对容易一些。

当时官府的事务不是太多，于成龙的日子过得比较清闲，有时间读书饮酒。只有采办楠木的那一百多天，过得十分辛苦。过往的官吏见到于成龙的状况，大都叹息不已，不好意思打扰。上级则觉得于成龙是好官清官，赞美他"清操毅敏""刻苦矫厉为良吏"，一半是夸奖，一半是同情。下级属吏和老百姓见了于成龙，经常是哭泣诉苦，也不讲究上下尊卑的礼节。这些情况，都让于成龙感到精神轻松。

于成龙总结，他在罗城和合州都是以苦为乐。康熙八年（1669），于成龙接到了朝廷新的任命，调到湖广黄州府任同知，离开了工作不足两年的合州。

第九章

黄州同知如青天

从康熙八年（1669）到康熙十二年（1673），于成龙在黄州府同知的任上干了四年。环境不同，职权也不同，但于成龙仍然做出了突出的政绩。其中最精彩的，是他的捕盗故事。

○
○

黄州同知

清朝初年的湖广省，大致包括今天的湖北省和湖南省，历来有"湖广熟，天下足"的美誉，是富庶繁华的地方。其最高长官是湖广总督，下来是湖广巡抚。于成龙上任的黄州府，位于今湖北省东部，相当于今天的黄冈市。其地理位置，在大别山南麓，长江中游北岸，与河南、安徽、江西等省相邻，是一个相当富庶繁华的地方，历代人才辈出。于成龙来上任的时候，黄州府下辖黄冈、麻城、黄陂、黄安、蕲水、罗田、广济、黄梅八县和蕲州。

于成龙的职务是黄州府同知，是仅次于知府的"二把手"，级别是正五品，比合州时升了一级，每年俸银应该还是八十两。这次调动，主要原因是罗城时期的"举卓异"，按规定要升官，并且调到好地方去。另外他在合州时为皇帝采办木料，也算立下大功，所以知州任期未满就升职调任，并且由"苦差事"换了个"肥缺"。明清时代的封建制度，有其完善的一面，有了功劳和政绩，就有相应的提拔鼓励措施，也算是"有章可循"的。

同知官雅称为"司马"，与通判共同协助知府的工作。按《清史稿》的记载："同知、通判，分掌粮盐督捕、江海防务、河工水利、清军理事、抚绥民夷诸要职。"

按照知府大人的安排，于成龙平时不住黄州城，而是镇守在麻城县歧亭镇（今麻城市歧亭镇），独立管理一部分事务。黄州这地方有个特殊情况，盗案非常多，于成龙的主要责任就是"捕盗"，其他的民事可能也分管一部分。后来，可能是因为"捕盗"成绩突出，有了名声，还兼理了"黄汉捕务"。也就是说黄州府和附近汉阳府的"捕盗"工作，全归他管，这算是个很例外的任命。因为于成龙是黄州府的"二把手"，当地官民在口头上，就称于成龙为"于二府"。有时候用赞美的口气，称他为"青天于二府"。

对于成龙来说，升官本来是好事，调动到富庶地方任职应该也是好事，但却另有一种难言的苦楚。在罗城和合州，环境恶劣，生活穷苦，但都是当"一把手"，山高皇帝远，没人管束，可以自己放手干，执政办事有诸多方便，生活也自由自在。可到了黄州就不一样了，他在《初至黄郡与友人书》中，哭笑不得地陈述：

　　若夫黄州则不然：居郡丞之位，履文物之邦。署宇严肃，役胥罗列。士民聚观，耳目杂沓。狐裘黄黄者，同寅也；衣裳楚楚者，属邑也。莅斯土者，主尚可布衣而步行乎？仆尚可挑水而运柴乎？为之治其执事，备其伞盖，繁其交际，咸借贷以应。而冷署如冰，下无以为德，上无以为功，五穷环至，应接不暇，如之奈何？此居不苦之地而适为苦者也！

骤然来到繁华地区，有上司管着，有下级看着，普通百姓也会有一种挑剔的眼光。于成龙一介穷官，为了工作的方便，也不能够过于标新立异，坚持穿补丁布袍，坚持安步当车，必须得适当地从俗。同僚穿狐皮大衣，自己差不多得弄件羊皮袍子吧！下级衣裳楚楚，自己怎么着也得做到整洁大方吧！正五品的官，出门乘什么轿子，打什么伞盖，用什么牌子，跟几个随从，朝廷都是有规定的，自己不能一概都免了吧！逢年过节，别人都要给知府大人送厚礼，自己得准备一点薄礼应付应付！同僚家里有婚丧大事，自己不也应该应酬应酬！

要想在黄州长期工作，要想大家团结和谐，适当从俗是难免的。但于成龙没有多余的钱，只好去借，但借了债总要还钱啊！讲"天理良心"的于成龙这时候就觉得痛苦难受了。他曾经写过一首诗《自吟》："逢人漫道不如意，满腹原来不合时。回首青山千万里，乐天安命亦何疑？"

虽然于成龙自己说做这个"同知"官，"冷署如冰"，上级看不到成绩，百姓看不到恩德，但他最后仍然被举为"卓异"，说明他后来的政绩还是很突出的，上司也是很认可的。

黄州府的"乡绅士民"共同编撰了一部《从好录》，详细记录了于成龙这个时期的政绩。

○
○

盗匪名册

黄州府盗案多，有一定的历史原因。这地方的山川风土，惯出英雄豪杰。在明末清初的几十年间，战争频繁，当地的官绅百姓，为了保卫家乡，也为了适应改朝换代的复杂形势，建立了很多地方武装组织，依托险要的山寨，时而帮着官兵打起义军，时而帮着起义军打官兵，时而打起"反清复明"的旗号，时而归顺清朝，情况十分复杂。这些武装，号称"蕲黄四十八寨"，势力范围远及邻近各省。到康熙初年，这些武装力量在名义上都已经归顺清朝，铸剑为犁，人员分散开来当老百姓去了。但实际上，仍存在大量的民间秘密组织，蓄势待发，伺机而动，这是盗案的最深根源。

于成龙刚到黄州，面对复杂的盗案，一时无从下手。他就决心招募一批有盗匪背景的人做差役，"以盗治盗"。著名的大盗彭百龄、"蕲黄四十八寨"首领之一刘君孚，都被他罗致到门下，办理盗案。有个著名的盗匪头子汤卷，也趁机投奔到于成龙门下，明面上协助于成龙捕盗，实际上利用于成龙的官方背景做保护，继续为非作歹。

于成龙了解到了汤卷的情况，但还是耐心说服教育他，并且经常请汤卷喝酒。

在酒席上，于成龙满面笑容地说："本府没有别的爱好，就是喜欢喝两杯，可惜一直找不到势均力敌的酒友。听说你酒量不错，咱们结为酒友如何？"汤卷受宠若惊，连忙点头答应，表示愿意陪着大人喝酒。两人于是推杯换盏，开怀畅饮。看看酒喝得差不多了，于成龙便说："本府知道你精明强干，忠诚可靠，是个捕盗的能手。以后你要帮着本府破案，立了功，本府一定好好提拔你。"汤卷酒醉心不醉，连连点头答应，但没有进一步的表示。

于成龙知道汤卷还有戒心，便故意放开酒量痛饮，不一会便醉得一塌糊涂。这样，几次之后，汤卷认为于成龙很信任自己，慢慢就放下了戒心，也常喝得酩酊大醉。于成龙借着酒劲向他打听盗案的事，汤卷仍然是不露口风，只说自己工作很认真，但没有捕到盗匪。看来，两个人都是酒中的高手。

有一天，汤卷在于成龙那儿喝醉了，踉踉跄跄离开。于成龙则换了便服，在后边尾随。看见汤卷被同伴请进了一家酒店，于成龙也悄悄跟了进去。汤卷和一伙来历不明的人继续喝酒，席间大声吹牛，从衣袋中掏出一本册子，指着册上的人名说："某某是会养爹娘的，我要好好照顾他……某某是爹娘指望不上的……"于成龙藏在旁边，听得清清楚楚。知道所谓的"会养爹娘"是指向汤卷行贿，"不会养爹娘"是指不向他行贿。这本册子，正是汤卷制作的盗匪名册。

第二天，于成龙继续请汤卷喝酒。汤卷这次十分放肆，喝醉后大谈自己的犯罪往事，说自己以前做过强盗杀过人，当捕役后讹诈过别人的钱财，奸淫过别人的妻女。于成龙看他醉得差不多了，便问道："听说你的衣袋中藏有盗匪名册，能不能拿出来给本府看看？"

汤卷立即就吓醒了，矢口否认。

于成龙命令差役搜汤卷的身，果然搜到了一本名册。于成龙拿着名册看了看，确实详细记载了黄州的盗匪情况，是极其重要的档案资料。于成龙为人也算厚道，不准备和汤卷计较，但汤卷事后不思悔改，仍然有严重的违法犯罪行为。

于成龙不得已，便把汤卷抓了起来，对他说："你这样行事，不可能在人世立足了，不如早早回去。"

汤卷一边磕头求饶，一边不解地问："小人一直跟随老爷办案，不知该回到哪里去？"

于成龙平静地对汤卷说："回黄泉去呀！"

汤卷彻底崩溃了，哀告道："小人虽然该死，但家里还有老母。请大人开恩，让我回家看看老母再死吧！"

于成龙哪里敢把这"地头蛇"再放回去，知道汤卷确有老母，就发了慈悲，拿出一两俸银，让差役送到汤卷家中，以尽同衙共事之情。然后下令让汤卷自尽，算是给酒友留了一个全尸。

于成龙掌握了盗匪名册，里面不但有盗匪姓名，还有居住地址，办案果然方便多了。

有一次，于成龙出城办事，经过郊外某个村子，就对村里人说："你们村，某某是大盗，某某是小偷，共有十八个罪犯。但因为他们最近比较守法，没有犯案，所以这次先饶了。一旦犯案，立即打死。"说完就扬长而去。这话在村里传开，大家都说于成龙简直是神明，那几个罪犯，也吓得逃跑了。

但于成龙也不敢轻信汤卷这份册子，他对差役们说："人命关天，这种事绝对不敢鲁莽。一定要认真察访，掌握确凿证据。如果冤杀一个人，将来到阴曹地府里是要偿命的。"

为此，于成龙经常骑一头驴子，化妆成外地客商、农民、算卦先生等各种角色，到田野村落认真调查，和当地的各色人等交流，详细掌握各路盗匪的犯罪事实。于成龙本人认真了，其他奉命调查的差役也不敢马虎，不敢欺骗。所以，黄州府的盗案破获率提高了很多，冤假错案却极少发生。

于成龙在微服私访过程中，还发生过一件趣事。

有一次，他装成算卦先生出去，中途在一家书馆休息，顺便听书馆先生给学生们讲书。坐了一会，书馆的主人端出点心来给先生吃，这教书先生又盛情邀请于成龙一起吃。于成龙吃了一点，就告辞走了。

第二天，于成龙派人把这教书先生传唤到衙门，说："昨天承蒙你的盛情，请我吃点心，非常感谢。但是，你教小孩子读书，很多地方都教得不对。你自己心里都不明白，怎么能教别人呢？还是散馆回家吧。"教书先生磕头求饶："我家里贫穷，如果散了这个馆，日子就过不下去了。"于成龙说："想过日子也不能误人子弟呀！"说完，取了二两银子赠送给这位先生，让他回家过日子。又赏了他五大板，作为他误人子弟的教训。这故事，也很典型地反映出于成龙"宽严相济，恩威并用"的办事风格。

○
○

多方治盗

于成龙办案，也分几种情况。对旧案的处罚力度是比较轻的，破获以后，对罪犯痛加教训，然后让人保释。如果有人来保，就会释放，并对保人说："这个人是真正的罪犯，你如果能保证他改过自新，不再犯案，那以前的案子就不再追究。如果再次犯案，你们保人是要连坐的。"如果过了三天都没有人来保，那这名罪犯仍然要从重处罚。另外，在保释时，于成龙也会认真察看保人的情况。如果确实是忠厚良民，方才允许取保，如果形迹可疑，那自然逃不过于大人的法眼。

有一回，于成龙正在审理一名大盗，忽然来了十几个人，都要保释这名罪犯。于成龙是精细人，发现这十几个人面目陌生，神情诡秘，不像是良民百姓，便诈道："本府看你们十几个人，都不像是敦厚长者，莫非全是盗匪，以盗保盗？"这十几个人一听全慌了，于成龙立即命人把他们抓起来审问，果然全是盗匪，便每人赏了三十大板，暂时关在牢里。于成龙的保释政策是不变的，说："给你们三天时间，如果有人来保，就释放。没人来保，从重处罚。"

三天过后，不仅那名大盗无人来保，这十几个人也没有人来保。于成龙先依法处理了大盗，然后对这十几个人从轻处理："看你们确有悔过的意思，本府也不想多伤人命。既然无人来保，那你们就互相作保吧。今后若有一人犯罪，其他十几个人都是要连坐的。"这十几个人终于逃得了性命。

有一次，于成龙派人把一名旧案在身的盗匪传唤到衙门，这名盗匪吓得瑟瑟发抖。于成龙说："你不要害怕。我知道你准备改邪归正，今天传你来是要奖赏你的。你以前犯案时，官府不知道，那是官府的糊涂；你现在要改邪归正了，官府仍然不知道，还是官府的糊涂。本府知道你想做良民百姓，只是苦于没有户口。现在本府就赏给你户口，帮助你改恶从善，以后就做个好百姓吧。但本府也不能白白赏你，你必须替本府广为宣传：以前犯过盗案，现在能改邪归正的，本府既往不咎，还有奖赏；如果怙恶不悛，继续为非作歹，那本府一定会捉拿归案，从重处罚的。"说完了，不仅赏给这名盗匪户籍，还赏了他一顿酒食才放回去。

有个年轻的小偷，被于成龙的差役捉住，送到了衙门。于成龙说："你只是个小偷，对不对？而且你最近并没有犯过案子，对不对？其实用不着抓你的，你们村的某某，本来是个巨盗，但因为最近没有犯案，都被我饶过了。我的袋子里装着犯罪档案，如果一切陈年旧账都要审理，那不知道要杀多少人才行。算了，你还是回去吧。请把我的意思告诉你那些同党，老实做良民就没有事。"这名小偷回乡以后，把于成龙的意思给大家宣传了，确实打消了很多人的疑虑，也震慑了很多人。

于成龙的理念是，强盗都来自于百姓，只因生活无着、官府逼迫才铤而走险的。如果官府能体恤他们，给他们一条比较好的生路，强盗是能变成良民的。《从好录》赞叹道："人知擒一而民畏，不知纵一而民愈畏；人知诛一而民畏，不知赏一而民愈畏。"

于成龙在罗城时，就曾经编制保甲，维护社会治安。在黄州，这个办法继续得到推行。在惩治犯罪时，保甲法往往也能发挥很好的效果。新洲有一名姓喻的大盗，作案累累。于成龙在任的时候，这名喻姓大盗又犯案了，他听说某僧人积累了一些佛事银子，就跑去抢劫。不仅抢了银子，还残忍地把僧人的腿骨打断，在肌肉里撑了一根铁筋。事发之后，于成龙通过微服私访，认真调查，终于确定是这名喻姓大盗干的。

于成龙随后便到新洲编制保甲，喻姓大盗知道于成龙的威名，早早地就逃走了。于成龙在村里一个一个地点名，点到喻姓大盗时，问道："这个人为什么不在？"又点到另一个人，问："这个人为什么也不在？"点完了，他对乡保说："今天不在的，都给我召集起来，我还要重新点名。"乡保是本乡本土人，找人抓人很容易，很快就把喻姓大盗找来了。于成龙审查一番，证据确凿，又让人作保。结果，没有人敢保这喻姓大盗。于成龙便下令，将其立毙杖下。

《从好录》没有记载"活埋巨盗"，但其他传记资料中都提到过，这也算是于成龙震慑犯罪的重要举动。话说有一次，于成龙抓捕了九名重犯。他进行了必要的审问，让这些人心服口服，供认不讳，接下来便该处决了。于成龙把九名重犯绑成一串，拉到歧亭镇的一处广场上示众。在最后关头，于成龙仍然给罪犯们留了一条活路。他对在场的百姓们说："这九名罪犯，都是绿林巨盗，罪在不赦。但本府慈悲为怀，再给他们一次机会。若有本地官绅百姓为他们作保，保证他们以后再不为盗，本府可以当场释放。若保释后他们再次犯法，则罪犯与保户一同治罪。现在，谁愿意出来作保？"

这些罪犯应该都是本地人，有自己的亲戚朋友。当场就有两名罪犯被人作保，松绑释放，于大人一向是说话算话的。剩了七个人，没有人肯保，可怜巴巴地等候处决。

于成龙为了震慑犯罪，扬刀立威，就用了一种比较极端的办法。他让人在大路旁边挖了一个大坑，将七名罪犯活埋在坑中，上边垒了一个大坟堆。这还不算，于成龙又在坟堆上竖了一块木牌，上边写着醒目的大字："黄州府二府于成龙瘗盗处。"

杨二胡子

这个故事有两个版本，也不见于《从好录》，而见于其他传记及民间故事。

有一伙巨盗，到处作案，杀人越货，其藏身地点却极为隐秘。于成龙经过长期的调查，终于查到强盗们平时藏身于某处深山的古庙之中。为了进一步摸清匪巢内部的情况，制订稳妥的抓捕方案，于成龙居然用上了古人"不入虎穴，焉得虎子"的计谋。

他化装成乞丐，假名"杨二"，以乞讨为名，进入了古庙。正巧他自己生病了，特别像个可怜的病乞丐，完全没有引起盗匪们的怀疑。那些啸聚山林的江湖好汉，都是很讲义气的，他们招待了于成龙，给他酒饭吃，还给他治病，真是很够义气。不几天，"杨二"病好了，盗匪们见他有些膂力，可以充当"喽啰"，就吸纳他入伙，送给他一个匪号叫"杨二胡子"。于成龙当然是假戏真唱，便在匪巢中住了下来。

过了一阵子，于成龙摸清了古庙的地理环境，盗匪的人数、实力，相关的犯罪证据，觉得有十分把握了，便借着上厕所的机会悄悄离开古庙，召集藏在不远处的捕役们，简单部署了一下，没有费太大的劲，就将这伙盗匪全部拿获。

盗匪们被绑上堂来，他们还以为自己的同伙"杨二胡子"侥幸逃脱了呢，抬头一看，堂上的"青天于二府"原来就是"杨二胡子"，当时全都傻了眼。于成龙先历数他们的罪状，说明案情重大，无法宽恕。然后又感念他们的招待和治病之情，痛哭流涕，设下酒席，让好汉们好吃好喝，从容上路。砍头之后，又每人赏一口棺材，好好安葬了。据说于成龙当时又哭又笑，情绪十分激动，国法和人情在他内心剧烈交战，久久不能平静。

于成龙的故事在清朝流传较广，记载也出现了差异。上面这个"杨二胡子"的故事，还有另一种说法：说匪首姓张，住在深宅大院，伪装成良民，平时戒备森严，不容易接近。他又和官府捕役们有勾结，用行贿分赃的形式，寻求安全保护。于成龙担心直接抓捕会走漏消息，让张某逃走，也不容易一网打尽。他就穿上旧衣，化名"杨二"，混进张家做用人。由于他勤恳小心，很快就取得了张某的信任，让他参与自己的"盗务"，于成龙很快就摸清了张某这个盗匪团伙的详细情况。

于成龙抽空脱身，回到衙门，召集捕役，只说去捕盗，并不说明去哪里。到了张某的宅院，呼张某出来相见，然后立即拿下。张某还要抵赖，于成龙说："你抬头看看本府，我就是杨二。"张某只好磕头服罪。

于成龙拿出几份案卷扔到地上，说："只要你帮本府把这些案子办了，就可以赎你的罪过。"张某喜出望外，赶紧答应。于成龙留了几名捕役配合他，没有几天，那伙盗匪就全部被捉拿归案了。

为"鬼"申冤

黄安县邹彬然夫妇夜里被杀，家财被抢掠一空。天亮后，邹家仆人三长带着伤到县衙报案，黄安知县把邹家左邻右舍十几个人全抓起来，反复拷打审问，邻居们连连喊冤，就是不肯招认。邹彬然的哥哥晚上做梦，梦见弟弟敲着他的门说："我这个案子，只有'于青天'才能审清楚。现在抓的十几个人都是被冤枉的。"天亮以后，邹彬然的哥哥到县衙申诉。知县没办法，只好把案件上报给于成龙。

于成龙接案后，先令邹彬然的哥哥画了一幅邹家住宅草图，标明左邻右舍的位置。然后详细调查询问左邻右舍的情况，取得了大量的证据。经过研究，心里大概有了谱。他对黄安县的陈典史说："你稍等一下，这案子马上就破。"陈典史将信将疑，茫然无措。

于成龙悄悄安排了一下，命令差役将邹家仆人三长单独关押在一个大空房子里，捆绑结实，然后让差役们都离开。当夜，天黑如锅底，乌云密布，阴风怒号。半夜时分，仆人三长忽然看见邹氏夫妇满身血污，披头散发，站在牢门口，两双手伸进了栅栏，口里还大叫："还我命来！"三长十分恐惧，以为是鬼魂出现了，忍不住大声求饶说："不是我干的！是我哥哥二长和邻居某某把你们杀了，我只是在门口望风而已。"话音刚落，于成龙和陈典史就举着灯走了进来，这宗血案就算告破了。《从好录》记载：案发之后，黄安县县衙前每天刮旋风，阴云滚滚，天色昏暗。这天早堂，案件审结，立即就"日明风静"。后来，黄安县就传出一句谚语："鬼有冤枉也来申。"

这个故事的记载有一定的迷信色彩，但文字中也透露出，当时的情形是于成龙设的"秘计"，是利用鬼魂出现的神秘恐怖气氛，才逼迫仆人三长说出了实话。

于成龙的真正名声，其实就是在黄州府同知的任期内创造的。当时，朝廷对盗案处分很重。如果发生盗案，当地官员首先要被问责。官员们为了保护自己，碰见盗案，往往是既不受理，也不上报。这样虽然能逃过处分，却等于纵容了盗匪。于成龙分管捕盗，积极出击，以盗治盗，化盗为民，通过多种手段，不但治理了盗案，也为自己创下了名声和政绩。

他捕盗如神，断案如神，微服私访，神出鬼没，忽而严厉，忽而宽容。黄州毕竟是个比较繁华的地方，有舞台也有观众，还有评论员，于成龙的故事也就慢慢传到全国各地。他晚年任两江总督时，其实早就用不着微服私访了，但广大百姓，还是会把所有"白须伟貌"的陌生人当成是微服私访的于成龙。

于成龙手下有一批精明强干的助手，这些人大都有盗匪背景，熟知盗匪内幕，同样也是办案如神。于成龙离开湖广时，后任官员请求于成龙把这批差役留下来。但是，后任官员很快就发现，根本不是那么回事，这批差役并不好用，并没有传说的那么神。于是，大家怀疑真正"神"的只有于成龙自己。有人传说，于成龙梦寐之中经常和神灵交往，很多案子都是在神灵的帮助下破获的。不过，于成龙自己则向人表示，自己办案子并不"神"，只是一个"诚"字而已。只要以诚求之，什么复杂案子都可以准确地破获。

第十章

半鸭于公最清廉

于成龙在任黄州府同知的四年中，除了精彩的捕盗故事，后世还流传了大量的清廉爱民故事。这个任期他也是非常成功的，最后二举"卓异"，荣升知府。

○
○

克己赈灾

康熙十年（1671）和康熙十一年（1672），黄州大旱，很多老百姓家里都揭不开锅了。这事本来不需要于成龙管，上有知府，下有知县，他们是老百姓的父母官，赈灾是他们的责任。于成龙这个"二府"，管好捕盗的事就行，但他心性慈悲，怎么可能袖手旁观呢？当然要积极承担起放赈的任务。

据《从好录》记载，于成龙在家里吃糠咽菜，厉行节约，省出了一点俸银，全部捐了出去。完了还不罢休，把自己常骑的一匹骡子卖了十几两银子，随手又捐了出去。后来，实在想不出好办法了，只好去找歧亭镇上的士绅富户们，好言好语地劝说了半天，让他们出钱出粮，帮大家共渡难关。歧亭镇的有钱人，也都了解于成龙，知道他清廉爱民，同时也知道他是个狠人，手段很多，这时候谁也不敢不给面子，多多少少都会拿出些钱粮来搞赈济。

钱粮来之不易，赈济的时候自然不能浪费。于成龙认真调查，该赈济的，一定要赈济，不该赈济的，一粒米也不能乱发。有些住在偏远乡村的穷家小户，路途遥远，消息闭塞，不能赶到歧亭镇上领钱领粮。于成龙知道后，就亲自带人赶过去，调查属实，按户口发放粮米。而于老爷自己，四处奔波，不仅饥肠辘辘，而且靴子也跑破了，脚跟也跑肿了，但他哪里顾得上自己。

　　有位老太太，来到歧亭镇上领粮米。于大人按惯例要调查一番，一询问，老太太有两个儿子，一个二十岁，一个十六岁。他立即派人把那两个儿子找来。一看，都是身强力壮的；一问，家里的经济也都过得去。于成龙很生气，说："这么两个身强力壮的小伙子，不能赡养母亲，反而让母亲一个人跑到镇上领米，你们的良心何在？"说完了，一人赏二十大板，让他们把母亲领回去赡养，一粒米也不发放。

　　有位姓周的世家子弟，一家人饥饿难熬。这姓周的就跑到宋埠去讨饭，宋埠的人周济了他几天，又担心他饿死在街上，就把这事汇报给了于成龙。于成龙调查清楚后，立即用自己的钱买了两担稻谷，送给这姓周的，让他回家度日。

　　还有一户人家，原先也是有身份的，家里用着仆人。这年饥荒，主人没钱买米了，就逼着仆人出钱为自己赎身。仆人付了一半钱之后，实在拿不出钱了，主人就把仆人告到了官府。于成龙接案后，详细审理，弄清了原因。他对主仆二人说："赎身并非仆人的本意，是主人穷急了，逼着仆人赎身的。现在，仆人付不起全部的钱，主人也没有能力退还已付的钱。那就由本府替你们办吧。"他从自己俸银中拿出仆人所欠的数额，偿还给主人。既替仆人赎了身，也让主人有财力度过荒年。

于成龙的这些事迹，着实让人感慨，也着实让人不可思议。也许，这正是"天理良心"的精髓所在吧！

"糠粥"佳话

在饥荒年月，于成龙自己的生活，也贫困到了极点。这时候，就传出了于成龙吃"糠粥"的故事。

于家的"糠粥"，具体的制作过程是这样的：买稻谷舂米，将米糠收集起来，在锅里炒到微焦，研磨成粉。然后，用少量的黍米煮稀粥，待粥快熟的时候，将糠粉撒入。有时候，也把炒过的荞麦面、黄豆粉掺到粥里。

用现代人的眼光看，用这种粗杂粮煮粥，应该颇有养生保健的功效。但现代人养生，都是肥鱼大肉吃得过量以后，身体发福，疾病丛生，需要用粗粮调理一下，所以把粗粮当宝贝。在于成龙那个时代，这"糠粥"只能说是味道不好、营养不足的劣等食品。

于成龙不仅自己和家人吃"糠粥"，有客人来访，他也用"糠粥"招待。为的就是省点钱，好赈济饥民。有些客人，皱皱眉头，端起碗来能凑合着吃一些；有些家境富裕、吃惯了燕窝鱼翅的客人，端起碗来竟一口也吃不下。于成龙便开玩笑说："这糠粥啊，在贫寒人家是家常便饭，在富贵人家却是稀罕物。你现在吃不下不要紧，过几天我到你家，你要是不给我设糠粥招待，我一定要罚你出钱赈济灾民。"

歧亭镇东边有个叫鲁晟的人，仰慕于成龙的清廉品格，专门赶了七十里路，来到歧亭拜访，特意要品尝一下著名的"糠粥"。于成龙很开心地接待了他，等到吃饭时候，于成龙却说："你是新来的客人，今天先吃一次大米干饭。下次来了，我一定设糠粥相待。"鲁晟在歧亭镇住了一晚，第二天就要赶回去。因为没尝到"糠粥"，竟然很不开心。

于成龙吃"糠粥"，也只是为了度荒，为了省钱搞赈济，并不是真的想哗众取宠，博取清廉名声。他最可贵的品质并不是肯吃"糠粥"，而是宁可吃"糠粥"，也不凭借职权贪污官府的钱粮，榨取百姓的脂膏。

在平常的日子里，于成龙的生活，过得还是比罗城和合州要好一些的。每夜喝酒的习惯保留着，黄州的酒价比罗城略贵一些，每次只能喝半壶，价值五厘银子。这五厘银子是什么概念呢？一两银子的千分之一是一厘，也就是说，一两银子可以买一百壶酒，可以供于成龙喝二百个晚上。说到底，还是很便宜的劣质酒。当然，于成龙经常还要请朋友喝酒，花费自然就要多一些了。另外一项花费是吃豆腐，每天早晨让仆人出去买二斤，供几口人吃一天。

有人问于成龙为什么要过得这样清苦，他说："我过去住在合州时，百姓苦，地方穷，很容易养成廉洁的习惯。现在住在歧亭，地方上很富裕，大家的吃穿条件都很好。这时候，养廉不容易，被腐蚀却很容易。我只是努力坚持自己的清廉习惯罢了。"后来，黄州百姓给于成龙编了两句歌谣：

要得清廉分数足，难学于公吃糠粥。

"半鸭"故事

除了喝劣质酒、吃豆腐、吃"糠粥"，于成龙偶尔也有肉食，比如咸鸭子。那只著名的咸鸭子后来给于成龙带来一个"半鸭于公"的称号。

康熙八年（1669）腊月二十五日，快过年了，于廷翼带着小弟弟廷元远道而来探望父亲，陪父亲过年。那天清早，于成龙乘船从外地回到歧亭，还没有上岸，忽然看见有两个人在岸边迎过来，一时没有认出来是谁。等到对方开口叫爹，却是久违了的永宁乡音，于成龙方才省悟是孩子们来看他了。三个人抱头痛哭。

于廷翼已经年过三旬，完全是成年人的样子了。廷元当年才八岁，还是小孩子，如今也玉树临风，长成十七岁的大小伙子了。九年不见，面目已经完全陌生。

于成龙痛哭一番，伤心一番，又复高兴一番，免不了再畅谈一番，问问故乡的事情。康熙九年（1670）的新年，于家父子应该过得其乐融融。两个孩子，帮老爹整理整理家务，换换衣被，修修房舍，再做几顿可口的家乡饭吃。在这个新年，于成龙作了好几首《除夕》诗，这里仅引第三首：

四壁音容惨，忽焉思故乡。
老妻知岁事，料得一家忙。
谁念居官者，只身惟雪霜。
幸儿伴我侧，谈笑且开觞。
只恐倚门望，凄然憾夜长。

儿子们来到身边，是高兴的事。但于成龙还是想念操劳家务的老妻邢氏，想念倚门望子的老母李氏，这一点点平常的天伦之乐，他整整缺失了后半生。在另一首诗中他写道："家中莫怨望，拂袖此心坚。"是说自己早就存下了辞官回乡的坚定心愿。

过了初一过十五，十五过了，儿子就该回乡了。于成龙决定把小儿子廷元留在自己身边读书，只让廷翼回永宁侍奉祖母和母亲。于成龙很想给廷翼带点好东西路上吃，找来找去，家里只有那只咸鸭比较贵重，就给孩子带上吧。很多记载都说，于成龙割了半只鸭带给孩子，这其实不合理。猜测应该是于成龙想给全鸭，廷翼死活不要，最后折中了一下，给老父亲和廷元留半只，廷翼自己拿半只。

这个故事当然也流传到歧亭百姓的耳朵里了，大家便给于成龙取外号为"于半鸭"，还编了四句歌谣：

于公豆腐量太狭，长公临行割半鸭。

半鸭于公过夜钱，五厘酒价何处拈？

意思是说：于成龙很小气，平时连豆腐也舍不得多买，大公子回家则只给半只鸭子。这半只鸭子价值五厘银子，正好是于成龙过夜的酒钱。买了鸭子，晚上就喝不成酒了。

廷翼走后，廷元留了下来，于成龙在黄州歧亭的生活就有了一些乐趣和温暖。他闲暇时候可以亲自教导儿子读书，忙的时候，廷元在衙门里也能帮一把手。于氏家风比较好，廷翼三兄弟都很能干，爱读书，讲孝道，热心公益。特别是于廷元，从黄州到福建再到直隶以至两江，一直是于成龙身边的得力助手。于成龙曾经赞叹说，他有廷元，就好比是南宋名相张浚有张栻那样的好儿子。张栻是和朱熹齐名的大学者，由此可见于成龙对廷元的评价之高。

○
○

铁面情面

一般来说，清官都是"铁面无私"的，但中国偏偏就是个人情社会，不能够没有"情面"。于成龙呢，一方面努力做到"铁面"，一方面也努力顾及"情面"。《从好录》就记载了这么几个故事。

一位青年时代的好朋友来歧亭拜访于成龙，此人就是前文提过的那位仗义疏财、家道中落的"社友"。当初大家热情结社，以文会友，这位朋友仗着家里有钱，帮完这个帮那个，最后把自己家里那点钱给消耗完了。后来，社友们纷纷出仕做官，这朋友也算是苦尽甘来，慨然接受朋友们的丰厚回报。这次，他来到歧亭，一方面是看望于成龙，一方面是有私事要请托。于成龙是穷官，不可能赠给他大笔银子，但帮他办点事总可以吧！

于成龙见到老朋友，非常开心。虽然没有好酒好菜，但热情招待是必须的。喝完了酒，两人免不了还要促膝谈心，联床夜话，诉说平生情谊。但朋友一旦把话题往私情私事上引，于成龙马上就严肃起来，不是说"上帝临汝"，就是说"天监在兹"，意思是"举头三尺有神明"，老天爷在上边看着，阎王爷在下边管着，还有什么"因果报应""天理良心"……

结果，朋友想托付于成龙的私事，硬是没有机会说出来。朋友临走的时候，于成龙翻箱倒柜，东挪西借，凑了几两银子给朋友拿上。这朋友，估计只能是摇头叹息，拿于成龙一点办法也没有。

某官宦人家的仆人，拔了别人田里的豆子。田主来争执的时候，这仆人又动手打了人。双方闹腾起来，告到了于成龙的官衙。这仆人知道于成龙和他家主人是好朋友，就领着家主一起来打官司。

于成龙说："拔豆子虽然是件小事，但很多违法犯罪的大事都是从小事开始的。不能不教训他一次。"说完，就命差役把这仆人拉下去打板子。打完了，方才和这家主人畅叙朋友交情。

这人一大家子叔伯弟兄都是做官的，本人又与于成龙交好，但碰上于成龙这么个古怪朋友，他又有什么办法？

○
○

崇贤兴教

方山子陈慥是麻城县的一位历史文化名人，北宋时期隐居在歧亭镇的杏花村。大文豪苏东坡曾写过一篇《方山子传》，很传神地介绍了陈慥英雄侠气、折节读书、隐居修行的故事。于成龙在治盗之余，也想表彰先贤、教化百姓，就把陈慥当成了"典型"和"榜样"。康熙十一年（1672），于成龙主持修建了"宋贤祠"，在祠中祭祀纪念陈慥，类似于是现代的"思想品德教育基地"。同时，他又把"宋贤祠"办成了讲学的书院，召集本地的读书人，定期在祠中讲求圣贤之道，弘扬汉民族的优秀传统文化。于成龙不仅为"宋贤祠"题写了"辉光照国"的匾额，还亲手在祠院中种植了两棵桂树。

于成龙夜间巡城时，一旦发现书馆里半夜亮着灯的或有诵读之声的，他会进去小坐一会儿，和那士子攀谈一番。或者在第二天，把那位夜读的士子请到衙门里交谈，极尽礼敬鼓励之能事。于成龙因此和当地士子建立了良好的师友关系，其中一大批出类拔萃的人才，后来一直和于成龙保持联系，在平定东山叛乱时为于成龙立下了汗马功劳。于成龙平生撰写的文稿，就是由黄州士子、著名学者李中素帮助整理的。

兴建"宋贤祠"之类的义举，是古代地方官员的惯技，大家都爱干这种出头露脸的好事。但于成龙还是大有深意在：陈慥抛弃富贵功名，过着庵居蔬食、徒步往来、学佛修道的俭朴生活，和于成龙自己的人生追求是一样的；陈慥痛改"一世豪士"的习气，折节读书，安贫乐道，对强悍好斗、豪杰辈出的黄州百姓也有一定的教育意义。

于成龙希望百姓们都好好种田，好好读书，做良民百姓和清官廉吏，共同创造太平生活，千万别再去做什么绿林好汉。

○
○

入觐探亲

地方官赴京"入觐"，按规定每三年一次，任务是到吏部述职，汇报工作。于成龙做黄州府同知的四年之中，曾经有两次"入觐"的经历。

于成龙第一次"入觐"，是在康熙九年（1670）的早春。出发的时候天气还很冷，一路受尽风霜之苦。此行有他的《纪行》诗为证。在北京过了端午节，又写了一首《长安邸中午日》，感叹道：

> 十年浮萍宦异乡，回思已事倍神伤。
>
> 榴裙喷火红颜好，荷盖擎珠绿水凉。
>
> 泡雨有无呼吸变，奇云生灭古今忙。

悲歌慷慨当年梦，白发空惭续命长。

　　他上次在京是顺治十八年（1661），一晃十年就过去了。没有死在罗城、合州，还从正七品做到了正五品，侥幸之中自然是感慨万端。

　　这次"入觐"只是履行公务，办完事之后，于成龙并没有立即回黄州，而是绕道回了一趟故乡永宁，探望了慈爱的老母亲李氏、操持家务的老妻邢氏，还有儿子孙子等一大家子人，缓解了自己的十年乡愁。十年来，于成龙在外地做清官，受苦楚，大公子于廷翼在家里则努力经营，打造出一派兴旺气象。根据现存的碑文，于廷翼多次以于成龙的名义，给寺庙捐款，积累功德，也多次主持公益慈善事业，救助贫寒族人和永宁父老，不愧是于成龙的好儿子。二公子于廷劢，在读书、行善等方面，直追父兄，也受到人们的好评。

　　于成龙回乡探亲的这个细节隐藏得很深，其《纪行》诗中有："指日拜天阙，天香可袖归。十年奔故里，未息汉阴机。"从中可以探知其行踪。

　　○
　　○

二举"卓异"

　　于成龙第二次"入觐"是在康熙十三年（1674）春，往返时间很短，二月份便回来了。

　　这时候，于成龙在黄州已经颇有政绩，在湖广省也有

补遗
撫臺張公贈聯　任黃州朝時

于清端公政書外集
後學　平江蔡方炳　編次
　　　西陵諸匡鼎
篆孫　于準敬錄
　　　陳廷敬說嚴

于清端公傳
公諱成龍字北溟山西永寧州人先世仕明有
譚坦者弘治間官至大中丞著有聲績載在邑
乘父時煌里中稱長者明末盜起西疆里中築

《于清端公政书外集》载陈廷敬《于清端公传》

了能吏的名声。康熙十二年（1673）的时候，湖广总督蔡毓荣召见了他，赞誉有加。蔡总督见于成龙官服破旧，还很例外地赏了他一套新官服，这就是于成龙在几篇文章中提到的"赐章服"。在这一年的"大计"中，新上任的湖广巡抚张朝珍根据于成龙的实际政绩，举他为"卓异"，这是于成龙第二次被举为"卓异"了。在清朝的官场上，举"卓异"是十分难得的荣誉，于成龙辛苦工作多年，努力行善多年，总算是又有了回报，所谓"苦心人天不负"也。但这次"卓异"的评语，各种传记资料都没有记载，应该是失传了。

根据于成龙的一贯作风，他应该还有一些特别的举动和成绩，获得了总督蔡毓荣和巡抚张朝珍的青睐。就像在罗城和合州那样，他很可能向上级提供过不少合理化建议。

另外，他在黄州府同知任期内，兼任过"黄汉捕务"，应该是全面管理黄州府和汉阳府的捕盗工作。陈廷敬的《于清端公传》中又说他"摄汉阳、黄安、通城事"，也就是代理汉阳府、黄安县、通城县的政务，做过"绝火耗""饬保甲"等工作。这说明，于成龙在黄州府同知任期内，已经引起湖广省高层官员的重视，被临时调动官职，负责了更多的工作，做出了更多的成绩。只是因为《于清端公政书》相关内容的严重缺乏，在此不能做更详细的介绍了。

于成龙第二次"入觐"应该算是劳碌而愉快的旅程，到吏部述职后，朝廷核准了他的"卓异"，很快就下令升他为福建省建宁府知府，他由此成了正四品的官员。

第十一章

造桥失职被罢官

康熙十三年（1674），就在于成龙被二举"卓异"，准备升官的时候，命运又来了一次奇妙的转变。著名的"三藩之乱"开始了，于成龙短期署理武昌知府。却因为洪水冲断军用浮桥，被革去了官职。这是他官场生涯中一次意外的挫折。

○
○

三藩之乱

清军入关时，满洲八旗只有区区十几万人，如何能够占领面积广大、人口众多的中原地区呢？他们依靠的主要是降兵降将，让汉人打汉人。吴三桂原本是明朝山海关总兵，先投降李自成，后来"冲冠一怒为红颜"，开关降清，打跑了李自成。又一路打过去，最后把明朝的永历皇帝朱由榔从缅甸抓回来缢死，为大清朝的统一事业立下了汗马功劳。吴三桂被封为平西王，镇守在云南、贵州等省，实力雄厚，是割据一方的藩镇。另外，降将尚可喜，被封为平南王，镇守在广东广西；降将耿仲明被封为靖南王，镇守在福建。他们这三股地方势力，被统称为"三藩"。

清朝是中央集权制的王朝，不可能允许地方藩镇的长期存在。"三藩"手里有兵有将，有钱有粮，实力太过雄厚，一直是朝廷的隐患。所谓"卧榻之侧岂容他人鼾睡"，康熙帝玄烨一直就有"撤藩"的想法。吴三桂等"三藩"也知道朝廷最终要解决这件事，疑惧不已。最后，双方矛盾激化，吴三桂等人起兵造反，打出了"兴明讨虏"的旗号。各地的降将降官，与"三藩"有关系的，不免兔死狐悲，唇亡齿寒，都纷纷起兵响应吴三桂，战火延及湖南、四川、福建、广东、广西、陕西、湖北、河南等省。这就是"三藩之乱"。

清朝平定"三藩之乱"，历时八年，共分为三个阶段。

康熙十二年（1673）十一月至康熙十五年（1676）四月，叛乱迭起，清军十分被动，只能云集于荆州、武昌、宜昌等地，不敢渡江与吴三桂交战。

康熙十五年五月至十七年（1678）七月，陕西的王辅臣兵败降清，使整个战争有了转机。福建的耿精忠受到台湾郑经的进攻，腹背受敌，只好向清廷投降。广东的尚之信也投降了，广西将军孙延龄则被吴世璠所杀。叛军只剩下吴三桂一股势力，与清军展开拉锯战，相持不下。

康熙十七年八月至康熙二十年（1681）十月，清军转入反攻，最终完全消灭了叛军，结束了"三藩之乱"。

湖广省的湖南部分，很多地方被吴三桂占领，是战争的中心地带。而湖北部分，一直处在战争的前线，大部分被清军控制着。吴三桂的叛军并没有过江，但小股力量的渗透到处都是。

在这种情况下，湖广省需要一大批精明强干的官吏办理军政大事，于成龙名声在外，当然是走不了的。不过，即使调到福建建宁府，那里也是前线，同样是战火纷飞。

○
○

署理武昌

康熙十三年（1674），于成龙虚岁五十八，可以称是年近花甲，完全算个老年人了。这一年，他最忙、最累、最委屈，但也最光荣。《于清端公政书》这一年的记载也最丰富，很多事件都有具体的日期。

二月，他完成"入觐"任务，长途跋涉，从北京回到黄州。三月初，接到巡抚张朝珍的命令，"署理"武昌知府，办理军需事务。三月九日，他从黄州赶到了武昌，履任新职。过了不久，吏部下了调令，升于成龙为福建省建宁府知府，巡抚张朝珍上报朝廷，要求就近改任于成龙为武昌知府。

每年四月，是清廷规定的征收赋税期限。武昌各县靠近战场，经常发生小规模的战争，但也时有小小的平静。这年的赋税，是应该"开征"，还是"缓征"，湖广省的官员们有不同意见。于成龙是主张"缓征"的，他写了一篇《为武昌各属请缓征详》，介绍了蒲圻、嘉鱼、通城、咸宁、崇阳、大冶、兴国、武昌、通山、江夏等州县百姓流离失所、惊恐不定、无力务农的情况，表示征收实有困难，不如照旧"缓征"。

于成龙的这个建议是十分明智的。如果"开征"，最苦恼的是各地百姓，而最劳累的是各级官员。百姓没有收成，自然也没有钱粮可缴，逼急了就都投奔吴三桂去了。官员们的头等大事是办理军需，如果都跑去催征赋税，耽误了军需大事，那是要丢官掉脑袋的。如果"缓征"，既能安抚百姓，也能让官员们专心办理军需。所欠钱粮，可以在太平后补缴，或者向朝廷申请"蠲免"。

于成龙还写过一篇《请复临湘驿站详》，主要是请求湖广巡抚张朝珍移文给偏沅（湖南）巡抚，恢复临湘界内的几处驿站，方便军情通信。

根据陈廷敬的《于清端公传》，当时巡抚张朝珍已经起草了请求朝廷"缓征"的奏稿，于成龙的"详文"报上来之后，正好跟张朝珍的意思符合。张朝珍大喜，立即把很多重要军务都委托给于成龙，让他放手去办。该传记说："公悉意擘画，羽书交驰，师旅云集，军资亿万，皆咄嗟而具。"陈廷敬这几句话写得很轻松，实际上那是大大的苦差事，把于成龙累得够呛。

能吏风范

于成龙在"署理武昌知府"的短暂日子里，还办了两件比较露脸的事情。

第一件事是依法处理"恶少"。

当时，清军全部云集于荆州、武昌、宜昌等地，面对吴三桂的强烈攻势，他们畏首畏尾，不敢争锋，但面对地方官吏和老百姓，他们又是另一副强横嘴脸。有一名"恶少"级别的人物，借着军方的背景，在民间为非作歹。具体干了什么坏事，陈廷敬的《于清端公传》记载并不清楚。只是说，这名"恶少"犯了罪就跑回军营，地方官吏拿他一点办法也没有。

在平时，于成龙很懂得尊重上级，也会用自己的真才实学和出色政绩来讨好上级，但他却是个硬骨头，关键时刻不畏强权。他接到百姓的报案后，首先雷厉风行，把这名"恶少"抓起来，依法处理。估计这"恶少"犯的不是小事，所谓"依法处理"实际上就是立即斩首。斩完了，于成龙不等军营派人来质问，主动出击，带着相关案卷到军营里找"大将军"，详细说明情况，同时要求"大将军"申明军令，不要纵容部下骚扰民间。

当时的情形十分有趣。"恶少"的身份特殊，他被斩首正法以后，十几万军人立即骚动起来，咆哮呐喊，围住于成龙不走。而于成龙一副"威武不能屈"的样子，义正词严地向"大将军"说明情况，"词譬理解，神色抗厉"。骚乱的军人看吓不倒于成龙，过了一阵子也就慢慢散开了。陈廷敬的传记文字写得十分生动，好像有一种天崩地裂之感。

另一件事是和解救百姓有关。

清军的情报人员打听到，武昌城里有一个大户人家，私藏兵器，暗地里勾结吴三桂，准备搞"里应外合"的事情。张朝珍接到情报，就准备派兵前去抓捕。这时候，熟悉民间下情的于成龙立即阻止道："自战争发生以来，武昌、黄州等地的大户人家，都逃到了梁子湖一带避难，家里只留了一部分仆人看守。他们携带兵器，只是自卫防盗，不可能有其他阴谋。如果派兵抓捕，只怕会引起民间的恐慌。"

张朝珍听了后，没有立即派兵，而是先让人调查了一下，事实果然是于成龙说的那样。这件事，于成龙可谓是"料事如神"。富室大户如果真的要暗通吴三桂，肯定会住在城里，伺机起事，怎么可能出城避难？怎么可能只留少数仆人看守门户？

○
○

收复蒲圻

康熙十三年（1674）四月初，于成龙奉张朝珍之命，前往武昌府下属的咸宁、蒲圻二县，修造军用桥梁，并驻守蒲圻，料理地方事务。这一带可能进行过拉锯战，一度失守，百姓离散。张朝珍命于成龙在此时驻守蒲圻，也有收复之意。

咸宁浮桥的修造工作比较顺利，在下属官吏差役的协助下，四月七日就搭建好了，可以供大军通行。

八日，于成龙一行赶到了蒲圻县官塘驿，召集百姓，发放巡抚告示，安抚民心。他们此举得到了部分百姓的拥护，携带的告示很快就发完了。

九日，于成龙继续向蒲圻县城进发，路上遇到很多百姓，向于成龙哭诉战争惨状，请求朝廷保护。于成龙手头已经没有告示，只好口头安慰，并派人上报巡抚，要求多发告示下来。

九日晚上，于成龙带领文武属员渡河进入蒲圻县城。此城经过战争洗劫，已经寂无人烟，只有一位名叫潘宏锦的"丁忧"巡检带着一家人住在城里。

于成龙当机立断，命令堵塞蒲圻六座城门中的四座，只留下北门和水门让人通行。随后，便开始了艰难的恢复工作。

此时，张朝珍上报朝廷改任于成龙为武昌知府的批复还没有下来，于成龙"署理"武昌知府职务名不正言不顺，不能有效地指挥下级官员，只能亲自料理一些自己能干的事务。用他自己的话说是："请署之文未下，精力愈疲，神气愈耗，似一废人居一弃地矣！"

在于成龙的努力下，蒲圻一带渐渐恢复了生机，不少百姓都回到家里，开始了正常生活。外地的商旅，也开始了南来北往。于成龙每天坐到河边，监督料理船只事务。本地有威望的乡绅，见于大人认真负责，一丝不苟，便都前来帮忙办事，替于成龙出了不少力。只是大雨连绵，道路泥泞，很多百姓无法从外地赶回家中。

当时，大部分清军南下作战，后方百姓本来已经安心。但清军胜负不定，经常有逃兵从前线流窜回来，渲染战局，煽惑人心，闹得已经回家的百姓又想外出逃难。城内的驻军，号令不齐，纪律松弛，住在民房里，破坏严重，又使许多百姓无家可归。于成龙对此是一筹莫展，只能苦心经营，勉力支持。

造桥失职

于成龙驻守蒲圻的主要任务，就是修造军用浮桥。工程难度很大，于成龙和属员们商量，征调船只，初步计划在四月二十九日，动手将船只编联成浮桥。当时是洪涝季节，大雨不止，山洪暴发，河流水涨，搭桥十分不易。蒲圻桥一直拖到五月十日方才勉强开工，十一日草草完工。就在这天，传来了咸宁桥被洪水冲垮的消息。

于成龙大惊失色，于十二日赶往咸宁，准备重新搭桥。到了之后才发现，洪水实在是太厉害，不仅刚搭建的浮桥被冲垮，另一座坚固的古石桥也被洪水冲垮了。恰在这时，一队清军撤退至河边，要求渡河。延误了军机，那可是杀头的大罪啊！

领兵的将军移文湖广巡抚，要求严惩造桥失职的官员。张朝珍责令于成龙如实汇报。心惊胆战的于成龙只能说："咸宁桥成，洪水冲坏，是实天降灾殃也！"大洪水连坚固的石桥都能冲塌，何况是仓促搭建、质量难保的浮桥？

张朝珍巡抚一向很器重于成龙，于成龙尊称张朝珍为"抚台""宪台"，张朝珍则亲切地称于成龙为"亲翁"。但是出了这样的失职大事，军方的文书已经移送过来了，张朝珍不能不如实奏报朝廷，请求惩办"责任人"。朝廷很快就下达了处理文书，将于成龙"革职"。

这是于成龙出仕十几年来第一次受处分，他的心情当然是糟透了。以前，他想主动辞官，现在，不用辞了，直接就是罢免，背个处分回老家，你说难受不难受？张朝珍在后来给于成龙的一封信中安慰说："浮桥一案，部议处分太过。"

"革职"就是革去职务，但还有几种不同情况，有"革职为民"的，有"革职查办"的，还有"革职留用"的。史料记载简略，不知道当时的于成龙究竟属于哪种情况，但根据当时人才紧缺的情况，"革职留用"的可能性比较大。不管怎么说，张朝珍还是会保护于成龙的。

于成龙在出事后不久就交卸了蒲圻的公务，回省待罪。张朝珍暂时把他留在了身边，帮助自己处理岳阳的军需公务。当时通信用的是驿马，速度很慢，于成龙何时得到正式的革职通知不得而知，但因战局瞬息万变，发展很快，仅仅几天后，于成龙就得到了新的任务。

第十二章

单骑招抚刘君孚

康熙十三年（1674）发生的黄州东山叛乱，给了罢职才几天的于成龙以"东山再起"的机会。于成龙不负张朝珍的厚望，采取灵活手法，成功地瓦解了一大部分叛军，很快又消灭了剩余的顽敌。

○
○

东山叛乱

在"三藩之乱"影响下，黄州等地蛰伏多年的"蕲黄四十八寨"秘密组织，也在酝酿着揭竿而起，反清复明。

这次起义的智囊人物，叫黄金龙。他是河南人氏，另有一说他是湖北大冶人氏，懂一些道术，自称得到了上天赐予的天书和宝剑，要辅佐明朝宗室重新建立帝业，恢复大明的江山社稷。他的这种民间宗教的说法，很容易吸引和团结处于社会底层的老百姓。而起义的领袖人物，名叫刘启祯，字君孚，是麻城东山曹家河人。他是位坚定的"反清复明"人士，其名"启祯"暗含"天启崇祯"之义，字"君孚"也有"不忘故君"之义。他是"蕲黄四十八寨"的秘密领袖之一，在民间有很强的号召力。和平时期，官府比较倚重他，借助他来办理盗案，于成龙镇守歧亭时，就曾经任用过刘启祯。

黄金龙一直在四处活动，他和刘启祯有共同的政治理想，交往很多，经常住在刘启祯的家里。吴三桂知道黄州一带暗藏有反清复明势力，就派人送来许多"委任状"，鼓动大家起事。这些委任状用清朝的话说，就是"伪札"了。刘启祯等人，在内心里不一定支持吴三桂，但知道这是个大好时机，天下战火四起，清廷手忙脚乱，如果举兵起义，很有可能恢复大明江山。黄金龙和刘启祯四处串联，与"蕲黄四十八寨"以及河南、安徽、江西各省的反清复明势力秘密商议，任命将帅，准备聚众数十万，于康熙十三年（1674）七月正式起义。在黄州本地，只有木樨河夏鼎安及其族人二百余名不肯依附刘启祯，其余的都参与了起义的密谋。

　　当时，麻城知县屈振奇并不了解事情的严重性。他按照上级命令，严厉追查吴三桂的"伪札"，经常抓捕嫌疑犯。而一些劣绅酷吏，却又借机生事，诬陷攀扯，借着"伪札"的事情公报私仇，这就激化了矛盾。刘启祯养子刘青藜的保户杨楚乔被官府抓捕，屈打成招；徐家堡的周美公等人被官府抓捕，严刑拷打。刘启祯误以为官府已经掌握了自己的内幕，在没有做好充分准备的情况下，于五月十五日，很仓促地在曹家河举兵造反。

　　本来是接连数省、数十万人同时发难的大型的"反清复明"的起义，现在演变成了"官逼民反"的中小型叛乱。这就是历史的奇诡之处，也是于成龙命运的一次转机。

○
○
定计招抚

刘启祯匆匆起兵后，程镇邦、鲍洪公、陈恢恢、李公茂等几股势力也起兵响应。知县屈振奇并非懦弱无能之辈，他请黄州副总兵王宗臣率军驻扎兴福寺，自己率乡勇驻扎白杲镇，约定日期，准备共同剿匪。刘启祯则更厉害，只派了七名骑兵，晚上偷袭王宗臣的军营，就把王宗臣和屈振奇的兵马逼回了县城。这时候，麻城东山的"蕲黄四十八寨"势力，都纷纷起兵，形成了星火燎原之势。

东山叛乱的消息很快传到武昌，巡抚张朝珍当然知道事情的严重性。如果刘启祯的起义军成了气候，长江中游下游将被隔断，不仅湖北一带两面受敌，河南、安徽、江西乃至江苏等省也都会受到压力，整个战局可能都要发生变化。但这个时候，朝廷大军正在全力进攻湖南的吴三桂叛军，战争打得十分艰苦，很难分出兵力来平息黄州叛乱。

于成龙这时候正在等候处分，张朝珍把他召到辕门，商量剿抚大计。于成龙在黄州为官多年，长期驻守麻城歧亭，与刘启祯的关系十分密切，知道"蕲黄四十八寨"的底细。他和张朝珍达成了一致意见，认为不能把黄州叛乱认定为"反清复明"的政治性事件，只按"官逼民反""赤子弄兵"的普通事件处理，采用"招抚"策略，暂时稳定局势，然后再伺机行事，瓦解整个起义。于成龙在黄州威望很高，官绅百姓都十分信服他。张朝珍就决定委派于成龙前往黄州，主持"招抚"大计。于成龙则向张朝珍提出要求，允许他"便宜行事"，打破常规、放开手脚去解决这个复杂问题，张朝珍一一都答应了。对于成龙来说，这实在是自己"立功赎罪""东山再起"的大好时机。当时武昌的官员们都信不过于成龙，认为他是一介文官，又是个好酒贪杯之人，怎么能办好这样的大事呢？但张朝珍主意已定，用人不疑，坚决支持于成龙的行动。

○
○

劝谕百姓

于成龙只带了驻守蒲圻时的几名随从，于五月二十二日从武昌出发，二十四日到达黄州麻城县白杲镇，此地距刘启祯的山寨只有十里路。他撰写了一篇《初抚东山遣牌》，以老父母官的口吻，回忆自己与黄州百姓的鱼水深情，对黄州百姓倍加关怀、慰问，对起兵叛乱的事情表示无限的遗憾与责备。他把告示贴到各处，声称自己向巡抚苦苦哀求，阻挡住了大兵的征剿，要求百姓们到白杲镇找他来倾诉冤屈，让他来评判是非，早日恢复地方平静。如果百姓们不给他面子，那他就只有回省，请巡抚派兵来剿杀了。

他又撰写《劝畎间归农谕》，大讲副总兵王宗臣的好话，说他平时爱民如子，是慈悲心肠，这次带兵来麻城，主要还是安抚百姓，并非前来剿杀。另外，他又向道台徐惺、巡抚张朝珍两次发文，要求释放被错抓的良民百姓，平息民怨。

后世有很多人都说于成龙此时用的是欺骗手段，骗取了老百姓的信任。其实，于成龙此举虽然有智谋的成分，但劝谕老百姓放下刀枪，回乡务农，过太平日子，也是发自内心的真诚。

黄州麻城一带的士绅百姓，对于成龙是十分崇敬和信任的，也是十分畏惧的。大家一见"青天于二府"来了，都纷纷赶到白杲镇，诉说冤屈，承认错误，表示愿意接受招抚。轰轰烈烈的刘启祯起义，就像一个还没有完全吹起来的大气球，被于成龙轻轻地泄了气。

○
○

单骑招抚

接着，于成龙把注意力转移到率兵据守山寨的刘启祯父子身上。于成龙认为，如果迅速招抚，刘启祯还有可能改变主意，稍迟数日，各处的起义军合兵一处，势力大增，刘启祯就不会甘心受抚了。

五月二十七日，于成龙先派白杲镇的一名乡约，拿着自己的亲笔书信去见刘启祯。他在信中说明了朝廷的招抚政策，刘启祯只要率部投降，不但不会杀他，还会特别重用他。

于成龙估计乡约已经抵达山寨，自己便骑了一匹黑骡，带了两名随从，一人打伞盖，一人敲锣，缓缓地向山寨进发。在距离山寨还有二里地的时候，于成龙命令随从敲锣喊话，声称："太守来救尔山中人！"

刘启祯曾经做过于成龙的差役，对于成龙十分敬畏。听说于成龙亲自来了，他命令手下的士兵们手持火铳，列队相迎，自己却不敢见面，仓皇躲到了后山。

于成龙极有胆略，根本不怕这种场面。到了山寨前，大声喊叫开门。很多士兵都认识于大人，又看见没有带兵，只好开门请于大人进寨。于成龙进了寨，下了骡，坐到刘启祯的大厅里，很随便地询问："君孚老奴到哪里去了？怎么不出来见我？"士兵们很尴尬地声称，刘启祯外出，过一会儿才能回来。那些认识于成龙的士兵，很不好意思地过来拜见，其他的人也只好跟着礼拜，就好像迎接自己的长官一样。

于成龙先不提起兵造反的事，只很关心地询问山中的雨水和庄稼，询问他们的家庭生计，就像以前劝农时的问话一样。大家只好顺着于大人的问话来回答。提起雨水和收成，大家自然联想起了平时的太平生活，想起了妻子儿女欢聚一堂的场面。好好的，谁愿意起兵造反

于成龙像

啊！这样一来，刘启祯的军心也就散了。

于成龙拉着家常话询问了几句，又喊叫着天气太热，渴了，要士兵拿水给他喝。又解开衣服，脱了靴子，摇起扇子，躺到刘启祯的床榻上呼呼大睡起来。睡足了一个午觉，醒来后又问："君孚老奴，怎么这么久还不回来？客人来了，难道连酒饭都不准备吗？"

刘启祯一直藏在附近，到这时候，不得不出来相见。于成龙轻描淡写地批评了他几句，说官府刑讯逼供这么一点小冤屈，哪值得起兵造反，自取灭亡？现在朝廷政策很宽大，只要率部投降，造反的事情就可以一笔勾销，朝廷还会另有重用，绝不亏待。

刘启祯很久以来就有反清复明的理想，绝不可能被于成龙几句话就说得改变主意。但是，他这次仓促起义，根本没有做好准备。于成龙的招抚政策一出，民心涣散，军心涣散，再要硬撑着，也不会有好下场。他考虑再三，只好表面上答应于成龙，约定六月三日率部投降。究其本意，是想另寻良机，再行举事。

○
○

叛乱初平

到六月三日，刘启祯果然率领几千人，打着一面"倾心向化"的旗帜，到白呆镇向于成龙投降。于成龙很高兴，又根据事先和张朝珍商量好的计策，命令刘启祯去劝谕招抚其他起义军，并郑重承诺，事成之后，朝廷封刘启祯为戎旗守备（正五品的武职官员）。

刘启祯虽然狡猾，却不知道于成龙早有成算。他假意答应，拿着于成龙的告示去各部招抚，实际上是劝说各部暂时诈降，另图起义机会。

六月七日，经过刘启祯劝谕的程镇邦、鲍洪功、陈恢恢、李公茂等人，各率部属来到白杲镇，向于成龙献了一面安家乐业旗，表示归顺。

于成龙命令他们到黄州城拜见分巡道徐惺，领取封赏的衣冠。之后，命河泊所官景可贤护送程镇邦到省城拜见张朝珍，不久又命李公茂跟随徐惺赴省城，接受任命。其他的起义军首领，也进行了合理的安插和约束。

起义军各部之中，只有邹君升一部，态度坚决，拒不接受招抚。但轰轰烈烈的东山起义，就这样被于成龙用安抚手段瓦解掉了。

于成龙单骑招抚刘启祯，是一个很精彩的故事，也像一场精彩的戏剧，被载入了史册。但是，因为清廷各级官员，不愿意把此事当成反清复明大案，刘启祯的名字太过敏感，在各种文书中就被悄悄改成了刘君孚。

黄州的局势初步稳定，于成龙不敢大意，立即着手处理善后事宜。于成龙一向爱民如子，办事又周密细致，对曾经参加起义又接受招抚的众多百姓百般保护安抚，不许各级官吏及劣绅借机讹诈他们。同时，又拿出自己用惯了的保甲法，在黄州各地分区编制保甲，训练乡勇。

于成龙训练的这些乡勇，都掌握武功，拥有刀枪弓箭等冷兵器和鸟枪火铳等火器。以区为单位，每区设一区长。遇到战争警报，乡勇要立即集合待命；发现可疑之人，要立即向上汇报并驱逐之；包庇窝藏奸细要论罪。

因为于成龙在黄州享有崇高的威望，原来那些秘密组织里的一大部分精兵强将，此时都愿意归附，做于成龙治下的良民和乡勇，唯于成龙马首是瞻。

换句话说，于成龙等于是在"蕲黄四十八寨"的组织之外，建立起一个有官府背景的归于成龙自己领导的大型山寨联盟组织。有了这个大组织，其他的不肯归附的山寨组织，也就不足为虑了。

○
○

平白受气

当于成龙正在辛辛苦苦办理这些事情的时候，却平白地受了一场恶气。

一支清军南下参战，路经麻城。百姓们平时就害怕这些扰民的官兵，一有风声，立即逃跑。于成龙是官员，当然不能乱跑，老老实实地等着清军的到来。领兵的将军见了于成龙，大言不惭地说是因为自己的大兵到来，才使刘启祯等叛乱者望风披靡、接受招抚的。还说："哪里有贼？让我去杀！"

于成龙气愤地反驳："大军到来之前，叛军就已经受抚了，怎么能说是和大军经过有关系呢？既然已经受抚了，为什么还要杀他们呢？"

将军见于成龙居然敢顶嘴，便讽刺道："看你的样子挺有本事嘛！为什么不带兵杀吴三桂去？"

于成龙也不示弱："我以前虽然没有带过兵，但是也收复过蒲圻城。"

将军说："我可不想和你争功。"

于成龙说："给朝廷办事，还能说什么功劳呢？"

将军问了问于成龙的姓名籍贯，然后带着怒气扬长而去。于成龙也愤愤不平，写信给张朝珍要求辞官。张朝珍回信安慰了一通，要他继续干下去。

于成龙并不是小心眼，假如真的让那位将军带兵去杀贼，刚被瓦解分化的"蕲黄四十八寨"势力，立即就会重新团结起来，爆发新的叛乱，张朝珍和于成龙的全盘计划，也就会彻底被打乱。

不久，朝廷正式任命于成龙为武昌知府，算是对于成龙的奖励。

而暂时诈降的刘启祯，这时候也受了一场恶气。他自己投降于成龙不说，还劝谕招抚了其他几股势力一起投降，这就引起了另外一些山寨组织的严重不满，大家觉得他真的是"叛变"了。有人就在已经归降的组织中挑拨离间，还有人派刺客来暗杀刘启祯。挑拨离间产生了效果，有一部分人开始动摇，后来真的又举旗造反。暗杀虽没有成功，但让刘启祯心生疑虑，与山寨势力产生了矛盾，他只能更加依赖、支持于成龙了。

○
○

剿灭顽敌

七月初的时候，于成龙的善后工作已经初见成效，准备回武昌复命。没想到七月九日，黄冈县李家集忽然爆发了以方公孝为首的逃仆叛乱，黄州的形势又严峻起来。隐藏在刘启祯家的黄金龙，这时候与刘启祯产生了矛盾，逃到黄麻交界纸棚河的邹君升处，鼓动邹君升起兵造反，方公孝也很快聚集到邹君升处，双方合兵起事。

于成龙一看形势有变，不能再回武昌了，立即组织防守和进攻。说实话，黄金龙、邹君升、方公孝的这次起义，时机很不对，正好让于成龙检阅了一下自己编制保甲、训练乡勇的实际效果，可以说是撞在了枪口上。

二十二日，于成龙带领一批生员、绅士赶到距离邹君升山寨二十里远的望花山，与刘启祯等人研究对策。各处的官员、区长、乡勇、生员、绅士等，在于成龙的号召下，纷纷赶赴望花山，配合于成龙的行动。大家的意见十分一致，这次绝不招抚，而应该全力进剿。心怀怨愤的刘启祯，也坚决主张进剿，他认定刺杀他的人就是邹君升派来的。

于成龙认为，黄金龙和邹君升这次仓促起兵，并没有准备好充足的军粮，支持不了几天。与其立即进剿，不如三面包围，一面设伏，将敌人困住，然后伺机剿杀。

根据记载，于成龙这次剿匪的阵容十分强大。黄冈知县李经政、麻城知县屈振奇闻讯赶来，都被于成龙打发回去，办理日常公务。剿匪战斗，全部用当地的士绅和乡勇。原起义军首领之一的程振邦，这次给于成龙进献了一份地形图，使于成龙得以周密布置。具体的包围、设伏地点，参战人员，就不一一介绍了。只说一句，这次战斗连庙里的和尚都参加了。于成龙的威望和动员能力，由此可见一斑。

七月二十五日，战斗正式打响。很快，王方远就抓获了方公孝，于成龙下令斩首。这天，于成龙还接到朝廷命令，改任他为黄州知府，这个好消息也令军心大振。二十六日，投诚官李懋官杀伤了一部分叛军，向于成龙报功。二十七日，大批乡勇赶到，参加战斗，把邹君升赶到了油河。二十八日，各处乡勇继续战斗，杀敌无数。二十九日，黄金龙等二十人绝粮，逃往马鞍山，中了伏击，全数被擒。另有沈润成、杨克利等二十多人被斩。当天晚上，乡勇们把黄金龙押解到望花山，于成龙下令立即斩首。

这里还有一个有趣的传说。据说，黄金龙会法术，在斩首时想施法逃脱。没想到于成龙也会法术，拔剑朝黄金龙一指，怒喝一声，黄金龙的法术就失灵了，只好乖乖地授首。这个故事，应该是当地人对于成龙的神化。

八月一日，夏仲昆等人生擒邹君升于项家庙，斩首四十余级。其他乡勇四面进攻，杀敌无数，战争进入了尾声。邹君升被擒后也被斩首，首级解往武昌报功。

八月二日，于成龙下令不许再杀一人，允许剩余的起义军投诚。"逃仆"仍归主人所有，"游勇"仍回军营当兵，附逆百姓都既往不咎。其他善后事宜，于成龙都一一周密布置，务使百姓真正安心。

这场平叛战斗，前后只用了六天，而且没有动用官军，全是地方武装，确实是很了不起。

捷报传到武昌，巡抚张朝珍终于长长地出了一口气。他举起捷报向官员们说："你们都说我不该重用醉汉，现在怎么样？"史书原文为："人谓我不当用醉汉，今定何如？"

战斗平息后，于成龙也没有忘了刘启祯。他用了一条比较"毒辣"的计策，自己捐出俸银，典卖衣服，凑足了一百两白银，当众重赏刘启祯。并且公开宣扬，这次能够生擒黄金龙和邹君升，全是刘启祯的密谋妙计，全靠刘启祯的大力支持。

刘启祯的亲信们，都以为他全心全意地投靠了朝廷，再也没有反清复明的理想了。于成龙另外还用了一些离间之计，在刘启祯的亲友之间制造隔阂，搞得刘启祯众叛亲离，以后再也不可能做起义军的领袖了。几年之后，刘启祯郁郁而终。

第十三章

文官上阵亦英雄

康熙十三年（1674）冬天黄州发生的又一次大型叛乱，让于成龙面临了更大的考验，也建立了更大的功勋。他亲自上阵杀敌，最后以少胜多，打出了威风。

○
○

大乱再起

第一次东山叛乱被平定后，于成龙毫无喘息的机会。

他于八月六日赶到武昌，向巡抚张朝珍交差，同时接受新的军需供给任务。八月十日离开武昌，十一日到达黄州，正式上任黄州知府。军需工作异常繁重，日常公文又堆积如山。年迈体衰的于成龙连夜办公，于十二日夜里口吐鲜血，重病了一场。

这里，需简要交代一下当时的军需事务。办理军需朝廷是拨给经费的，但预算价格等不可能完全合理，有些物资需要采买，有些则需要制造，数量、质量、期限都有严格规定。于成龙这次领回来的军需任务，有一百万捆草料，还有马槽、铡刀、饭锅等等。旧的任务没有完成，新的任务很快又布置下来，真是千头万绪，令人焦急。清朝又是官僚主义严重的朝代，朝廷事事都会发命令，下级事事都要向上级汇报，各种公文像雪片一样在驿路上穿梭，稍一疏忽，稍一繁忙，官府里的未决公文就会积压如山。于成龙在这些日子里，好几次急得想找根柱子一头撞死，生病吐血也是在所难免了。

黄金龙、邹君升的叛乱平定之后，黄州东山的局势仍然是暗流汹涌。

八月二日，于成龙就接到谍报，说罗山大盗周铁爪潜入白水畈，聚集多人，正在密谋起事。不久，黄冈县的乡约熊世忠又报，永宁乡一带叛乱蠢蠢欲动。于成龙这时刚刚解散了乡勇，不好再做计较，只能暂时隐忍。

到了这年十月，吴三桂大军在江西进攻湖口，散兵劫掠兴宁，已经接近湖北。清军在黄州府下属的蕲州一带增兵戒严，准备应敌。吴三桂在进兵的同时，又发动了新一轮的政治攻势，在湖北各地散布"伪札"，鼓动汉族百姓起兵策应自己，黄州境内便又开始了新一轮的动乱。

十月中旬，陈鼎业纠合逃兵，抢夺驿马，在阳逻一带起兵；十月二十九日，何士荣纠合黄寅生等人，在黄冈县永宁乡起兵；同日，刘启业在石陂起兵；十一月一日，周铁爪、鲍世荣（鲍洪功）、李公茂、陈顿彻（陈恢恢）、王子之等人，在麻城白水畈起兵。另外，还有广西将军孙延龄的族人"孙将军"、万野予等人，也率部潜入，与周铁爪联合。这几支叛军各有数千人，加起来则有数万之多，对外号称十万。他们奉何士荣为盟主，计划于十一月上旬，合兵攻打黄州城，然后进攻武昌、汉阳。

前面提到的有好几个首领，都是曾经接受于成龙招抚，献过"安家乐业"旗的，如今时机一到，又重新举旗造反。只有刘启祯等几股力量，彻底地投靠了于成龙，没有参与这次事件。

○
○

定计反击

根据史书记载，当时黄州的情况是：

> 高山大湖，烽火相望，城门皆昼闭，墟里寂无人。各镇援兵悉随大军进攻湖南，黄州余吏民才数百人，至不能备阘析，议者欲弃黄州，退保麻城。

于成龙只是一介文官，并不是久经沙场的老将军。他事先知道黄州会发生叛乱，内心也十分紧张，经常是惶惶不可终日，不知道自己治下的这些老百姓，什么时候全变成起兵造反的仇人。等到叛乱真正发生了，敌人已经呈现出眉目，官吏们商量着放弃黄州、退保麻城的时候，于成龙却不再害怕了。因为他发现，叛军虽然有数万人，但自己精心培养训练的乡勇队伍，大部分都还安静地待在家里，并没有倒向叛军。

于成龙冷静地给大家分析：

> 黄州为湖北七郡门户，我师屯荆、岳者数十万，水陆转运，取道于此。且濒江而城，控制阻险，前倚

兴宁庐阜，后压天堂、金刚诸寨，实东南关键，释此不守，则荆、岳有狼顾之虞，七郡成瓦解之势，所系非仅一城已也。

也就是说，这场战斗的战略意义非常重大，如果叛军取胜，不仅是黄州失守，湖北危急，清军的粮草援兵运输线路也会被切断，战场局势就会完全改变，清廷也会更加被动。

于成龙又说："我身为知府，誓死不能离开黄州。但是，我们与其困坐在城里等敌人来进攻，不如主动出击，或者可以侥幸成功。敌军虽然人数众多，但他们奉何士荣为盟主，一切行动都听何士荣的。如果我们能够一战击败何士荣，别处的敌人就可以不战而下了。"

于成龙派快马到武昌，请求巡抚张朝珍派兵增援黄州。张朝珍命令于成龙带一部分兵力出城剿匪，分巡道徐惺负责守城。黄州城里的百姓们都逃跑了，留下来的官吏兵民一共才几百人，几乎无兵可用。张朝珍派了两支正规军来增援，但数量奇少。于成龙能用的兵马，主要还是各区的乡勇、绅士、生员，另外还有刘启祯等几股投诚的民间武装。

十一月四日，把总吴之兰带领五十名官兵从蕲州赶到，驻扎在段家店；五日，千总李茂升带领五十名骑兵赶到黄州。于成龙和徐惺命令黄冈知县李经政带领生员曹从仁，征调一部分乡勇，自备粮饷，攻打阳逻的陈鼎业叛军。这支队伍于八日取得成功，擒斩陈鼎业父子，平息了阳逻局势。

于成龙自己则于十一月五日，率领千总李茂升、把总吴之兰、罗登云、齐安驿丞李德、候选千总刘先定、武举张尚圣等人，连同生员、吏卒共二十二人离开黄州，前去征剿何士荣。他一边走，一边派快马征调动员各处乡勇，并命令刘启祯率部进驻土皮冲、梅钿率部进驻八叠山、郑丹率部进驻平头山、童贵卿率部防守东义洲、萧有至率部防守罗田界、田穀伯率部堵截黄冈庙。

于成龙亲自撰写了多篇檄文，文辞慷慨激昂，真诚感人，号召各区乡勇行动起来，保卫自己的太平生活。要求各区精选武艺高强的青壮年乡勇，佩带锋利武器，和自己会合迎敌。有火铳鸟枪的人家，一律持铳持枪上阵。另外，于成龙还有很实惠的政策，他给乡勇们发放误工费，有火铳鸟枪的还会多发一些。先统一发放三天的费用，然后计日发放。这样，就刺激了各区乡勇的积极性，他们本来是"义勇军"，现在又变成了挣工钱的"雇佣军"。很快，于成龙身边就聚集了两千多名精壮乡勇。队伍齐整，纪律严明，和正规军没有什么差别。

何士荣起兵后，占据黄土坳，扎营西山。为了准备粮草物资，他们在附近抢劫焚烧了一些人家，失去了民心。于成龙闻讯后，派把总罗登云和武举张尚圣带领一队人马做前锋，试探何士荣的虚实，自己率大军缓缓前进。

十一月七日，罗登云、吴之兰、张尚圣与何士荣的小股叛军相遇，交战一场，何士荣败退，藏入山寨，乡勇们缴获了很多兵器，初战告捷。

于成龙闻讯后，加速前进，抵达张尚圣的大营。乡勇们见于成龙来了，都激动得上前讨赏，于成龙没带银子，只能做精神鼓励，拍拍这个人的肩膀，摸摸那个人的鼻子，说了很多激励人心的话，提振士气。

不久，各处乡勇纷纷赶到箔金寨，于成龙的兵力达到了五千余人。

○
○

上阵苦战

十一月八日黎明，大战开始。

何士荣率数万人，从牧马寨出发，分东西两路，向于成龙驻扎的箔金寨进攻。叛军手持杂色红旗，浩浩荡荡而来，气势十分吓人。

于成龙这天穿了一件"旧戎衣"，手持宝剑，骑一匹战马，站在营门口，摆出亲自上阵的架势，十分威武。他见东路敌军较少，就派罗登云带领一千多人攻东路，自己率大军攻西路。而在西路主战场，又形成了吴之兰攻东路，张尚圣攻西路，于成龙和李茂升攻中路的态势。

战斗刚一开始，官军把总吴之兰就中弹身亡。叛军火力密集，枪炮声像爆豆一样，官军和乡勇纷纷败退。于成龙也比较倒霉，一部威武的大胡子被战火燎着了，十分狼狈。大家劝于成龙暂时后撤，于成龙知道此时一退，必败无疑，就大声说："今吾死日也，敢言撤退者立斩！"

但官军乡勇仍然抵挡不住敌军的炮火，继续后撤。箔金寨附近的山民平时就支持何士荣，此时见官军败退，纷纷拿出小红旗，站在高处呐喊助威。

看起来，敌众我寡，官军乡勇败局已定。

于成龙知道这次是跑不掉了，反正总是死，不如奋力杀回去。他拨转马头，向李茂升大喊一声："我死，汝归报巡抚!"然后就纵马杀入了敌阵。

李茂升是武官，哪敢让文官于成龙去拼命送死？焦急之中，他张弓搭箭，一箭射倒了敌军的大旗。然后，他又奋不顾身地杀过去保护于成龙。官军乡勇在于成龙和李茂升的激励下，又鼓起勇气，努力杀了回去。何士荣叛军见大旗已倒，攻势便弱了下来。李茂升在这次战斗中表现得极为英勇，他的战马被射死，自己也受了伤，仍然挥刀步战，砍杀多名敌兵，夺了一匹马，继续战斗，身上的铠甲都被枪弹打穿了。

张尚圣率领的一支人马，从右山绕到敌后，成功地将敌人包围，战场的形势立即全面改观。经过一番激战，何士荣的大军终于溃败。官军乘胜追击，翻山越岭，连追了数十里才罢休。

何士荣也是一员勇将，他手持长矛，亲自断后。右臂被砍断，仍然在力战。最后陷在泥潭中，被官军擒获。

这场战斗，打得极为惨烈。官军斩首数千人，缴获器械无数。尸体堆满了山谷，鲜血染红了溪水。

于成龙在此战中，创造了"手刃四十八人"的战绩。作为一名老年多病的文官，于成龙上阵之后能有这个战绩，充分说明他从小练过武功，并且有一定的实战经验，是个文武全才。另外，他在关键时刻敢闯入敌阵，这和武功没有关系，主要还是一种勇气，一种大无畏的精神，一种慷慨赴死的精神。战场上枪弹无眼，于成龙能够活下来完全是侥幸。

官军进入何士荣的山寨后，缴获了何士荣的"伪札"，还搜出了何士荣密谋起义的名册。于成龙是熟读《三国演义》的，知道这份名册牵连太广，不利于稳定人心，就当众烧毁了名册。

肃清残敌

十一月八日凌晨的战斗取胜之后，于成龙等人率军乘胜追击，中午时分赶到了吕王城。李茂升下令士兵们埋锅造饭，稍事休息。

于成龙见状后，急忙对李茂升说："白水、石陂等地的叛军，都奉何士荣为盟主。现在何士荣被擒，诸贼胆落，无所适从。我们卷甲急趋，紧紧追杀，他们就会彻底溃散。这就是所谓的破竹之势，机不可失。如果稍一松懈，叛军进入山寨，据险坚守，就会死战到底的。"李茂升点头同意。当时锅里的饭刚煮上，于成龙下令把米倒掉，大军立即出发。

于成龙一边行军，一边口述檄文，让乡勇们传抄宣传。他在檄文中说：叛乱人员如果能够反戈一击，擒拿贼首，必有重赏；临阵投诚者，绝不杀害；扔下兵器逃回家中者，绝不追究；身上没有乡勇印号而家藏兵器者，按叛贼对待，一律处死。又把官军乡勇一战生擒何士荣、焚毁叛贼名册的事情广为宣传。

参加叛乱的"蕲黄四十八寨"人员，听说盟主被擒，名册被烧，又是恐惧又是侥幸，纷纷解散回家。叛军的数万人马，又一次被于成龙轻易瓦解了。

十一月九日，官军乡勇进攻白水畈。一场战斗下来，周铁爪、鲍世荣、李公茂等人身边只剩下几百名亲兵，失去了战斗力。他们想退守什子寨，没想到于成龙事先已经布置罗田知县王光鼎、生员萧有至等率领乡勇五百余人，堵住了路口，另外还有蕲水知县蒋灿派生员何翩然率领乡勇二百名前来助战。李公茂等人进不了山寨，只好杀出一条血路，仓皇逃走。

十一月十一日，孙将军、万野予、假周铁爪等人在麻城县石壁起兵，李公茂等人率残兵与孙将军联合一处，叛军的力量一时间又壮大起来。于成龙的大军驻在白水畈，因山路阻隔，无法赶到石壁。麻城知县屈振奇向分巡道徐惺请示，调来党、伊两位参将，率正规军赶到石壁平叛。

十一月十三日，官军和乡勇攻入石壁，大战一场，擒获孙将军和万野予，李公茂等人乘乱逃走，这股叛军基本上也被瓦解了。

官军乡勇继续搜捕，过了几天，李茂升、鲁试等人先后擒获了李公茂、假周铁爪、鲍世荣、陈顿彻、鲍自性、王子之等叛乱首领。李公茂被俘后撞石自杀，伤重而死，其余首领被押送到了武昌，献给巡抚张朝珍，不久全被斩首。于成龙当时并不知道俘获的周铁爪是假的，到武昌后才被张朝珍审了出来，真周铁爪不久也被擒获斩首。

十一月十九日，搜捕小股残匪的行动仍在进行，但东山叛乱大局已定，于成龙下令班师回黄州。他当时驻扎在麻城县黄市村，在村口郑重立了一块纪功石碑，上边刻着：

> 龟山以平，龙潭以清。既耕既织，东方永宁。

○
○

历史评价

后世史家评价这场平叛战斗：

> 自出军至是仅二十四日，以乡民数千破贼数万，不费公家粒粟，不烦师旅，徒手奋身，摧锋陷坚而奏肤功，此近世所希有也！

严格地说，这场战斗动用了少量的正规军，不能说是"不烦师旅"，只是大军未动而已。另外，这场战斗也不全是于成龙一个人的功劳，湖北按察使某某、分巡道徐惺以及王宗臣、佟世俊等一大批文武官员和地方绅衿都有战功。但毋庸置疑，于成龙是这场战斗最主要的策划者、指挥者，也是最关键的人物。

于成龙在大家束手无策时，首先提出不能放弃黄州，并且定下了以攻为守，先打何士荣，然后各个击破的战略；五千余人的精壮乡勇，是于成龙凭借个人威望动员起来的；箔金寨大战，官军本已败退，是于成龙拼死杀入敌阵，成功地扭转了败局；焚毁叛贼名册，瓦解大量敌军，是于成龙的计谋；一鼓作气，乘胜追击，不给敌人喘息撤退的时间，是于成龙做的说服和动员工作；各处的堵截防守，主要出自于成龙事先的布置。综合这几条，可以确定，于成龙在此战中立了首功。

于成龙并非职业军人，他为什么能够成功组织这么一次以少胜多的战斗？他的制胜之道是什么？

首先，谈谈叛军的情况。中国历代的农民起义，都必须具备充足的外部条件，这个条件很简单，那就是天灾人祸，官逼民反。如果有严重的水旱灾荒，百姓家家断粮，贪官污吏们不但不赈济百姓，反而增加苛捐杂税，逼得老百姓实在没有活路了，这才会坚决地走上武装反抗之路。东山的叛乱显然并不具备这个条件，大部分百姓都有地可种，有饭可吃，有"老婆孩子热炕头"的天伦之乐。只是因为当地民风强悍尚武，民间隐藏了很多英雄豪杰，这批人不甘心接受清朝统治，一有机会就想起兵造反，百姓们是在他们的鼓动或者欺骗胁迫下才加入造反队伍的，立场并不坚定。而且，"蕲黄四十八寨"的秘密组织，派系众多，各行其是，居住地又很分散，既容易联合起事，又容易土崩瓦解，缺乏真正的凝聚力。几位叛军首领虽然都是英雄豪杰，有一定的文韬武略和号召力，但水平相对还是不高的。

其次，说说于成龙这边。于成龙是一位大清官，在黄州为官多年，威望非常高。他多年来致力的，就是让历经明末战乱的广大老百姓能够过上耕田读书的太平生活，这是很有吸引力的。他的办事风格又十分特别，霹雳手段与菩萨心肠并存，如果要打，就打得非常狠，如果要抚，就抚得周密细致。他成功地团结了一大批地方官吏、乡绅、豪强、生员，通过建立保甲、训练乡勇，把黄州强悍尚武的民风化为己用，"以民治民"，让想过太平生活的黄州百姓去打击想造反的黄州百姓。在"武装征剿"的过程中，他时时不忘"宽大招抚"，给广大参加叛乱的百姓留下一条十分宽阔可靠的"后路"，孤立极少数的叛乱首领。战斗双方都注意争取民心，但相比较之下，于成龙争取到的民心更多一些。

再次，说说这场战争的性质。很多近现代的文献中，都把这场战斗定义为农民起义，镇压起义的于成龙自然就成了穷凶极恶的刽子手。实际上，这只是一场"反清叛乱"，有吴三桂"伪札"煽惑的因素，也有"蕲黄四十八寨"传统的"反清复明"因素，叛乱的组织者和领导者，并非是纯粹的农民，而是民间的"英雄豪杰"，有秘密宗教领袖，有江湖侠客，有当地土豪，成分是十分复杂的。中国古话说"胜者王侯败者贼"，其中原没有明确的是非可言。反清复明战争如果能够最终成功，黄金龙、何士荣这些人自然都是功臣，都是英雄，于成龙就真成了罪人。但他们失败了，于成龙平息叛乱，安抚百姓，恢复太平，自然就是大功臣、大英雄。

于成龙在纪功石碑上刻下的"既耕既织，东方永宁"的简单话语，其实包含了他复杂的思想感情和远大的人生理想。那块石碑，至今仍然保存着。当地老百姓谈起于成龙，仍然是充满了好感。

○
○
战后招抚

平叛战斗还没有完全结束的时候，于成龙就已经萌生退意，向巡抚张朝珍上书请求退休。主要原因是自己年龄太大，疾病缠身，工作又过于繁重。继母李氏风烛残年，也需要儿子回家行孝。当时的某些同僚，见于成龙功名日盛，就以"不孝"为借口，在背后攻击他，使于成龙的思想负担倍加沉重。他写过一首《自叹》诗，其中有几句为：

小官缺养母，浮誉恼群贤。
久欲归林卧，岂为升斗牵？

战斗结束后，于成龙又多次向张朝珍和湖广总督蔡毓荣请求退休，都没有得到同意。在特殊时期，上级太需要于成龙这样的能吏了。于成龙只能硬着头皮，顶着压力，继续在官场上干下去。

于成龙的招抚工作取得了良好的成效。他迅速解散了各部乡勇，给他们发放了赏银，同时又严厉禁止这些乡勇敲诈、抢劫、霸占叛乱人员及其家属的财产。在于成龙的感召下，隐藏在深山老林中的叛乱人员陆陆续续下山投诚，回归田园。

康熙十四年（1675）正月，叛军首领黄翠林带领一百多人下山乞降，得到了于成龙的宽恕和妥善安置。

河南省罗山县的叛军，听说湖广黄州的招抚政策执行得好，就越境而来，向于成龙投诚。于成龙既感动又为难，他首先妥善安置了投诚人员，然后向张朝珍请示解决办法，与河南巡抚做了一些沟通工作，最后把这批人平安送回了河南。

不久，安徽六安一带的叛军，听说了河南的事情，也有不少人来黄州投奔于成龙。于成龙不仅如法安置了他们，还越俎代庖地写了一封《招安谕》，让这批人拿回安徽，招抚解散其他叛乱人员。所谓"一纸胜千军"，于成龙的越境招抚工作也取得了成效，瓦解了邻省的叛乱。

于成龙作为湖广黄州知府，能够解决河南和安徽境内的叛乱，听起来似乎不可思议。但是，黄州与河南、安徽等省相邻，黄州境内的传统反抗势力号称"蕲黄四十八寨"，如果加上河南、安徽境内类似的山寨，又有"七十二寨"之说。他们叛乱或者起义，往往都是联合起来的，越境造反原本就是平常事，此时越境受抚，也就不算奇怪了。另外，于成龙是讲"天理良心"的，名声在外，诚实无欺，不会为了自己的政绩和官运而滥杀无辜，这也是外省叛军敢于越境受抚的一个最重要的原因。

　　在北京的名臣魏象枢，虽然一直仰慕于成龙，但考虑到朝臣不宜与外吏私下联系，就一直没有和于成龙公开结交。黄州之战的消息传到北京后，魏象枢抑制不住内心的激动，破例写了一首诗，托人送给黄州的于成龙：

　　　　那能觌面识于公，十载怀君梦已通。

　　　　骨带清霸撑陋俗，化行春雨起颓风。

　　　　朝绅推服千秋上，兆姓归依一念中。

　　　　闻道黄州群寇息，谁将直笔勒奇功。

第十四章

赋诗赤壁定民心

黄州的东山叛乱平息之后，于成龙过了一段相对安宁的日子。他处理地方上的灾异事件，募捐赈济灾荒。为了稳定人心，他还故意作诗饮酒，与文人雅士相聚于黄州赤壁之上。

○
○

战后灾异

康熙十三年（1674）七月，于成龙正在准备进剿黄金龙、邹君升之时，朝廷正式任命他为黄州知府。战争期间，特事特办，几个月之间，关于于成龙的任命书就下发了好几次。坐镇在北京的康熙皇帝玄烨，大概已经注意到湖广有这么一位特殊人才了。

"知府"这个官职，在唐宋时候就有，但那时候设府的地方很少，"知府"是相当重要的封疆大吏。到了明清时代，全国普遍设府，"知府"的地位就只相当于宋朝的"知州"了。知府的职责是：

> 总领属县，宣布条教，兴利除害，决讼检奸。三岁察属吏贤否，职事修废，刺举上达。地方要政白督、抚，允乃行。

叛乱平息后，黄州府的工作才渐渐走上正轨。不过，社会并没有平静。康熙十四年（1675），黄州灾异不断。大旱灾，大风灾，引发了大饥荒；府城黄州，还发生了巨大火灾。老虎离开了深山老林，来到人烟稠密的村镇，白昼横行。据记载，当时的虎患十分怪异，它们不仅白天横行，晚上还埋伏在百姓家门口，故作人声，比如咳嗽、呕吐等等，吸引居民出门察看，然后从容叼走居民。居民有时不敢出来，放狗出去看，老虎就把狗给叼走。

除了真老虎，还有假老虎。贼人披着虎皮，隐藏在林中，看见单身行人，就跳出来绑架抢劫，将人口拐卖到远方。

还有一种妖民，善于制造迷药。在路上遇见行人，拿手往其脸上一拂，行人立即昏迷，任由妖民抢劫拐卖。

有一些从高邮、沔阳等地逃难流浪到黄州的人，到处骚扰本地百姓，常常闯进居民家里，抢吃抢喝，甚至还进入内室抢劫财物。

另有一种男扮女装的贼人，奸淫妇女，诈骗男人……

这一切现象，可以统称为"灾异"。如果按照传统的"天人感应"或者"因果报应"说，康熙十三年发生了几场叛乱，官府杀人如麻，死的多是英雄豪杰，这些不屈的英魂难免会给黄州地方降下种种"灾异"来。于成龙在战斗中"手刃四十八人"，大概也是平生没有经历过的事情，他事后曾经痛切地忏悔祈祷，并努力做好善后工作，以换取心灵的平静。

抛开神秘的说法，除了旱灾、风灾、虎灾等自然灾害，其他的人为灾祸，仍然可以理解为"战争后遗症"，某些被迫招安、暂时潜伏下来的英雄豪杰，见公开举事不能成功，就改变手法，用种种"妖异"行为做掩盖，对官府和平民发动各种袭击。

于成龙此时的主要工作，仍然是繁重烦恼的军需大事。张朝珍不断地下发命令，布置任务，于成龙一方面率领下属官吏，努力完成任务，一方面努力和张朝珍讨价还价，争取减少黄州百姓的负担。他和张朝珍是很好的朋友关系，但同时又是严厉无情的上下级关系。《于清端公政书》中保存了大量的文字资料，就不一一介绍了。只说一点，于成龙的这段日子过得极为辛苦。

面对严重的灾异，于成龙也不能不分心应对。他命令通判宋荦负责治理虎患，带领士兵、猎户到处打虎，总算把老虎吃人的事情给解决了。面对各种违法犯罪事件，于成龙拖着病体，四处奔波查案。他当时浑身长满了脓疮，痛苦不堪，但经常得连夜行动。有一回，坐骑受惊，把于成龙从马背上摔了下来，病体带伤，更加痛苦。

面对大旱、大风引起的大饥荒，于成龙实在是没有好的办法。因为军需紧急，官府存银存粮极为有限，一时无法全面赈济。于成龙除了请求朝廷蠲免黄州的赋税外，不得已想出了一条下策，利用已经推行的"保甲法"，进行民间赈济。由区长、甲长等人，调查本区本甲内各户的经济状况，损有余而补不足，动员富民救济穷民，大家同舟共济，渡过难关。保甲内部饥荒严重，实在不能内部救济的，再由官府出面解决。如果保长、甲长、乡约等人不负责任，饿死区内百姓的，于成龙就用严刑峻法对待之。这些办法产生了成效，"活数万人"。

于成龙还亲自撰写了《赈济募引》，号召有钱有粮的人家慷慨行善。文中写道：

> 故效持钵之小技，暂为燃眉之急图。共丐洪慈，大施恻隐。几石几斗几升，可救一时之妇哭儿啼；或银或米或钱，立苏片刻之饥魂饿鬼。无亡七级，专赖一忱……

○
○

以静制动

康熙十五年（1676），黄州的大灾算是勉强过去了，各地的经济有了不小的恢复。但是，规模不大的水旱灾害仍然时有发生，关于战争局势的流言蜚语仍然到处流传，黄州的人心仍然不算稳定。

于成龙在这一年，采取了"以静制动"的策略，办法很简单，就是转移黄州官吏人民的注意力。

黄州是宋代文豪苏东坡谪居过的地方。东坡先生曾经漫游府城外的赤鼻矶，把这个地方当成是三国时代赤壁大战发生的地方，撰写了《前后赤壁赋》《念奴娇·赤壁怀古》等文学名篇。后来，人们就把黄州的赤鼻矶当成是"黄州赤壁""东坡赤壁"来纪念，在赤壁上修建了许多亭榭。明朝末年，张献忠起义军攻打黄州，守城的明军担心赤壁上的大士阁被张献忠当成攻城的制高点，就放火焚烧。不仅烧毁了大士阁，也毁坏了其他建筑。

于成龙在这一年便主持重修赤壁，恢复黄州的文物古迹。建筑的经费可能是官府出一点，富豪们捐一点，召集大量民工来工作。于成龙的这个招数，可能就是跟着苏东坡学来的，叫"以工代赈"，用兴建工程的方式，让富豪们出钱，让穷人们赚口粮。在他的主持下，不仅大士阁等旧建筑得以恢复，还新建了一座"二赋堂"，专门纪念苏东坡的《前后赤壁赋》。

黄州城南，也有一座安国古寺，始建于唐代，规模很大。宋代苏东坡经常在寺中游玩小住，坐禅修行，曾经写过一篇《黄州安国寺记》。这座寺院在清朝初年也有相当大的毁坏，于成龙募集钱财，召集民工，对安国寺进行了重修，还专门题写了一块"圆通自在"的匾额。

这些工程，除了有"以工代赈"的目的，还有一定的"祈福"作用，大士阁、安国寺修好了，僧侣们、居士们肯定会做一些大型的法会，诵经念佛，超度亡灵，对黄州的种种"灾异"，也有一定的禳解作用。于成龙是有宗教信仰的，这些事他都会很认真地去做。

为了表示闲暇镇定，于成龙经常召集官吏文士相聚赤壁之上，和大家一起饮酒赋诗，粉饰太平。黄州的老百姓看到于成龙这样悠闲自在，纷纷表示："我公如此，吾属何忧？"意思是我们的于大人都不担心战乱，我们还担心什么？

这里引于成龙几首诗词作品：

赤壁怀古

赤壁临江渚，黄泥锁暮云。

至今传二赋，不复说三分。

名士惟诸葛，英雄独使君。

今朝怀古地，把酒对斜曛。

赠属邑

浠川淑气冠齐安，抚字催科万姓宽。

尤望冰壶澄到底，神君年少足称欢。

如梦令（二首）

岁暮容颜非旧，食少形骸消瘦。睡起不胜愁，频叫苍头斟酒。斟酒、斟酒，梦见故乡花柳。

赤壁莺啼岸柳，歧镇雨肥园韭。忆别若为情，且看燕飞红瘦。回首、回首，谷雨清明时候。

满庭芳

脱却蛮烟，奔离蜀道，三载又到光黄。生来命薄，才力比谁强？眼见此身已老，消磨了多少疏狂。百年里，有几人跳出，傀儡逢场？

思量还故里，箪瓢陋巷，澹泊何妨？任随缘过日，说甚彭殇。幸遇杏花，赤壁访遗迹，感慨悲伤。寻两地，半丘荒草，一望白云乡。

○
○

遥祭慈母

黄州赤壁上的饮酒赋诗，是于成龙官场生活中短暂的快乐日子。《赤壁怀古》《赠属邑》等几首诗，也是于成龙平生最精彩的创作。在"三藩之乱"的大型战争之中，他在黄州一隅创造了几项骄人的战绩，声名鹊起。上自康熙皇帝，下至各省督抚，都知道黄州有位清廉能干、智勇双全的于成龙。随后，他又在艰难困苦之中，和黄州百姓一起度过了灾荒，否极泰来，黄州一带渐渐恢复了兴旺与和平。知府大人在这个时候，多喝几场酒，多参加几次诗会，实在也是很应该的享受。

但是，好景不长，乐极生悲。

康熙十五年（1676）十月，于成龙收到家信，年迈的继母李氏病故了。于成龙幼年丧母，由李氏一手抚养成人，母子感情很深。如今于成龙已经虚岁六十，年至花甲，老母亲在此时撒手人寰，驾鹤西游，是正常的自然规律，也算是"喜丧"，本不应该过分悲痛。但于成龙自顺治十八年（1661）离家做官之后，就不能够侍母行孝，微薄的俸禄只能满足自己的粗茶淡饭，根本没有余钱贴补家用。也就是说，老母亲十几年来，没有喝过于成龙一口茶，吃过于成龙一口饭。这方面的情感缺憾，让于成龙十分痛苦，还经常因此受到同僚的恶意攻击。他好几次上书辞官，就是想回家侍奉母亲，稍微尽尽孝道。如今辞官未成，母亲已经去世，于成龙自然是悲痛欲绝。

根据官场的规矩，父母去世，官员是要"丁忧"的，必须辞官回乡，料理丧事，服丧三年。于成龙向湖广总督蔡毓荣和湖广巡抚张朝珍写了一封声泪俱下的辞呈，内容如下：

成龙谫劣庸材，荷恩提拔，感戴终身。兹有下情，泣血上陈。念成龙父兄先逝，上无叔伯，终鲜兄弟，茕茕一身，奉侍慈帏。希冀升斗，以禄养亲。不料任粤任蜀，远隔天涯；及佐黄郡，又苦卑湿，不敢迎养。身羁一官，心悬白云。十六年来，乌鸟之私，未尝刻忘。康熙十三年成龙有终养之请，屡词告休，实为高堂母老，中怀隐忧，不得不为之乞怜也。今忽焉永诀，母北子南，幽明殊隔。讣音驰至，肝肠惨裂。魂魄黯销，号天抢地。欲见无由，追悔无及。痛成龙母老不能养，母死不能殓！目前枢停中堂，亡灵无依，倚门倚闾，死后望儿，倍切生前。成龙他乡孤哀，腐心疾首，泪已血凝，形已骨立。惟奔丧营葬，触棺擗踊，少释终天之恨。此成龙痛哭呼号而不得不为之乞怜也。……

面对"三藩之乱"的紧张形势，蔡总督和张巡抚实在不敢把于成龙放走，他们上书请示朝廷，建议于成龙"夺情任职"。这也是有先例的，等于是"移孝作忠"，把对父母的孝心转变为对国家和皇帝的忠心。

黄州青云塔

于成龙辞职不成，无奈只好到黄州城外钵盂峰顶的青云塔上，遥祭亡母。这座石塔建于明朝，高四十多米，又名南塔和文峰塔，极其壮观，至今尚存。塔顶现在长了一棵三米多高的大叶朴树，形如巨伞。黄州民间传说，于成龙当年到塔顶哭祭母亲，泪水洒到塔顶，久久不枯，后来就生出这么一棵树来。

第十五章

万民相送离荆楚

康熙十六年（1677），于成龙调任下江防道，一年后升任福建按察使，离开了任职九年的湖广省。这时候，于成龙已经是名扬天下的清官廉吏了。

江夏盗案

到康熙十六年，于成龙的黄州知府任期已满，应该调动或者提拔了。蔡毓荣和张朝珍认为蕲州地理位置十分重要，应当加强防卫，就上奏朝廷，请求恢复"下江防道"的建置，并任命于成龙担任这个要职。朝廷批复后，于成龙就离开府城，驻守到黄州境内的蕲州城。人没有离开黄州地面，但职责变了，不再管理普通的民事，而是专管军事防卫工作。道台的级别仍然是正四品，于成龙不算是升官，只是从府级官员变成了省级派出机构的官员。

于成龙担任江防道台只有一年左右的时间，其间战局平稳，他负责的长江沿线没有出现紧急情况，日子过得相对清闲，并没有什么突出的政绩，只是在职责范围内尽心办事而已。陈廷敬的《于清端公传》中简要记载了几句："公规复沿江墩戍，缮治战舰，练习水师，计禽伪官渠盗，江境肃然。"

于成龙是个办案高手，在担任江防道台期间，曾经顺手帮助张朝珍办过一个漂亮的案子。

江夏县有一名负责军饷的士兵，他弟弟是个市井无赖。有一天，游荡多日的弟弟回到家里，当天晚上就发生盗案，家里暂时存放的一笔军饷被偷走了。丢失军饷是杀头的罪，做哥哥的自然不敢包庇，立即把弟弟捆起来送官。在官府的严刑拷打之下，弟弟承认了犯罪事实，并且攀扯了十几个市井无赖。官府把这批人全都抓起来审问，拷打以后也都招供了。但是，那笔被盗的军饷却没有下落。犯人们交代，钱已经花光了。

正准备定案的时候，于成龙到武昌找张朝珍办事。张朝珍就顺口提起此事，说案子没有什么疑点，只是贼赃没有破获。于成龙说：“找不到赃物，这就是一宗疑案。偷了几千两银子，哪能很快全花光？”张朝珍笑着说：“既然如此，那就委托你来办吧。”

于成龙没有声张，秘密地调查了两天。这才把一干人犯提了过来，稍微询问两句，就下令释放。然后去向张朝珍汇报：“江夏盗案的人犯，没有一个是真正的盗贼。”

张朝珍吃惊地问：“犯人现在哪里？”

“全放了！”

张朝珍是个急性子，立即就发了火：“案子还没有搞清楚，你怎么就敢随便放人？”

于成龙说：“这些人都被打坏了，再过堂审问，肯定就打死了，我实在不忍心看他们受罪。再说，定案需要的是真正的盗贼，留这些人有什么用?"

张朝珍看于成龙胸有成竹，就缓了口气问道:"真盗在哪里?"

于成龙却伸手指了指巡抚衙门里的一名军校说:"这个人就是主犯。他的余党现在到木兰山进香去了，今晚就能拿获。"

结果，差役们拿下军校，到他家里一搜，被盗的军饷完完整整地藏在家里，连封条都还没有打开。当晚，军校的余党也果然被于成龙全部拿获。张朝珍惊奇地询问于成龙，案子到底是怎么破的，于成龙却笑而不答。

后来有人猜测，于成龙的袋子里仍然装着那份详细的盗贼档案，而且在盗贼团伙内部一直有"卧底"人员，所以一查一个准。于成龙这个著名的袋子，到后来上任直隶巡抚时已经十分破旧了，下属们劝他扔掉，于成龙开玩笑说:"以前，这袋子装盗匪名册，以后不抓贼了，就装贪官污吏的名册。"

离任交接

康熙十七年（1678）六月，六十二岁的于成龙接到朝廷的命令，升任福建按察使。他的宦海征途，又算进了一大步，从正四品官员升为正三品。但在办理离任交接手续时，拖延了好长时间。

于成龙在湖广任职九年，经手账目极多，湖广的有关部门都要一一核查清楚，出具证明。于成龙在黄州府办理军需事务很多，有几宗账目存在问题。

康熙十六年（1677）八月，于成龙奉命买豆十万石，价值六万两。他开具了一张六万两的"印领"，但藩司只发了一万两，只买豆两万石。后来，藩司并没有把那张六万两的"印领"发还给于成龙。

康熙十七年于成龙领买豆银两万两，花出去一万四千两，剩余六千两存入藩司的库房，这两万两的"印领"也没有发还。

因为修理杉船，于成龙借司库银一千七百五十两，开了三张"印领"，实际领银一千两，这三张"印领"也都没有发还。

湖广布政使徐惺，以前担任过知府和分巡道、分守道，驻守黄州，一直是于成龙的上级，曾经一起平定过东山叛乱。他是一位穷苦的老年官员，生有一子早早夭亡，老母亲和妻子天各一方，境遇很不好。徐惺办事能力比较差，没有效率，经常挨巡抚张朝珍的批评。他清查了于成龙的账目后，认为没有问题，未完事件由后任黄州知府来承担。相关的财务手续，他准备回省城清查后向张朝珍汇报，再出具证明。没想到，徐惺离开黄州后，又去忙别的公务，很久也没有把于成龙的手续办好。

这时候，福建省的差役已经到达蕲州，迎接于成龙上任。于成龙没办法，只好一面写信向徐惺恳求，一面向张朝珍申诉。

在写给徐惺的信中，于成龙十分体谅藩台大人的难处，他结合自己的执政经验，向徐藩台传授衙门里的办事技巧，希望徐藩台以后能减轻压力，提高效率。徐惺很感激于成龙，专门写了送别的诗篇，于成龙当然也作诗回复。

在给张朝珍的信中，于成龙说明了账目情况，并委婉地劝张朝珍不要苛责徐惺。张朝珍是徐惺的上级，哪会有那么多的客气，在他的亲自过问下，迅速办好了于成龙的离任手续。

○
○

惜别良友

于成龙接到升职的命令后，曾经到武昌向张朝珍告别。他是张朝珍赏识重用的能吏，也为张朝珍立下了汗马功劳，这次升官到福建，张朝珍自然颜面生光，十分高兴。他大设酒宴，和于成龙开怀畅饮，席间谈了许多知心话。临别时，张朝珍请于成龙对湖广的军政大事贡献一些意见和建议，于成龙便写了一篇《升闽禀上张抚台》。在文中，于成龙首先感谢张朝珍对自己的知遇之恩，然后赞扬张朝珍上任巡抚以来的种种军功政绩，接着才提出自己的意见和建议。他说："图治之大要，在用人行政而已。"

当时的用人大权，都在朝廷手里，地方官并没有直接的人事权。但是，推荐贤才、参劾劣员的"激浊扬清"之法，则仍然操在地方长官之手。于成龙认为，"知人则哲，自古为难"，辨别贤才很不容易。布政使、按察使、各位道员，统称为"监司"的，是巡抚的耳目，成天在一起筹划国家大事，这些人选最为吃紧。于成龙推荐了当时的"驿传道"和"襄阳道"两名官员，说是"正人之选，倚为心膂，自可相与有成"。于成龙说知府、知州、知县等亲民之官，应当"时加劝勉"。人人都有良心，而且畏惧法律，只要劝勉得当，这些亲民之官都会自爱的。于成龙推荐了夷陵知州、黄梅知县、前任汉阳江防等官员，说他们劳苦功高，应当破格提拔，以快人心。

至于行政方面，于成龙认为：

> 行政多端，目前苦累惟在军需一事。今王谕一颁，时刻难缓。然寓仁慈于催办之内，宽一分则军民受一分之福。

这里头包含了于成龙最重要的执政理念。以前，他曾经和金光祖谈过，在催征赋税之中寓有"抚育百姓"之意，号称"抚字催科"。现在则说"寓仁慈于催办之内"。征赋税办军需，这都是朝廷大事，是各级官吏为国家为皇帝表"忠心"的时候，于成龙则在"忠君"之时，处处不忘"爱民"。所谓"民为邦本，本固邦宁"，"民为贵，社稷次之，君为轻"。于成龙虽然不敢像孟子那样，明确喊出"君为轻"的口号来，但他心里时时记着"民为邦本"这个大原则。

在办理军需的时候，于成龙提倡事事精心。比如木料、油、麻、铁钉等物，先调查相关衙门里存剩多少，不许他们隐瞒。再计算实际还需要购置多少，不许他们浮冒。司道分派数目时，要向上呈报，到报销时再进行核对。这样就能避免"沉匿""浮冒"等常见弊端。

采买米豆等事，于成龙更是熟悉其中的弊端。他建议，不允许司道在牌内开"如价不足，另行补发"的字样，说这是个大骗局，有关人员会从中作弊取利。只允许地方官按时价购买，造册报销。如果发现地方官"浮冒"，就痛加驳减，这样"公事易办，而官民无凭空垫赔之累"。

另外，于成龙还指出了湖广几项重大问题，请求张朝珍关注。如：驿官穷困，负债累累，如何周恤？吏员奔波不已，穷困潦倒，内不能顾家庭，外不能顾差役，如何存济？排夫数减，差役日增，累及烟户，渐已逃避，如何调停？封船不已，船户潜逃，商贾绝迹，如何疏通？汉沔一带，堤受水害，百姓流亡，如何修筑？长江沿线，塘汛无兵，盗贼即将横行，如何预防？"三藩之乱"不休，战争不能结束，湖北人民供应军需，日渐穷困，患在肘腋，如何筹度？湖北民风健讼，好打官司，经常搞得家破人亡，如何禁止？

最后还说，蔡毓荣总督操劳军事，须发半白，巡抚应该"同心戮力，时勤宽慰"。下属官吏们此时极苦极累，巡抚应该"宽其文法，恩先于威"，善待属吏们。

于成龙与张朝珍相处六年之久，友谊极深。可惜的是，于成龙调到福建后不久，张朝珍就去世了。张朝珍在世时宠信方士朱方旦，后来朱方旦犯了朝廷忌讳，于康熙二十一年（1682）被斩首，死去的张朝珍也受到牵连，被剥夺了政治待遇。于成龙晚年，一读到张朝珍的信件手稿，一提起张朝珍，就会痛哭不已，确实有一种伤逝之情。据后世搜集的资料，于成龙任黄州知府时，张朝珍曾经赠送给他一副对联："何处寻求包老；此间便是阎罗。"这是张朝珍对好友于成龙的高度评价。

○
○

告别湖广

办完了离任交接手续，于成龙就告别了居住九年的湖广省，在福建差役的陪同保护下，一行五艘官船，驶离了蕲州码头。根据陈廷敬的记载，于成龙离任时的情形是这样的：

> 乘五两小舟，萧然去楚。去之日，蕲、黄及旁郡人沿岸遮送至九江者数万，哭声与江涛相乱。公亦垂泣不忍别。

所谓"萧然去楚"，是说于成龙恋恋不舍，心里十分伤感。而蕲州、黄州及附近州府的官吏百姓，同样舍不得于成龙离开，大家沿江相送，哭声震天。而其中有一部分人，条件较好，干脆自己开了船，一直把于成龙送到了江西的九江。最后，相对洒泪，一揖而别。

于成龙在黄州时，身边有儿子于廷元，还有两名仆人。清朝官员经常会聘请一些幕友，帮助自己办理公务，俗称为"师爷"。于成龙在黄州的时候，结交了一位郑肯崖先生，他在《郑肯崖诗集序》中说：

> 肯崖，黄冈幽人也。自临皋赤壁、闽海春潮、燕山朔雪，靡不朝夕与共。昨年秋，又访余于三山石城……

又在另一篇《跋郑肯崖渔舟诗》中说：

> 余在黄州九年，交肯崖老人最深。

这些记载说明，黄州诗人郑肯崖先生是于成龙的亲信幕友，陪着于成龙到福建上任去了。后来还陪着于成龙到了直隶，到了两江……

有一个流传极广的故事。于成龙在黄州买了几担萝卜，堆满了船头。船夫很纳闷，就问道："萝卜是贱物，带这么多有什么用？"于成龙说："这是我沿路的口粮，另外还可以压船啊。"于成龙就一路咬着萝卜充饥，跋涉数千里，到福建去上任。传之后世，成为美谈。

咬着萝卜上任的于成龙，在黄州是清官，到福建还是清官！

第十六章

大义解救苍生苦

康熙十八年（1679）春，于成龙经过长途的跋涉，终于抵达福建省省会福州，就任福建按察使一职。他的任期十分短暂，当年十月就升任福建布政使，次年二月便被康熙皇帝"特简"，调往北方的直隶。在福建工作一年有余。这期间，他收获了平生第三次的"卓异"荣誉。

○
○

福建战乱

福建省也是"三藩之乱"的重灾区。

康熙十三年（1674），靖南王耿精忠响应吴三桂的反叛号召，在福建省境内发动了反清叛乱，分兵三路进攻浙江、江西等地，声势浩大。但耿精忠的运气很不好，长期从事反清复明斗争的台湾郑经势力，并不信任耿精忠，觉得他朝秦暮楚，反复无常，是个势利的小人，不但不好好配合他的军事行动，反而趁火打劫，出兵攻占了福建的兴化、泉州和广东的潮州等地。

康熙十四年（1675），耿精忠派遣部下与郑经议和，双方约定以兴化枫亭为界，枫亭以南州县归郑经，以北州县归耿精忠，暂时稳定住了局势。

康熙十五年（1676）九月，清廷派康亲王杰书率大军进入福建。耿精忠两面受敌，只好向清军投降。接着，康亲王杰书继续进兵，收复了兴化、漳州和泉州，把郑经逼到了厦门。

康熙十七年（1678），郑经率兵反击，攻打漳州等地。这年六月，朝廷提拔福建布政使姚启圣为福建总督，福建按察使吴兴祚为福建巡抚，领兵配合康亲王，共同与郑经作战。

吴兴祚升官后空缺下来的福建按察使一职，就由皇帝特简，委派在湖广立下大功的于成龙接任。所谓"特简"，就是皇帝直接下旨选调简任优秀官员，将其"破格提拔"的意思。于成龙担任湖广下江防道的时间很短，还不到正常调动或者提拔的时候，所以这次升官算是"特简"。需要说明的是，于成龙是汉人，又是"副榜贡生"出身，能够做到按察使这个级别的官，在当时已经是非常特别了。他在黄州时的种种特殊表现，应该已经引起朝廷和皇帝的高度重视，他已经成为清朝政坛上一颗冉冉升起的新星。

平反冤狱

按察使衙门的全称是"提刑按察使司"，属于司法监察机构。其主要职责是：

> 振扬风纪，澄清吏治。所至录囚徒，勘辞状，大者会藩司议，以听于部、院。兼领阖省驿传。三年大

比充监试官，大计充考察官，秋审充主稿官。

于成龙康熙十八年（1679）到任的时候，福建省的监狱里关满了违反"迁海令"及其他禁令的百姓。

明朝时候，为了防备倭寇，曾经长期实施海禁，严重影响了中国的海外贸易。清朝顺治十八年（1661），为了对付占据台湾的郑成功反清势力，清朝政府又下达"迁海令"：严格禁止东南沿海商民船只私自入海，不允许用大陆的产品、货物进行海上贸易。有违禁者，不论官民，俱行正法，货物充公，违禁者的财产赏赐给告发之人；负责执行该禁令的文武各官失察或者不追缉，也要从重治罪；保甲不告发的，即行处死；沿海可停泊舟船的地方，处处严防，不许片帆入海；如有从海上登岸者，失职的防守官员以军法从事，负有领导责任的总督或巡抚也要议罪。

于成龙首先要解决的大案，就是数千名"通海"罪犯及耿精忠叛乱附逆人员的处决问题。这都是吴兴祚手里积攒下来的案子，于成龙只要朱笔一圈，手一挥，按程序报到国家最高司法机关刑部核准，皇帝御笔一勾，这几千名罪犯就人头落地了。但于成龙时时记着自己的"天理良心"，哪敢如此草菅人命？他仔细查阅案卷，发现原来的审理十分草率，绝大部分犯人都是被冤枉的。他也明白"迁海令"的实质，百姓们出海捕鱼、贸易，都是正当的生计，并不都是为了资助台湾郑经，朝廷是宁可多抓错杀，也不漏过一个，要杜绝郑经的后勤补给。至于耿精忠叛乱的附逆人员，也有大量是受胁迫的或被冤屈的无辜贫民。

于成龙思忖再三，决定办一件出格的大事。他向巡抚吴兴祚、总督姚启圣分别请示，要求释放这批人。吴兴祚和姚启圣知道朝廷的严令，出了事是要追究督抚责任的，不敢贸然答应。于成龙又找康亲王杰书申诉，他据理力争，反复陈说，并指着那些被拘押的妇女儿童说："这些人怎么可能造反？"杰书是天潢贵胄，又是领兵统帅，没有什么可担心的，他听于成龙讲得很有道理，就答应奏报皇帝请旨定夺了。

重新审理旧案，程序还是比较繁杂的。犯人们被一批一批地押到院子里等着，衙门里的公文来回穿梭着。有些案卷，反复汇报了许多次，最后的结论还是不能下来。于成龙看犯人们可怜，就下令先去掉他们的镣铐，并给他们弄点酒饭吃。根据监狱的惯例，杀头前都要去掉镣铐，赏给酒饭，犯人们以为自己要被处死了，不由得哭声震天。哭了半天又发现案件平反了，自己被无罪释放，可以回家了，又忍不住磕头如捣蒜，再次放声大哭起来。在衙门里办事的官吏差役，看见这种情况，也都忍不住流下了泪水。那真是一条死亡线啊！平反不了就是砍头，平反了就是回家过日子，不管是经历者，还是旁观者，这心情能够平静吗？

犯人们死里逃生，自然十分感谢青天于大人，同时对于成龙所代表的清朝政府，也增添了几分好感。于成龙此举，在特殊的战争时期，应该为清朝政府争取了不少民心。此后，官府在办理军需、赋税等公务时，也就得到了福建百姓更多的支持。

　　于成龙不仅用高效率高水平的手段大量清理冤狱，释放大量无辜百姓回家，还十分关怀系狱囚犯的生活。朝廷的经费缺少，监狱犯人的口粮普遍不足，狱中牢头恶犯勒索，饿死、逼命事件时有发生。于成龙心里过意不去，他动员各地的官绅富户，捐助银钱，购买粮食，增加犯人们的口粮，让这些人能够勉强活下来。另外，他也捐助医药，为犯人们看病疗伤。这在当时，应该是十分罕见的举动。用现代人的话说，就是依法办事，大力发扬人道主义精神了。千万不要忘记，于成龙毕竟只是一名封建官吏啊！他的这种境界和做法在那个贪赃枉法盛行的封建时代，实属罕见。

○
○

简讼省刑

　　于成龙上任后，还正式发布《简讼省刑檄》，要求下属各府州县，在农忙时节，一律不得受理民间诉讼。

　　于成龙首先说：

> 　　讼狱为民命攸关，听断谳决，务合情罪，使民无冤，然后能使民无犯。

　　于成龙认为"听断谳决，务合情罪"是司法的总原则，官府审案清楚，判决合理，百姓没有冤情，朝廷的法律自然就树立起了威信，百姓就不敢轻易犯法了。

接着，于成龙重申自己的职责，按察使就是管理全省司法监察工作的，而"简讼省刑"是皇上发布的"敕谕"，也是司法的大原则。同时又说：

> 刑期无刑，圣意即经意也。

意思是执行刑律，最高的期望是无人触犯刑律，皇上"简讼省刑"的理念，和儒家经义是一致的。这几段话是于成龙为自己的新政策寻找的最高理论依据。

于成龙说：

> 值今时届农忙，乱后孑遗，方得归农乐业，大小衙门俱应停讼。

于成龙还说，民间的细小纷争，告到官府的，官府不准受理，不准拘审人犯，骚扰百姓，妨害农业。不准擅自拟定罪行、赎金，不准借官司向百姓勒索财物。关系重大的案件，上边批转下来的案件，官府不得不受理的，审案人员必须依法秉公，心平气和，倾听百姓申诉，获取真实情况。不许官吏严刑拷打，主观办案。更不许上下其手，徇私枉法。

于成龙是从基层一步一步干上来的，熟悉衙门里的办案弊端。他对下属，既有正面的指导，也有威胁和警告。

如果下属"拟议妥确，狱不兹烦"，他会以此作为官吏的考核成绩，向上级推荐；如果下属"苛酷淫刑，草菅民命，徇私卖法，巧为轻重"，他不但要重审案件，为民平反，还要依律追究"报参"相关责任人。

那么，于成龙不许受理民间细小纷争，老百姓真有细小的冤屈该怎么办？难道就没人管了吗？其实，于成龙此举是权衡利弊，对症下药。当时各级官府中的贪官污吏们借着办案，骚扰勒索百姓，中饱私囊，徇私枉法，这是大病。百姓们一打官司，不仅自己的冤屈得不到伸张，反而要受官吏绅棍讼师之害。于成龙下令"停讼"，其实是要束缚住贪官污吏们的手脚，让他们不能明目张胆地滋事扰民。至于那些细小的冤屈，比如谁打谁一拳，谁欠谁几文钱等等，本来就应尽量依靠乡邻长老调解的办法。

于成龙在黄州时曾写过一首《劝民》诗：

> 闭门且避事，省尔穷民钱。
> 莫憾居官懒，妻孥望尔还。

意思是我关着门不受理官司，只是想给你们这些穷老百姓省几个钱。不要嫌当官的太懒，老婆孩子在家里等着你呢，快回去吧！

现代人已经懂得用法律保护自己的权益，有了纠纷就去法院。但实际上，这中间的是非和利弊，也只有经过的人才知道。于成龙的"息讼"思想，对现代人来说，也未必没有启示啊!

○
○

整顿官场

按察使的另一项重要职责，就是监察管理官吏，奖励推举清官廉吏，剔除惩办贪官污吏，澄清吏治，提高效率。但当时是特殊的战争时期，大量的公务还要依赖现有的这批官吏，不可能真正地进行彻底清理整顿，于成龙就采取了一种"有力有节"的整顿方法。

他发布了《严戢衙蠹檄》，指出：

> 衙役犯赃，首严功令。本司法纪攸司，剔蠹除奸，尤为急务。

说自己上任以来，就开始留心察访衙役犯赃这一地方流弊。调查的结果是，福建全省向来是"丛奸薮恶"，地方上的恶棍全藏身于衙门之中，这些人"巨猾老奸，机深术巧"，用花言巧语和微薄小利蒙骗诱惑长官上钩，取得长官信任，然后官吏勾结，坑害百姓。愚昧善良的百姓十分畏惧这些人，而狡诈的百姓则与衙蠹们勾结，再去坑害其他良民百姓，地方上的风气就这样被败坏了。

于成龙声称，自己已经察访到了很多具体的事实，他举例说：采买军需时，这些人会在其中滥加杂派；征调差役时，这些人会卖富差贫，从中取利；处理诉讼案件时，他们会唯利是图，黑白不分，是非颠倒。自己本应当立即指名锁拿这些衙蠹，揭发参劾这些贪官，但考虑到地方连遭战乱，法纪废弛，对犯法的官吏也没有三令五申，及时教育，所以这次姑且从宽处理，既往不咎。希望这些官吏"痛改前非，洗心易辙，奉公守法，保守身家"，同时表明如果他们怙恶不悛，继续作恶，那自己绝对不会"宽假"，官员要以"贪纵揭参"，衙役要以大法重处。于成龙这是一种"敲山震虎"的手段，话说得很重，但处理较轻，也可以说是"先礼后兵"，重在警告惩戒。于成龙还发布了《申饬招格檄》，规范了司法文书的格式，要求文书要简明扼要，清晰准确，方便案件的复查和上报。

于成龙自己的"提刑按察使司"衙门，和别的衙门一样，也存在着"衙蠹"的问题。他在监察别的衙门时，自己派下去的差役也常常恐吓下级，勒索财物，为非作歹。下级各衙门因此也产生抗拒心理，不能很好地执行于成龙的命令。

为此，于成龙发布了《申饬差扰檄》，一方面指出由于各级官吏玩忽职守，不能很好地完成朝廷紧急公务，自己不得已才派差役前去催办。这样做，是为了避免各级官吏因为迟误公事受到"参罚"，并不是想让差役们去骚扰地方。另一方面，他也承认按察使衙门的差役有违法犯罪行为，以前的事情查无实据，可以既往不咎。以后，若再有类似事件发生，下级官府可以"据实具文"，将犯法差役押送回按察使衙门，依法重处。如果下级官吏"投鼠忌器"，不敢对上级差役下手，也可以密信揭发，由按察使衙门另派差役捉拿追究。如果下级官吏既不敢公开查究，又不愿密信揭发，而是隐忍不报，那一定是自己有把柄捏在了差役手中。于成龙说，对这种情况，自己一旦查出，就会以"委靡无能""揭报"该官吏。

于成龙最后说：

> 法在必行，务各恪遵。本司将以此觇该府之风力才干矣！

意思是，揭发上级差役的事情确实很难办，但我会借此考察你们的胆魄和能力。于成龙是位精明厉害的官员，他明白这种事件中的"狗咬狗"成分，下级官吏和自己的差役，都会存在问题，所以双方都要敲打敲打。

为了解决办事效率和"衙蠹"滋扰问题，于成龙还发明了两种新方法。第一种是"风火雷三催号票"，设计了风、火、雷三种号票，一种比一种紧急，用于催办公务。如果"雷票"发下，公务还不能如期完成，那就要派差役捉拿相关人员问罪。这种方法，免不了仍要派遣差役，即使是奉公守法的好差役，到了下级地方，也会得到一番接待，花地方上许多钱。于成龙考虑到这个问题，又设计了一种木签，在木签上注明期限，随公文发往各地，这样就不必派遣差役了。木签一到，说明事件紧急，必须按期完成。办事的"经承"，完事后拿着木签到省交令。如果"事已妥当，不烦驳诘"，该"经承"可以法外从宽，不受追究。如果"苟且塞责，仍不能完结"，要对"经承"进行"责惩"，还要派差役押回去重新办理。如果地方官府收到木签，置之不理，到期不报，就要选派差役星夜锁拿办事的"经承"，并以"违玩职名"罪揭报该地方的长官。

这一段记载，证实了于成龙所做的按察使工作真是复杂、麻烦。当地官场风气不正，效率不高，但又军情紧急，有大量的军需事务要办。于成龙既要考虑到如期完成公务，又要防止贪官污吏们从中作弊，还要设法为地方上减轻负担，只能够绞尽脑汁，想尽各种办法，惨淡经营。他的风火雷三票和木签制度，到底起到多大的效果，人们并不知道。只是于成龙做得很努力，很尽心，对得起自己的"天理良心"，也对得起国家和百姓。

○
○

解救奴婢

古代战争时期，敌对双方的将士们，冒着生命危险杀来杀去，难道就只为赚几个军饷？领几个赏？升几级官？肯定不是！战争是将士们发横财的机会。他们不但会毁坏百姓的田园房舍，抢劫金银细软，还会奸淫妇女，掳掠人口。这是战争的潜规则，谁都没有办法彻底治理这个弊病。不让士兵抢劫，士兵们就没有打仗的积极性。

康熙十八年（1679）前后的福建省，大兵云集，掳掠现象十分严重。耿精忠叛军进攻浙江、江西时掳掠了大量的人口，康亲王的八旗骑兵在进军过程中，从耿精忠手里抢回一批人口，又免不了再掳掠一批人口。这些被掳掠的人口，按照不成文的规定，属于将士们的私人财产，是给将士们做奴婢用的。这些将士行军打仗，哪有多余的口粮给奴婢们吃？哪有多余的精力管理奴婢？所以他们便会将奴婢就近出售，换成钱财带回家乡。

于成龙也并没有权力过问军营里的这些陈规陋习，也没有权力向康亲王或者其他长官建议禁止掳掠、释放奴婢。但是，一向讲究"天理良心"爱民如子的于成龙，又不可能不关心这批被掳掠为奴婢的平民百姓。怎么办呢？于成龙只能尊重当时的潜规则，拿钱把这些人赎买回来。于成龙自己手头不富裕，官府的经费又不能动用，他采取了募捐集资的办法，动员号召当地的官绅富户，大家发发慈悲，慷慨解囊，凑集一笔银子，到兵营里头去赎人。于成龙再利用自己的按察使身份，和将士们拉关系，套近乎，讨价还价，尽量降低价格，用有限的银子，多赎一些人出来。他儿子于廷元可能也跑前跑后，帮着老父亲做善事。总督姚启圣是个著名的富户，在解救奴婢事件中，也出了很大的力。

这样的事情其实史不绝书。春秋时期，贤臣百里奚被卖为奴，秦穆公用五张羊皮把他赎买回来；三国时期，蔡文姬被南匈奴左贤王掠走，曹操花重金把她赎回中原；唐朝初年，太宗李世民曾经动用国库钱财，从自己士兵们手里赎买战争掳掠的人口；安史之乱时，名臣颜真卿曾经派侄子到敌占区赎买被掳掠的亲友和僚属。

　　这次，于成龙主持赎买的奴婢，和自己全无亲友关系，都是浙江、江西、福建等地的平民百姓。他要让这些人摆脱奴婢命运，骨肉团聚，享受天伦之乐。于成龙经手赎买回来的奴婢有成百上千人，他还给这些人发放必要的路费，遣送他们回家。有很多被掳掠的少年儿童，赎买回来后没有亲友来认领，自己也没有能力回家，于成龙就暂时把他们收养在自己的官署中，把官署变成了临时的幼儿福利园。于成龙每天回到后堂，孩子们围着他要吃的，要玩的，非常热闹。每凑够一船的人数，于成龙就送走一批孩子。陆陆续续地把孩子们都送走了。

　　这件事不是于成龙一个人就能完成的，但他出面组织募捐，安排遣送，费尽了千辛万苦，确实是做了一件很大的善事。当时的被掳人口远远超过数百名，于成龙的筹资能力有限，不可能全部赎回。其他的人，有一部分被自己的亲友赎回，另一部分就被转卖他方，终身为奴，沉沦苦海。慈悲的于成龙大人，对此只能是流泪叹息了。

○
○

三举“卓异”

　　康熙十八年（1679）又是朝廷考察地方官的“大计”之年，于成龙的考核评语按惯例是由福建总督和巡抚来撰写的。

　　当时的福建总督是姚启圣，巡抚是吴兴祚，这两位都是清代著名的封疆大吏。他们两人对于成龙印象很好，认为于成龙上任仅仅几个月，就有胆识魅力，做出了很大的成绩，确实是福建省最清廉也最有能力的官员，于是就推举于成龙为"卓异"，这是于成龙平生第三次得到这个荣誉。吴兴祚给于成龙的评语是这样写的：

> 成龙执法决狱，不徇情面，屡伸冤抑，案牍无停，不滥准一词，不轻差一役，而刁讼风息，扰害弊除。捐增监狱口粮，遍济病囚医药，倡赎被掠良民子女数百口，资给路费遣归。屏绝所属馈送，性甘淡泊，吏畏民怀。为闽省廉能第一。

上报朝廷后，康熙皇帝的圣旨是这样批示回复的：

> 于成龙清介自持，才能素著，允称卓异。

在史书的记载中，于成龙是康熙十八年（1679）九月被举为"卓异"，并且在当月被朝廷提拔为福建布政使。但《于清端公政书》中的记载却显示，这次的举"卓异"与升官，是在十月份，并且还曾经发生过一段小纠纷。

按照朝廷的期限，"大计"必须在十月二十五日前完成。十月上旬，于成龙患病请假，不能理事，布政使高某派差役到按察使衙门督催于成龙，要求于成龙尽快把自己年老多病、不能履职的情况写成公文上报。在这种情况下，于成龙就不方便参与"大计"事务了。这里头透露出藩台和臬台两位大员不和睦的信息，高藩台的举动，似乎是要逼迫于成龙申请退休的。于成龙这年虚岁六十三，确实是高龄的官员，也应该退休了。

当双方正在僵持的时候，传来朝廷的命令，把高藩台调到湖广去了，于成龙的压力立即减轻。但是，巡抚吴兴祚这时候正背着处分，不方便列名"大计"事务。十月十九日，吴兴祚召于成龙议事，要求他代理布政使职务。这时，离十月二十五日的期限只有六天了，于成龙继续以患病为由进行推辞，拒不上任。二十日，吴兴祚再次下令，要求于成龙上任。于成龙无奈，于二十一日到布政使衙门接受了藩台大印，正式上任。二十二日，于成龙到巡抚衙门拜见吴兴祚，请示"大计"事务。吴兴祚向他询问"主稿"的旧例，于成龙以前没有办理过，表示自己不知道，就传衙门里的"吏书"前来询问。"吏书"说，军政方面，由总督主稿，"大计"方面，由巡抚主稿。于成龙又调来过去的案卷来查阅，发现确实如此。吴兴祚这才命令"吏书"按旧例办理。二十三日，于成龙向吴兴祚建议，因为近年福建省战争频繁，下属官吏为军务所苦，犯错误的很多，一年之内，已经有八名官员被参劾，所以这次"大计"应该适当放宽尺度，不能太严格了。商量之后，开列三名官员为"卓异"，向朝廷汇报，终于赶在期限之前完成了任务。

事后，吴兴祚对于成龙十分不满，向总督姚启圣发牢骚告状。姚启圣于十一月三日给于成龙写信，委婉地批评了一通，要求于成龙注意同僚之间的团结问题。于成龙认真撰写了回信，说明事情的前因后果，自己确实是患病请假，带病上任，又不熟悉"大计"事务，并不是和吴巡抚有隔阂。最后还说，他对姚总督和吴巡抚这几年在福建做的贡献，是十分敬佩的。当然，他在信中也把高藩台欺负自己的事情做了汇报了。

这个记载，并不十分清晰。姚启圣写信批评于成龙，那肯定是因为于成龙与高藩台或吴巡抚闹过情绪，闹过矛盾。但在这种情况下，姚启圣和吴兴祚为什么还要举于成龙为"卓异"呢？

在证据不足的情况下，不妨大胆做一点猜测。藩台和臬台的考核，是在九月份进行的，姚启圣和吴兴祚共同推举了于成龙，没有推举高藩台。这位高藩台因此有了意见，借着于成龙年老多病，逼迫他退休。高藩台调走之后，于成龙情绪上转不过弯来，所以就不愿意去藩台衙门上任。这样，吴兴祚当然就不高兴了。

这场小小的官场风波很快就过去了，在以后的几个月里，于成龙和姚启圣、吴兴祚都有很好的合作。

○
○

求罢垫夫

布政使衙门的全称是"承宣布政使司"，俗称"藩台""藩司"。其主要职责是：

宣化承流，帅府、州、县官，廉其录职能否，上下其考，报督、抚上达吏部。三年宾兴，提调考试事，升贤能，上达礼部。十年会户版，均税役，登民数、田数，上达户部。凡诸政务，会督、抚议行。

也就是管理官吏、考试、财政等地方事务。于成龙在藩台任上最著名的事件是向康亲王求罢莝夫。

当时，数万名八旗骑兵驻扎于福建，与台湾郑经作战。人每天要吃饭，数万匹战马每天也要吃黑豆、草料。福建地方官员成天忙碌的军务大事，就是征集采购这些军需品。采购回来还不算，马草都要细细铡过，才能喂给马吃。八旗子弟比较懒惰，哪里肯亲自干铡草的苦差事。于是，自然就要向民间征集劳力，专门到军营里铡草。对八旗官兵来说，这样的民夫当然多多益善，根本不考虑地方上的承受能力，一征集就是数万名。于是，数万户家庭的生产生活都受到影响。民夫们也要吃饭，还得再向民间征粮。民夫们也不可能成年累月地服役，总要定期更换，于是这种征夫的灾难就会波及福建省境内更多的地方、更多的家庭。不仅搞得很多百姓家破人亡，也让各级官府头痛不已。

鉴于明亡教训，清朝初年的皇帝，还是比较关注民生的。他们了解到征夫的巨大弊病后，曾经下令禁止再征莝夫。各级地方官和广大老百姓，这才都深深舒了一口气，十分感激朝廷的大恩大德。但是，骄纵的八旗子弟，仗着自己是特权阶层，又在为国打仗，仍然想继续征调輂夫。康亲王杰书是军队统帅，他虽然比较开明，但考虑到自己军队的利益，也出尔反尔，对此事睁一只眼闭一只眼，答应了将士们的请求，再次下达命令，要求各地照旧派夫。这就激发了一次严重的军民矛盾。

康熙十九年（1680）正月二十四日，福建巡抚吴兴祚把康亲王的手谕转发给闽县、侯官等地的知县，要求按谕执行，但巡抚衙门并没有下达正式的公文。知县祖寅亮、姚震等人揣测到巡抚背后的真实意图，就以需要请示为由，拒绝执行康亲王这道命令。正月二十七日，八旗官兵聚集到县衙闹事，逼迫知县派夫。二十八日，福建省地方官员聚会商议，准备向康亲王请命。就在这天，民间很多百姓，听说了征夫的消息，便突然停业罢市，聚集在街上，哭泣喧闹，群情汹涌，大规模的民变一触即发。

官员聚会商议之后，布政使于成龙代表下属各级官员，向康亲王杰书上了一封公开信——《公上康亲王求罢輂夫启》，说明原委，请求康亲王收回成命。于成龙又以自己的名义，向康亲王上了一封《再肃上康亲王启》。他在这篇文章中指出：

> 国家之安危，由于人心之得失，而人心之得失在于用人行政，识其顺逆之情而已。孟子曰：得天下有道，得其民斯得天下矣；得其民有道，得其心斯得其民矣。得其心有道，所欲与之、聚之，所恶勿施尔也。

是国与民相倚之切，千古诚不可诬，载诸简册，可考而知也。

　　于成龙先给康亲王讲了一番大道理，然后又赞扬康亲王的品德、才干和功劳，说他既是皇室贵胄，又是国家栋梁，处处能以国事为重，也知道得民心者得天下的道理。接着，他又说最近北京发生大地震，太和殿发生火灾，上天示警，皇上亲自下了《罪己诏》，要求百官给自己提意见，并且时刻以"爱民察吏"为念，赈济各省的饥荒。于成龙请求康亲王看在太祖、太宗、世祖皇帝创业艰难的份上，为康熙皇帝分忧，关爱百姓，稳定民心，收回征调蓥夫的命令。这篇文章在《于清端公政书》中是非常精彩、非常感人的一篇。

　　康亲王杰书一看事情闹得太大，官吏和百姓都反对自己照旧派夫的命令，在收到官吏们的公开信和于成龙的个人信件之后，思忖再三，也就偃旗息鼓，收回了成命。

　　于成龙为属下官吏和广大百姓办了一件讲究"天理良心"的大好事，但这件事确实办得有些惊险。根据前面的介绍，此事牵扯到官员抗命，百姓闹事，稍一处理不慎，就会引发社会大动乱，甚至是一大片人头落地。清朝是满人的江山，满人比汉人要高一个等级，王爷贝勒和八旗官兵都骄横无比，不讲道理，弄不好于成龙不仅丢官，甚至有性命之忧。幸好，君明臣贤，康熙帝是一位明君，康亲王也一向比较信任于成龙，没有"上纲上线"，这事才算有惊无险没有办砸。

○
○

平抑米价

于成龙为官多年，一向以捕盗、判案著称，在黄州打了两仗，也显示出军事才华。在处理财务方面，却没有太多丰富的经验，在罗城征收赋税，一共才经手白银一千二百多两，在合州经手的银钱更少，只有九两左右。上任福建藩台之后，要管理全省财务，确实有很大的难度。但于成龙一向精明多智，边干边学，边学边干，在理财方面，很快也做出了不少成绩。

康熙十九年（1680）初，泉州米价腾贵，兵民交困。总督姚启圣十分关注此事，向朝廷申请捐济。姚启圣本人是位商业天才，曾经在罢官闲居的几年时间里经商致富。在平息耿精忠叛乱、与郑经交战的几年中，他本人为军队捐出的私财就多达数万两白银。这次捐济泉州，姚总督也不含糊，一下子就捐出了五千两，但他同时也交代，下属各司道府必须捐齐五千两，共筹集一万两白银，在省城福州买米五六千石，火速运往泉州。总督做出了表率，巡抚吴兴祚也不敢落后，他没有私财可捐，就下令清查延平、建宁、邵武三府以前购买的四万石粮米，把这批粮米运往泉州。同时，他担心清查工作缓慢，不能及时运输，又命令粮道从即将到来的军饷中留出三万两白银，立即在省城买米发运。

这几项具体工作，都需要于成龙负责实施。于成龙在赞叹姚启圣和吴兴祚的同时，又觉得捐济方法有问题，十分为难，便另想了一套应急办法。

当时，省城福州的米价也在上涨，每石米已经涨到二两一二钱。如果这时候在福州大量购米，供需失衡，省城米价势必继续飞涨，和泉州、兴化一样了。如果消极等待上游运来的外省米，则不能救目前之急。于成龙认为，应该改买米为借米。他恳求巡抚吴兴祚下令，从粮道手里借出官府为康熙十九年秋天储备的粮米。这其中，闽县负责筹借一千石，侯官县负责筹借两千石，于成龙自己再负责筹借两千石，一共凑齐五千石，先行运往泉州。等上游的外省米运到福州之后，再陆续补还借出的秋粮米。由于于成龙处置得当，泉州的粮荒得到缓解，省城福州的米价也很快跌到了每石一两左右。

在外地的姚启圣不明究竟，派人到省城催办捐银买米的事情，于成龙写了一封《上姚制台议捐济禀》，详谈福州的实际情况，说明自己不愿买米的原因。他说：

（一）福州工商业者多，农民少，大家都靠买米生活，如果米价飞涨，百姓生活难以保障。

（二）福州驻军每月消耗料谷两万石，每石折银只有六钱五分，已经远远低于市价，购买料谷已经费尽委曲，十分艰难，如果米价再涨，则军队每月两万石的料谷就不可能买齐。

（三）总督给各司道府派下来五千两银子的捐款，因为官员们官俸有限，经济拮据，负债累累，完成十分困难，逼急了只能用非法手段向下属和百姓摊派了。于成龙还列举了几位同僚困窘负债的例子。

（四）目前福建的藩库十分匮乏，欠姚总督本人的一万两银子一直归还不了，军队每月还要消耗一万四千两，自己只能呕尽心血，东挪西补，实在不敢再支用新到的饷银买米了。

于成龙最后说，五千石左右的粮米，对泉州来说是杯水车薪，不能根本解决问题。只有先平抑米价，等朝廷的饷银押解到之后，如数发放拖欠的军饷，饷银充足后，民间囤积的粮米自然愿意出售，粮食问题就能圆满解决了。

可以看出，过惯穷苦日子的于成龙，经济头脑并不比富商出身的姚启圣差。他用借米还米、临时周转的方式，平抑了飞涨的米价，帮助大家度渡了难关。其效果，比姚启圣的慷慨捐款强多了。

○
○

清廉风范

于成龙在福建生活了一年有余，仍然保持着清廉节俭的风范。

臬台和藩台都是省内高级官员，下属官员很多，手里的权力也很大，按照官场惯例，是有很多收礼纳贿的机会的。于成龙这方面十分注意，严厉禁止下属官员给自己送礼。同僚之间的礼节性来往，也只限于橄榄果和蒲葵扇等价值不高的土特产。用现在的话说，就是只收水果瓜子之类的小礼品。

福建是沿海地区，码头上经常有外国商船停泊贸易。清政府在这方面有严格的限制，外商们为了打通关节，多买多卖，也势必要向主管的官员重金行贿。官员们趁这个机会发点洋财，收点当时稀罕时髦的大摆自鸣钟、望远镜、洋枪也是难免之事。于成龙升任藩台后，监管对外贸易，也成了外商们行贿的对象。但他仍然严于律己，绝不受贿。外商们最初以为于成龙胃口大，嫌礼品送得太轻，就加倍行贿，于成龙仍然不受。外商们借验货之机，拿出一些价格高昂的珍珠、宝石、香料，请于成龙品鉴。按惯例，这些东西验过之后就留在衙门里了。于成龙只是拿起来看一看，闻一闻，辨别一下货色，然后就让外商拿回去。外商们感叹道："天朝洪福！我们走遍天下，从来没见过这样的清官。"

布政使衙门的大堂名叫"紫薇堂"，于成龙专门撰写了一副廉政对联，挂在堂上。联语云：

累万盈千，尽是朝廷正赋，倘有侵欺，谁替你披枷戴锁？

一丝半缕，无非百姓脂膏，不加珍惜，怎晓得男盗女娼！

这副对联写得很精彩，也很有于成龙的性情特色。一是禁止贪污，一是禁止浪费，"披枷带锁"说的是朝廷的王法，"男盗女娼"说的是因果报应。这对联，既是警示自己的，也是警示属吏的。当时，于成龙负责全省财政和军需，经手的银钱有上百万两，他自己和广大属吏都面临着巨大的廉政考验。而于成龙要做到的，就是一分一毫不出差错，一丝一厘绝不收受，这的确是相当难能可贵。

于成龙在福建的俸禄，每年有一百多两，主仆几人是够花了，但生活水平相当低下。他集资赎买奴婢，给囚犯布施口粮医药，还有其他一些公益慈善事务，都免不了要花费一部分俸禄。有时候实在拮据了，就得典当衣物去换口粮。

当时，福州城里经常有北京来的钦差大臣、八旗将军，这些天潢贵胄成天到处乱逛，无所顾忌，于成龙的官衙和内室，也是他们散步闲逛的地方。他们看见于成龙房里只有一个竹箱子，里头只有一套朝服，饭锅里泡着剩稀饭，不知还要吃到什么时候，另外还有几十捆文书，此外再没有其他私人物品了。这些过惯了富贵日子的权贵们，对此情景都摇头咋舌不已，没想到还有这么穷困这么清廉的大官。陈廷敬的《于清端公传》说，这些权贵人物纷纷赞叹："于公，天下第一清官也！""于公清苦，天下一人而已！"

在当时的官场上，汉族官员的俸禄都比较低，负债累累的穷官非常多。于成龙在写给姚启圣的一份文书中，就举例说明过福建几位道台窘迫的经济状况。但像于成龙这样的官员如果想要适当改善一下生活，也不是没有可能，手里有权，什么事都不会难办。有些同僚就奉劝于成龙，把生活稍微过得好一点。于成龙说："我平生没有特别的爱好，就喜欢过布衣蔬食的生活。衣食问题，只要能够免于饥寒就行了。"他还向人说："我从来不知道世界上有享受这件事，也不知道馈赠交际有什么用处。我每年得到的俸禄，其实也花不完，要那么多钱有什么用啊！"

于成龙这几句话，在今天的人看来确实像是不可思议的奇谈怪论，也像是虚伪矫情的高谈阔论。但是要知道，于成龙是有自己的精神追求的，除了忠君、爱民、做好官、名垂青史之外，他还在追求圣贤境界。他在布衣蔬食之外，也还是有饮酒赋诗之类的很多生活乐趣的。他在福建时，曾经撰写过一副对联，表达了自己的思想观念与精神境界。联语云：

　　山到穷时，现许多峭壁层崖，劝富贵功名，何似林禽野兽；

　　路逢狭处，经无数行云流水，任盘桓谈笑，休辜翠竹苍松。

第十七章

巡抚直隶推新政

康熙十九年（1680）二月，康熙皇帝"特简"于成龙为直隶巡抚。六月，于成龙抵达保定上任。康熙二十年（1681）十二月，于成龙向康熙皇帝请假，回家葬母。准假后数日，即被提拔为两江总督。次年三月，离开保定，结束直隶巡抚的工作。他在直隶工作的时间，不足两年，主要政绩是整顿吏治、推荐贤能、赈济灾民、蠲免赋税、教化百姓、移风易俗。

作为天子脚下直隶长官，他有条件与康熙皇帝近距离接触，深深地感受了一番皇帝的器重、信任和宠爱，可谓皇恩浩荡。垂暮之年的于成龙，至此达到了人生功名事业的高峰。

请求陛见

清朝"直隶"的辖区范围，包括今天的北京、天津、河北大部，以及内蒙古、辽宁、河南、山东的一部分。在理论上讲，这些地区属于京师的直属范围，所以称为"直隶"，又叫"畿辅"。但事实上，它相当于一个大省，省会在保定府，古称为"上谷"。在清朝初年，直隶不设总督，巡抚即是最高长官。也不设布政使和按察使，由"守道"

管理布政使的事务，"巡道"管理按察使的事务。另外还有通永、霸昌、大名、口北、天津等地的"道台"分管各地事务，向巡抚汇报工作。巡抚为从二品官员，年俸一百五十五两，主要职责是：

> 宣布德意，抚安齐民，修明政刑，兴革利弊，考核群吏……标下有参将、游击等官。其三年大比充监临官，武科充主试官。

另外，巡抚还兼任都察院右副都御史，掌有监察权。其实，一省军政大事，财政民政，文武官员，全归巡抚管。

康熙十九年（1680），直隶久旱不雨，发生饥荒。康熙皇帝于二月下诏赈济，但直隶巡抚金世德忽然病故，他的位子便空缺下来。年轻的康熙皇帝久闻于成龙的大名，便"特简"于成龙为直隶巡抚，把他调到自己的眼皮底下。

于成龙这年虚岁六十四，已经是桑榆暮景，应该辞官退休了。他心里很清楚，自从康熙十六年（1677）调任下江防道，自己的升官速度就异常快，康熙十七年（1678）升按察使，康熙十八年（1679）升布政使，康熙十九年升巡抚，简直是官场奇迹。按清朝初年的惯例，总督、巡抚等省级地方长官，大部分由旗人充任，科举出身的普通汉人是很难有资格的，尤其是皇城根的直隶巡抚和财赋重地两江总督是轻易不给汉官的。于成龙如果没有皇上的特别赏识眷顾，单凭自己的品行、能力和政绩，哪能如此迅速地升至督抚高位？

其实，于成龙升官快，不仅仅是由于康熙皇帝本人的眷顾，和左都御史名臣魏象枢的秘密举荐也有很大关系。但魏象枢为了避嫌，一直守口如瓶，直到于成龙去世后才在吊唁诗中写道："当年荐草曾闻否？历尽平生一语无。"所以，于成龙在世时，根本不知道魏象枢帮过自己的忙。

当年六月，于成龙长途跋涉到达保定上任后，想做的第一件事，就是到北京拜见二十七岁的康熙皇帝。他给皇帝上了一封《请陛见疏》：

> ……窃念臣屡受皇上知遇洪恩，久切觐阙之念。今既谬叨皇恩，优升巡抚，且自保定前赴京都，计程三百余里，与他省相隔迢递者不同。况直隶系畿辅重地，连岁荒旱频仍，黎庶困苦。臣系庸才，必得天语指示，庶足抚荏兹土……

康熙皇帝的批示很简单："于成龙简任巡抚，正资料理，不必来京陛见。"意思是：不必客气了，你就好好地干吧！

○
○

直隶新政

直隶虽然靠近京师，但达官贵戚、文臣武将、四方商旅云集，问题一点都不少。天灾造成了各地的饥荒，需要粜粮赈济，蠲免赋税；社会治安状况极差，盗匪横行，需要大力缉捕；国家连年征战，驿站负担过重，亏空严重，需要增加工料；旗民汉民杂居，民族矛盾纠纷严重，需要妥善处理；官场腐败，贿赂公行，需要大力整顿；民间风气不良，吃喝嫖赌无所不有，需要加强教化。

于成龙做了京城的封疆大吏，位高权重，除了遵守朝廷的大政方针和皇帝的圣旨之外，其他方面基本上无人限制，可以凭着自己的意志办事。皇帝的器重和信任，也让他底气十足。"新官上任三把火"，他到达保定接印之后，就陆陆续续下达了一系列命令，开始推行自己的"直隶新政"。根据《于清端公政书》中搜集的资料，依次介绍如下：

饬查劣员

于成龙在下发的《饬查劣员檄》中说，直隶连年灾荒，百姓困苦不堪，"仅存皮骨"，正需要贤良的州县官"加意调剂"，也需要道台、知府等官"实力整顿"，才不至于使百姓流离失所。自己上任以后，"切切以察吏安民为念"。经过初步察访，发现各地官员并不能"洁己奉公"：有的官员在征赋时滥收"火耗"；有的官员在办差时摊派杂税；有的官员用严刑峻法，"贻累地方"；有的官员听信衙蠹之言，恣意勒索百姓。"种种不法，殊可痛恨。"他说，自己的初步察访，证据未足，还需要进一步秘密察访。

他命令各地的道台、知府，接到文书后，"细加体察，务将不肖贪酷官员，据实揭报，以凭飞章参处"。除上述有不法的官员之外，也要将昏庸衰老、废弛公务的官员查实揭报。各位道府官员必须认真调查，不许"以平日之喜怒为属员之贤否"，也不许照顾情面，"止以微员塞责"。如果道府官员阳奉阴违，拖延不办，巡抚要追究其责任。

严禁火耗

严禁"火耗"，是于成龙的一贯作风。所谓"火耗"，原指地方官府将百姓交纳钱粮之散碎银两熔铸成银锭时的损耗部分，后来成为地方官任意增收附加税的名目，成为贪酷不肖官员吮吸老百姓血汗钱的无底洞。这笔钱，既可以是地方官府的"小金库"，也可以是官吏们的额外俸禄，用现在的话说就是"灰色收入"。因为明清时代地方官府经费太少，官员俸禄又低，于是想出这么一个对策，借着"火耗"略为贴补。朝廷对这种"陋规"其实也是睁一只眼闭一只眼。但各地征收"火耗"形成风气之后，原来的"贴补"损耗演变成了变相发财手段，给百姓造成了沉重的负担，有违朝廷"轻徭薄赋"的大政方针。于成龙一向淡薄自甘，清廉自励，对征收"火耗"深恶痛绝。他在《严禁火耗谕》中说：

> 朝廷则壤以定赋，百姓按则以输粮，原有一定之规。在州县各官，身为民牧，亦当上体朝廷德意，下念百姓困苦，按则征收，更不可意为轻重。

但很多地方官无视朝廷法令，任意增收"火耗"，有加二分的，有加三分的，还有明加一分而暗中实加三分的。于成龙说他们的"种种窃脂之行，无异窃盗"。他要求各位官员"洗心涤虑，痛除积习"，停止征收"火耗"，既爱护自己的功名，也爱护治下的百姓，这样不但能做一名"循良"的好官，也会有"阴骘之报"。他说自己作为巡抚，会乐于看到这种现象，并会特疏举荐这样做的好官。如果官员们不思改悔——

> 狃于故智，甘蹈陋规，不恤民怨，不顾鬼谴。或快意于轻裘肥马，或肆志于田宅妻妾，或近为耳目之娱，或远为子孙之贻，当民穷财尽之日，饥馑洊臻之时……敲鸠形鹄面之骨，吸卖儿鬻女之髓，以遂一身一家之欲。忍心害理，祸必不远，天道好报，决不爽期。总以为幽眇难凭，且顾目前。然国法具在，本院决不敢循纵以玩功令。

于成龙在这篇辞藻精彩的文章中，仍然打出朝廷王法和因果报应的旗号，苦口婆心，威逼利诱，想彻底改变地方政府加收"火耗"的弊端。而事实上，当时"火耗"是无法严禁也不能严禁的，最妥善的办法是限制"火耗"，减少"火耗"，少收一点，解决官府经费就可以了。于成龙因为朝廷没有明文规定该收多少"火耗"，也只能下令"严禁"。几十年后，雍正继位，清朝政府才勉强解决了这个问题，将"火耗"明令归公，给官员发放了高额的"养廉银"，给官府拨发一定的办公经费。

严禁馈送

官员之间馈送礼品，原是很常见的现象。平级之间，讲的是交情，你敬我一尺，我敬你一丈，投桃报李，礼尚往来。上级给下级一般没有送礼之说，只算是赏赐。于成龙在武昌时，总督蔡毓荣就赏赐过他一套官服，巡抚张朝珍则经常请他喝酒吃饭。而下级给上级送礼，却有很大的意义：一是打通关节，寻求庇护，让上级多关照自己、包涵自己、提拔自己；二是上级的俸禄也较微薄，经济拮据，又不直接治理百姓，没有弄钱的渠道，只能靠下级冬夏年节馈送"冰敬""炭敬""耗羡"之类银两过日子。

于成龙是特别严于律己的清官，对下级向上级馈送礼品之事深恶痛绝。直隶的官员们听说过于成龙的名气，但不知道他是真的不收礼，还是弄虚作假，故作清高。康熙十九年中秋节时，终于有一名官员站出来做了"第一个吃螃蟹的人"。这人是大名县的知县，他公开写了手本，备了不轻不重的中秋节礼，送到巡抚衙门，祝巡抚大人中秋快乐。这份礼品如果他收下了，后边几百份重礼便会接踵而来。

于成龙大为恼火，他下发了一份《严禁馈送檄》，在文中表达自己对馈送礼品的独特认识。他说："礼有交际，原因分宜相近，互为献酬，用将诚敬。"意思是说，送礼这件事，只有级别平等的人，才能用来交流感情。如果两个人级别相差太大，没有交情可言，为了维护体统，就应该杜绝馈送。虽然有"用下敬上，礼顺人情"的说法，但是等级名分，既不能故意疏远，也不能肆意僭越。自己和广大州县官员在一个省内共事，固然是休戚相关，但名分差异太大。如果互相送礼，论朋友交情，那就造成了"犯上"和"悖礼"的后果，既违反了法纪，又冒犯了巡抚的威严。

对于给自己送礼的大名知县，于成龙并没有借题发挥，杀鸡儆猴。他说："本应题参，姑念初犯，暂从宽宥。"然后下命令说，以后"凡遇重阳、冬至、元宵等节，并过路送礼，各衙门概行禁止。如有私相馈献，查出并行题参，决不姑宽。"说到底，于成龙是讲究"严以律己，宽以待人"的，对属下以批评教育为主，绝不轻易断送人家的官运前程。

禁止越权

所谓"佐贰"官员，就是指各级官府的副职官员。知县的副职有县丞、主簿、典史，知州的副职有州同、州判，知府的副职有同知、通判等。

于成龙本人担任过的佐贰官为黄州府同知。他是从基层一级一级地干起来的，熟悉官场利弊。到直隶后又做过一些调查，了解到各级官府中的佐贰官员普遍存在不尊重正印官员、越权办事、骚扰地方的行为。于是，他专门下发了《严饬佐贰擅理词讼檄》，指出：府、州、县的佐贰官有明确的职责，比如缉逃捕盗、巡查私贩、领解钱粮等事务。而一切民间词讼，比如强盗、人命、重情、斗殴、户婚、田产等官司，属于正印官的职责。佐贰官不能私自受理民间词讼，只有经过正印官批示允许的事件，佐贰官才能依法办理。于成龙在檄文中要求，各级地方官府必须严格按照朝廷规定办事，严厉查处这些越权违规行为。

禁贩人口

于成龙上任直隶巡抚时，直隶正遭遇饥荒，虽然朝廷有蠲免赋税、粜粮赈济之举，但很多贫穷百姓仍然度日艰难，免不了有卖儿卖女乃至自卖自身的行为。有些从外地来的人口贩子，与本地恶棍勾结，采用哄骗欺诈手段，低价购买人口，再贩卖到外乡，获取几倍的利润。贫穷愚昧的百姓卖儿卖女卖妻，只图有一口饭吃，只图能活下去，既卖不了几个钱，又不知其沦落到何方。于成龙了解到这种情况，自然是切齿痛恨，认为地方官不管不问，属于"溺职"。

还有一种情况是将人口卖给旗人为奴。按朝廷规定，旗人购买奴婢，必须经过地方官审查，在卖身契上盖印，并且上报到朝廷有关部门备案。当时，祁州发生一宗案子，曹之完的仆人曹来，想投靠旗人为奴，背着主人，与恶棍杜文常勾结，伪造了一份卖身契，祁州知州不问情由，就盖上了大印。后来，主人曹之完投词控告，经过保定知府审理清楚，销毁伪契，将曹来断归原主。

于成龙查阅了这宗案卷后，十分愤怒，认为类似的事件一定非常普遍。他发布了《严禁略卖檄》，要求直隶境内各处的地方官，要认真察访外来人口贩子与本地恶棍勾结贩卖人口的事件，一经发现，立即捉拿查办。关于旗人买奴的程序，要求地方官认真对待，将当事人和左邻右舍以及族长等相关人员，一起传唤问话，当事人确实是生活无着、自愿卖身，且价格公道的，方许在卖身契上盖印。如果地方官仍然玩忽职守，"不恤小民困苦，任其辗转贩卖"，或者对"旗下卖身文契，不行查明，轻与用印者"，一旦察访确实，就要以"溺职"罪参劾罢官。

治盗安民

直隶境内盗匪横行，杀人越货，盗墓掠财，无所不为。这种情形，在许多旧小说中都有反映，比如窦尔敦盗御马、杨香武三盗九龙杯，还有黄三太、黄天霸等人物故事，都是清代初年直隶境内的事。这些人到底算是普通盗匪，还是替天行道的英雄豪杰，暂不必论，作为巡抚的于成龙，则必须以治盗安民为要务。

于成龙下发了《饬查防守地方檄》，要求查明直隶真定府与山西交界处的军队防守情况，合理安排，把守关隘，防止盗贼越境作案或者逃逸。

于成龙又下发了《严饬协拿盗贼檄》，指出直隶境内"盗迹诡秘，出没无常。呼朋引类，纠党非一处之人，朝西暮东，行止无一定之所"。地方官往往只管自己辖区内的案子，盗贼一旦逃入邻境，就束手无策，外地的盗贼逃入本地，也不闻不问，这样就给盗贼提供了大量的逃匿机会。于成龙要求各地方官要同心协力缉拿盗贼，要互相帮忙，不要互相推诿，更不许故意为盗贼开脱。

《清稗类钞》记载，于成龙曾经下令在大道两侧修筑长墙，防备响马。这种办法既劳民伤财，也不能起到防御效果，于成龙很快就醒悟过来，下令停止了。据称，当地的绿林好汉曾经在夜里骑马绕着巡抚衙门奔驰，向于成龙示威。有人写诗讽刺道："百里长墙拦贼马，绿林昨夜绕官衙。"

严禁奢侈

奢侈浪费行为，不算是违法犯罪，只能说是社会的不良风气。官员们追求奢华，免不了要贪污纳贿；富户们追求奢华，免不了坐吃山空，家道中落；平民们追求奢华，则寅吃卯粮，挖肉补疮，免不了有倾家荡产之虞。按照因果报应的理论，社会风气过度奢靡，会导致饥荒和战乱。在康熙皇帝颁发全国的《上谕十六条》中，第五条就是"尚节俭以惜财用"，把反对奢侈浪费、提倡节俭当成是基本国策。

直隶守道董秉忠是一位能干的清官，他给于成龙提了四条治理直隶的建议，其中第一条就是"力崇节俭"，于成龙非常赞同，立即摘录董秉忠的建议内容，下发了《严禁奢靡檄》。文中说："天地之生财，止有此数。过用则易竭，奢费必不支。且暴殄狼藉，凶札随之，必然之理也。"文中详细叙述了直隶省境内奢侈浪费的种种情状，然后很尖锐地指出这种现象"总由为民上者不身先俭朴，以躬导之"。意思是，这种不良风气是由各级官吏们的作风不正导致的。要求各级官吏们率先垂范，先从自身节俭做起，然后"恳切化谕"属下百姓，让大家知道"粒食之不可暴弃，非分之足以丧身"。婚丧大事的宴席典礼和日常生活的用度，都要有所限制，不能过分。当时，每月初一、十五，民间都要上"政治课"，由"乡约"宣讲《上谕十六条》。于成龙要求，在"政治课"上要多讲禁止浪费、提倡节俭的故事。还要求，民间知书达礼的士大夫要教育自己的家人、族人和亲戚，德高望重的老人要教育自己的子孙。他认为如果能这样坚持下去，"村里之间，将见古朴可风，物力常余。日积不见多，而岁积则日盈。苟逢水旱灾荒，未必遂致捉襟而露肘也"。

于成龙最后还说："本院将以觇诸有司之贤良教化矣。倘或视为具文，因循旧习，有奉行之名而无奉行之实，本院亦何乐有此属员也，定以溺职特疏纠参，决不姑容。"

严禁赌博

赌博的危害古今皆知，但其魔力巨大，至今仍吸引着成千上万的人。于成龙自己是不参与赌博的，但他深知赌博恶习失地、典妻败家的危害，到直隶后，又因为发生了两宗赌博杀人案，于成龙便下令严禁赌博。他在《严禁赌博谕》中说：

> 四民之中，各有本业，咸宜安分以保身家。乃有奸猾之徒，希图厚利，开设赌场。贪痴之辈，堕入局中，相聚赌博，昼夜不息。开场之家，独得其利。赢者百无一二，输者比比皆是，以致赀财荡尽，田房准折一空。栖止无所，谋生无策。或情急自尽，或身为乞丐，或自卖旗下，或将妻女子媳卖为奴婢，终身沦

落，或为盗贼，致被擒获，身罹重辟……当聚赌之时，还有互相争竞被人殴死者。

于成龙在檄文中申明，严禁之后，如有违犯者，要将"赌博之人与开场、放头并抽头之人及该地方，俱照定例治罪，决不轻贷"。如果有人举报揭发赌博行为，将赌资一半作为奖金；如果同赌之人举报，不但免罪，还有奖金。

驱逐流娼

清朝禁止官员嫖娼，但并不禁止看戏。有些女戏班，不能进京城演出，就在各府州县活动。各地的文武官员和富豪大户，在欣赏戏曲的同时，免不了有些偷偷摸摸的苟且行为，把女演员当成流娼来玩弄。

于成龙通过调查得知，广平府一带女戏流娼现象尤为严重，主要活动地点在鸡泽县的柳下村，永年县的南胡村、贾西岩村。由此引发了各种违法犯罪事件：广平府钱同知为了看戏嫖娼，留宿于张守备署中；例监张文炳、张文煜兄弟在家里嫖戏旦四娃；广平府门役齐佩兰为了包宿流娼李六，竟设局骗各县银钱；管理县衙户口赋税的差役张文玉、王立业，为嫖流娼王菊花，竟偷盗库银。

于成龙下发了《驱逐流娼檄》，除了严肃查处相关官员和罪犯之外，下令将在本地活动的流娼和女戏驱逐出境，不许容留。这些走江湖卖艺的妇女们本来也十分可怜，于是只把她们驱逐出境，也算是从轻发落了。

倡导农桑

于成龙认为，植树凿井是"培天地自然之利，裕吾民衣食之源"的大好事，但寻常百姓，目光短浅，观念守旧，不肯在这方面努力。他于康熙十九年（1680）七月下令，要求地方官员劝导、督率百姓们广植桑麻，多浚井泉。他说只要这样"力行久之，自收成效"。

命令下达之后，各地官员并没有很好地执行。有的说当地风土不适合种植桑麻，有的说当地缺乏地下水，凿井无利。有的干脆装聋作哑，将于成龙的命令当耳旁风。只有安肃县的王知县认真执行了于成龙的命令，并且适当变通，取得了很大的成效。王知县将于成龙的命令，改编成通俗易懂的歌词，在乡村里到处张贴传唱，动员号召百姓多浚井泉，广植树木。后来，四十八个村子，共凿井两千五百二十多眼。当地历史上不种桑麻，树苗和种子难找，王知县就号召百姓种植柳树，用柳树枝编制"水斗"贩卖。王知县也编写了号召种榆种柳的歌词，张贴传唱，许多百姓都开始大量植树。

于成龙得知情况后，下发了《再饬植树浚井檄》，表扬了王知县的成绩，并把王知县编写的俗语歌词颁发各处，要求大家广为宣传。他还教育其他州县的地方官：

> 若谓方物不类，地土异宜，即有不宜于桑，无有不宜于麻者。且如榆柳之类，乃最易生之物，又不择地而可期长茂者。至泉源与土脉流通，无地无水。即

或原隰高下不同，一邑之中，间有石碛流沙，亦自无多，其土深壤沃之处，无不可为井。此二事，劳仅一时，坐享长久之利，民何惮而不为，官亦何惮而不劝也？

意思是说，即使是风土气候有差异，不适合种植桑树，但麻、榆、柳等植物适应性都极强，没有不能种的。有的地方确实缺乏地下水源，但县里地方大了，难道各处都不出水？总还是有一些地方可以凿井吧！于成龙的命令，其实是让各地方官因地制宜地发展水利、林业和经济作物种植，给老百姓更多的经济保障，并不是死板地要求种桑种麻。

○
○

请禁讦告

于成龙的一系列"新政"，在直隶官场引起巨大的震动。处于中层的道台、知府，根据于成龙的命令，调查下属州县官员的违法乱纪问题，向于成龙举报，于成龙再根据举报情况，调查落实，然后选择少数罪大恶极的官员，向朝廷特疏参劾，革职查办。从于成龙这方面讲，仍是心存仁慈，"杀一儆百"，只处理少数人，而警告、教育大多数人，给大家一个洗心革面、改过自新的机会。

但是，正所谓"冰冻三尺，非一日之寒"，官场腐败不是一天两天的事，也不是一人两人的事。负责调查举报的中层官员，长期与州县官员沆瀣一气，有很多非法的来往和勾结。如今，这些人没有受到参劾查办，反而帮着于成龙整治下级，众多州县官员自然是口服心不服。一有机会，他们就要实施"反噬"。

在前任直隶巡抚金世德的时候，就发生过任县知县施埏宝控告大名道范永茂和顺德知府殷作霖、广平知县夏显煜控告大名道范永茂和署理广平府事河间府同知周从谦的两宗事件。施埏宝和夏显煜都有严重的贪污行为，被举报后反咬一口，把自己的上级给告下了。其他官员从这两起事件中，无疑学到了保护自己的宝贵经验。

于成龙查处劣员时，永清县知县万一矞被霸昌道沈志礼举报，他怀恨在心，搜集到沈志礼贪污腐败的证据，向上举报。于成龙接报后，只得命令守巡两道依法调查沈志礼的问题。

过了不久，献县知县乔国栋又绕开守巡两道，直接把举报信送到巡抚衙门，控告河间府知府徐可先和同知周从谦。信中说，因为巡抚严禁"火耗"，严禁馈送礼品，自己手头无钱，没有按惯例给上级馈送中秋节礼，知府和同知便挟恨报复，借鲁道村崔成失窃一案，"捏诬献县"。又拿别人的粮票，冤枉献县知县。另外，乔国栋还举报了徐可先和周从谦康熙十六年、十七年（1677年、1678年）的几宗违法事件。于成龙接报后，无可奈何，只得命令守巡两道再去调查徐可先和周从谦的问题。

让于成龙恼火的是，如果这种风气一开，各位中层官员就无法正常工作了。你一举报下级，下级就反咬你，一咬就成功。那么大家投鼠忌器，谁也不敢执行公务了。于成龙左思右想，觉得下级讦告上级，这绝不是小事，会败坏一个地方的风气。他于是就向朝廷上了《请禁讦告以正名义疏》，提出上下级之间的名义和体统问题，要求朝廷拿出解决办法。他认为，道台和知府犯法，应该由巡抚来调查处理，州县官员绝不能以下犯上，举报自己的上级。

在这份奏疏中，于成龙询问，如果巡抚不查处道、府官员的违法问题，应如何处理巡抚？对"反噬挟制"上级的下级官员，又该如何处理？

吏部接到于成龙的奏疏后，认真研究对策。朝廷有明文规定："道、府不法，督、抚姑容不行题参者，降三级调用。"第一个问题有章可循，不用研究。至于对"反噬挟制"的官员如何处理，朝廷以前没有规定，吏部援引"京察大计"中的成例，认为对这类举报，应该不予受理，举报人有官职的革职，已革职的交与刑部议罪。

康熙皇帝阅读了于成龙的奏疏和吏部的批复意见后，下旨"依议"，将这条新规定下发全国各省，一体遵行。后世有人评论说，于成龙的这份奏疏"在吏治史上又谱写了新的一页"。

其实，康熙皇帝和吏部，并没有完全同意于成龙的意见，没有完全禁止下级控告上级这种颠倒名分体统的事情。禁止的只是"反噬挟制"，也就是上级查处过下级之后，下级再控告上级的现象。

破格赈灾

于成龙上任的时候，直隶已经是灾荒遍地。他在开展各项新政的同时，仍把主要精力放在了赈灾大事上。

清朝政府在赈灾方面，有一套严密的制度和程序，先由地方官调查灾荒程度，汇报到省里。省里进行一番查实，然后上报朝廷，户部请旨复查，确定灾情后，最后才发布命令，根据灾情程度，部分减免或者全部蠲免赋税，或缓征赋税，或平价粜粮，灾情最严重时才会无偿地发放粮米。这么做的目的，无非是防止地方各级官员虚报灾情，从中贪污，让朝廷蒙受损失，让百姓得不到实惠。但对饥肠辘辘的灾民来说，朝廷的办事节奏实在是太慢了，官府的审批程序实在是太繁多了。于成龙在直隶的赈灾活动中，敢作敢为，急事特办，先赈后奏，绕开了原有的一些程序。康熙皇帝出于对于成龙的高度信任，不但不加责怪，反而大力支持。他们君臣同心同德，为直隶的灾区百姓，办了不少大好事。

康熙十九年（1680）十月，于成龙上疏声称，直隶宣府所属东西二城和怀安、蔚州二卫，有一千八百多顷耕地，被水冲沙压，已经无法耕种。前任巡抚金世德曾经请求蠲免赋税，朝廷没有批准，当地百姓要包赔历年所欠的赋税。自己上任后再次勘查，发现冲压情况更加严重，根本无法再度耕种。他说，虽然连年征战，国家财政困难，但这部分土地，每年征粮不过三千余石，征银不过一千余两，对朝廷来说只是个小数目，对几千户贫民来说却是生死攸关的大事，请求朝廷豁免钱粮。康熙皇帝仍然走了一下程序，让户部派人复查，确认无误后，下令从康熙二十年起豁免钱粮。

不久，于成龙又上报宣府所属东西二城和万全左右前卫、怀安、蔚州、保安、紫沟、西阳等处的夏灾与秋灾，朝廷复查后下令缓征赋税，并平价出售官仓中积储的陈粮，救济百姓。这道命令刚开始实施，宣府通判陈天栋就向于成龙报告，宣府东西二城在最近二十多天内，已经饿死了数十名百姓，还有大量百姓处在饿死的边缘。于成龙接报后，认为情况紧急，如果按制度上报朝廷请求赈济，批准下来得一个月左右，不知又要饿死多少百姓。他当机立断，派保定府同知何玉如火速赶往灾区，向无力购买粮食的贫民发放仓粮，每人给二斗，以解燃眉之急。同时向朝廷上疏说明情况：

伏思平粜粮石，止救稍能措籴之民，而不能救囊无一钱、僵卧待毙之民。即再疏请赈，候部议覆，奉旨允行，亦须一月。此一月之内，民之饥死者又不知凡几矣！

于成龙还说自己"仰体皇上惠爱元元至意"，已经开始行动了。康熙皇帝接奏报后，和户部商议，同意了于成龙的应急办法，并没有追究他违反制度的过失。从做官的角度讲，于成龙这次的行为也算是十分冒险，考虑到了"天理良心"，就把朝廷的制度给忽略了。

康熙二十年（1681），康熙皇帝派户部员外郎叶纶到直隶，和于成龙一起赶往宣府赈济各地灾民，并下令"蠲免本年额征、积年带征钱粮及房税"，大规模救济宣府一带的灾民。到了七月，于成龙又向皇帝上疏，说真定府下属的获鹿、井陉、曲阳、平山、灵寿五县，发生了旱灾，二麦无收，请求将房税银两缓至来年征收，康熙皇帝和户部商议后也同意了。这里提到的"房税"，是康熙皇帝为了解决军饷问题，临时加征的物业税，天下百姓临街的门面房，每间每年征银二钱。

康熙二十年九月，康熙皇帝巡行到直隶霸州等地，亲自察看民间的灾情，下诏说："朕巡行近畿至霸州，见其田亩洼下，多遭水患。小民生计维艰，何以供给正赋？著察明酌量蠲免。"这些地方本来已经减免了部分赋税，于成龙见皇上有特旨，就上疏请求"破格全蠲"，皇帝立即答应了。

在两年的赈灾过程中，于成龙还号召各级官员和民间富户慷慨解囊，捐银捐米，拯救贫苦百姓的生命。只是，少数贪官污吏仍然手痒难耐，利用赈灾中饱私囊。青县知县赵履谦就顶风作案，不但违规收取了三千多两"火耗"银，又把一千两赈灾银装进了腰包。这还不算，他借口制作报灾文册，向民间摊派银两，把这些钱也贪污了。于成龙了解情况后，认为对这种人绝不能手软，立即上疏参劾，将赵履谦革职问罪。

根据现存文献，于成龙担任封疆大吏后，真正参劾过的，只有这个赵履谦。

○
○

斋戒求雨

于成龙在务实赈灾的同时，也用自己的因果报应思想来思考直隶的灾情。他认为，天灾起于人祸，总是直隶各级官员德行不够，才导致水旱频仍。康熙十九年（1680）冬天，于成龙自己严格禁绝酒肉，持斋三个月，诚心忏悔，祈祷来年的风调雨顺。这年岁末除夕，他满腹忧虑地写下了一首五言古诗：

今夕是何夕，明晨又一年。

三冬无再雪，万户有孤烟。

爆竹谁家响？盆花几处鲜？

早朝齐拜舞，谁上彗星篇？

灶冷畴为祀，井寒空自涟。

哀哉子遗叹，忍待麦芊芊。

康熙二十年（1681）正月十五，于成龙带领一部分官员在保定举行了一次隆重的祈雨仪式，还为此写下一首五言绝句：

皓月当空照，黄尘逐日飞。

求沾惊蛰雨，肠断几千回。

这一年，直隶仍然有灾荒，赈济工作仍在进行。但部分地区的气候不错，农作物获得了丰收。而且，单穗的农作物居然长出了双穗或三穗，当地百姓把它称为"于公穗"，认为这是苍天对于成龙德政的感应。

○
○

入宫陛见

康熙二十年（1681）正月，于成龙接到工部的命令，要他挑选一万零八百四十名夫役，赶到京郊沙河，将已故的孝诚皇后赫舍里氏、孝昭皇后钮祜禄氏的梓宫，迎请到皇陵安葬。用白话说，就是替康熙皇帝的两位亡妻抬棺材下葬。命令中说，于成龙必须亲率夫役，于二月六日赶到沙河。这是一宗责任重大但相对轻松的差事。于成龙再次上疏，请求在赴役途中入京陛见皇帝。这次，康熙皇帝一口答应了。二月五日，于成龙入宫陛见皇帝。康熙皇帝安排得很周到，知道于成龙年迈，步行入宫不方便，就命侍卫在午门外设下座位，传旨说："巡抚年老不胜步，宜少坐。"请于成龙坐下休息片刻，再进紫禁城。入宫后，三拜九叩的君臣大礼完毕，康熙皇帝就命太监给于成龙赐座赐茶，从容谈话。

康熙皇帝这年虚岁二十八，其实和于成龙的幼子于廷元一般年纪。他们两人的缘分很有意思：顺治十八年（1661），康熙皇帝即位，于成龙进京掣签，赴罗城上任；康熙六年（1667），皇帝亲政，于成龙调任到合州；康熙八年（1669），皇帝擒拿鳌拜，真正掌握政权，于成龙调任黄州府同知。之后，于成龙有两次进京"入觐"的机会，但那是名义上的"入觐"，不一定能面见皇帝，最多是跟着大伙儿一起远远地磕个头就完事了。等到"三藩之乱"进入尾声，天下太平在即，于成龙已经是皇帝最器重的封疆大吏了。

康熙皇帝对于成龙的了解其实挺多的，见面就说："尔为今时清官第一，朕所深知。"皇帝尤其感兴趣的是于成龙在黄州单骑入虎穴、招抚刘君孚的事情，于成龙的回答十分得体："微臣只是宣布皇上的威德，并没有其他的本事。"

这话皇帝听了，当然喜欢。当时于成龙和张朝珍密谋了许多妙计，招抚刘君孚时也还有许多"便宜行事"的地方，这些话自然不能跟皇帝都讲出来。（这段关于黄州剿抚叛军的问答，依据的是《清史稿·于成龙传》。另据李中素《于清端公政书》原序，说这段问答是在后来雄县陛见时详细交谈的。）康熙皇帝又问："你属下还有哪些清官？"于成龙说："知县谢锡衮、同知何玉如比较清廉。"康熙皇帝又说："上次你参劾知县赵履谦，办事非常得当。"于成龙说："赵履谦过而不改，微臣实在不得已才参劾他。"

康熙皇帝郑重嘱咐道："为政之道，当知大体，小聪小察，不足为多。且人贵始终一节，尔其勉之！"

康熙皇帝的意思是，你现在做了封疆大吏，以前那种"小聪小察"的智慧就不值得提倡了，而应该学会驾驭全局，把握宏观，不要在具体小事上过于分心。最后一句，则是勉励于成龙，要坚持自己的清廉作风。

两人座谈了一会儿，到了开饭时间，康熙皇帝命太监撤下几道御膳，赐给于成龙吃。吃完饭，于成龙就谢恩告辞了。

○
○

隆重赏赐

于成龙那天离开皇宫后，康熙皇帝很感慨地对身边的经筵日讲官员说：

> 于成龙起家外吏，即以廉明著闻，洊陟巡抚，益励清操。凡在亲戚交游请托者，概行峻拒。所属人员并戚友，间有馈遗，一介不取，朕甚嘉之！知其家计凉薄，特赐内帑银一千两，朕亲乘良马一匹，以示鼓励。

意思是，于成龙在基层工作的时候，就以廉明著称，逐渐做到巡抚这样的大官，越发砥砺自己的清廉品德。亲戚朋友请托办事，一概严厉拒绝。下属官员和亲戚朋友偶尔馈送礼品，他也丝毫不取。听说他家境贫寒，我特此赏赐他内帑银（内帑银，是指皇宫内部的经费，等于是皇帝的私财，区别于户部管理的国库财产）一千两、御乘良马一匹，以示鼓励。

看来，康熙皇帝从别的渠道了解到于成龙很多信息。

于成龙到直隶上任以后，离家乡已经很近了，亲戚朋友往来很多，请托送礼的人也很多。于成龙仍然坚持了清廉原则，顶住了情面压力。

二月十二日，翰林院掌院学士库勒纳和一等侍卫对亲，奉旨赶到于成龙临时居住的地方，将皇上赏赐的一千两内帑白银和鞍辔齐全的御乘良马，正式颁赐给于成龙。

二月十八日，大学士明珠又和库勒纳、对亲等人，将康熙皇帝亲撰亲书的诗卷，颁赐给于成龙。然后，明珠等人领着于成龙到康熙皇帝的"行殿"叩头谢恩。当时皇后下葬，康熙皇帝夫妻情深，也离开紫禁城送葬来了，所以住在"行殿"。

康熙皇帝为于成龙撰写的是一首五律诗，诗前还有序言。全文如下：

　　　　直隶巡抚于成龙秉性淳朴，廉介夙闻，朕心嘉赖。俾典节钺，保厘畿辅。惟能激浊扬清，始终如一。清洁之操，白首弥厉。真国家之所重，人所不能也。兹来陛见，爰赐以诗，用示鼓励之义，且以风有位焉。

　　　　自昔崇廉治，勤思吏道澄。
　　　　郊圻王化始，锁钥重臣膺。
　　　　政绩闻留犊，风期素饮冰。
　　　　勖哉贞晚节，褒命日钦承。

序文和诗句的意义没有太深奥的，就是赞美于成龙的清廉勤政，勉励他继续努力，保持晚节，同时借此劝诫其他官员，要向于成龙学习。

三月十四日，于成龙完成了安奉皇后梓宫的任务，回京复命。这次康熙皇帝没有召见他，只命他在宫门谢恩。同时传旨，再赐御乘良马一匹。于成龙领了马匹之后，感激不已，再次请求当面请安。康熙皇帝派人送出茶来，请老巡抚喝杯御赐的茶，然后就命回保定府。

于成龙于是就带着皇帝赏赐的两匹御马、一幅诗卷、一千两内帑银子回到了直隶省会保定府。两匹御马，大概是留着自己乘骑了。那一千两银子，有记载说是捐出去买粮赈灾了，也有记载说回籍葬母时用了一部分，周济贫寒族人用了一部分。

康熙二十年（1690）九月，皇帝到直隶境内巡察各地灾情，在霸州境内曾经下令全部蠲免受灾地区的赋税。后来，皇帝又巡察到了保定府境内的雄县。康熙皇帝是满洲人，喜欢骑马打猎，带着侍卫们捕获了很多猎物。正好直隶巡抚衙门的"笔帖式"朗图到"行殿"办事，皇帝就赏赐了一大堆猎物，命朗图带给于成龙，并同意于成龙带属员来雄县陛见。

九月十日，朗图带着御赐物品回衙，于成龙设香案谢恩。赏赐的猎物有：鱼二包、麂一只、兔二十只、雁二只、"孤汀"（水鸟名）五只。于成龙将御赐物品分赏给保定城内的文武官员，让大家均沾皇恩。

随后，于成龙带着直隶守道参议董秉忠、巡道佥事吴元莱、保定营参将张玉麒赶到雄县"行殿"见驾，又被皇帝赏赐了一顿御膳。于成龙自己另外得到一件皇帝御用的银鼠裘，一瓶御用奶酒。另有记载说，皇帝也知道于成龙爱喝酒，奶酒其实是赏了两瓶。御用奶酒，自然比于成龙平时喝的酒强多了。对康熙皇帝来说，拿几件东西赏人，是再寻常不过的事情了。但对于成龙他们这些封建时代的官吏来说，确实是天大的龙恩。

会见结束以后，康熙皇帝要出发了，于成龙带着随员送驾。当时，皇帝已经上了马，回头看见年老的于成龙步履迟缓，还没有走到跪送的位置，就特意勒住缰绳等了一会儿，让于成龙等人从容行礼，然后才扬鞭而去。这个细节，也被在场的人认真记录，后来被于氏后人多次提起，认为是皇帝的特殊恩典。

不过，这次君臣相会，并不只是吃吃喝喝，更重要的是谈了直隶的治理情况，民间的受灾情况，还有于成龙多次上疏汇报过的驿站工料问题。皇帝经过实地考察，听从了于成龙的意见，蠲免了更多地区的赋税，适当增加了驿站的工料，帮直隶解决了很多的实际问题。

这个"龙恩"才是最实惠的。

○
○

请假葬母

康熙二十年（1681）冬，清军攻入云南，吴三桂的孙子吴世璠兵败自杀，历时八年的"三藩之乱"宣告结束。

从此之后，上自皇帝，下至百姓，又可以安享太平生活了。于成龙在邸报上读到了吴世璠兵败自尽的消息，长长地舒了一口气。回想起八年来的战时生活，又不禁感慨万端。

在黄州时候，于成龙就屡次请求退休，想回乡孝敬母亲，总督和巡抚以战争为由不予批准。母亲去世那年，于成龙请求"丁忧"，仍然没有得到批准。后来，几次得到皇帝的特别提拔，由黄州知府升任下江防道，再升任福建按察使、福建布政使、直隶巡抚，都因为战争不止，国事艰难，不敢再提回籍葬母的事情。现在，战乱平息了，他也终于有机会回籍葬母，尽最后一点孝道，再享受一点天伦之乐，抒发一点故乡之情了。也许，于成龙还可以带着无上的皇恩和荣耀，叶落归根，退隐林泉，在故乡安度晚年了。

十二月，于成龙向康熙皇帝上了一份情辞恳切的《请假归葬疏》，摘录如下：

> 臣早年失恃，继母李氏勤劬抚育。臣初任知县，欲奉母之任，而力有不能。及任黄州知府，正值兵兴，终未遂迎养之私。寻闻母病故，督抚之臣题留在任守制。由是抱哀供职，驰驱军旅之间，而臣母停枢在家，不遑顾也。今滇南逆孽荡平，我皇上诞敷文德，首扶植纲常，敦崇伦理。臣谬任巡抚，代宣圣化，亦惟以纲常伦理教人。际太平盛时，非复从前多事。若不归葬，是贪恋显荣，忘亲背义。对属临民之际，先处怀

惭歉，又何以教人乎？伏乞允臣回籍葬母，完此一生大事。则犬马余年，皆图报圣恩之日。

康熙皇帝接到奏疏后，非常感动，批复道："览奏，情辞恳切，准假三个月回籍葬母。事竣，速赴任供职。"既恩准了假期，同时又明确表示，自己对于成龙仍然是要重用的，办完事赶紧回来，不准找借口退休。

康熙皇帝批复数日之后，再次把隆重的皇恩施加给年迈的于成龙，特旨任命于成龙为江南江西总督，兼兵部右侍郎、都察院右副都御史。此职简称"两江总督"，为正二品大员。过年之后，皇帝第三次加恩，将于成龙的兼衔改为兵部尚书、都察院右副都御史，成为从一品大员。

于成龙心里很明白，皇帝屡次加恩，是要把自己当成是开创太平盛世的清官典型，利用自己这点清廉能干的名声，去鼓励教育天下所有的官员。自己这把老骨头，已经完全交给了皇帝。家事处理完毕之后，所谓的"犬马余年"，那就真要好好地"图报圣恩"了。

○
○

举荐贤才

在离任前夕，于成龙妥善处理了直隶的各项公务。直隶巡抚的第一助手，是守道参议董秉忠，前任巡抚金世德病故后，于成龙尚未到任的那段时间，董秉忠曾临时署理直隶巡抚的职务。这次，于成龙向康熙皇帝上疏请示，自己离任后，仍然由董秉忠临时代理巡抚职务。皇帝批准了。

直隶巡抚衙门的"笔帖式"朗图，在任七年有余，精通满汉文字，擅长翻译，而且为人诚实谨慎，精明勤奋，安分守法，从不干涉外务，是于成龙的得力助手。于成龙请求皇帝批准，把朗图带到两江去任职。皇帝也批准了。

之后，于成龙再次向皇帝上疏举荐直隶境内的几位中下层贤能人才。他说："以人事君，人臣之谊。臣谬荷知遇，抵任一年有余，于所属各官细加察验，更时为劝勉。"康熙二十年，于成龙曾将直隶守道参议董秉忠、阜城知县王燮举荐给朝廷。往宣府赈灾时，又将南路通判陈天栋举荐上去。后来，王燮被吏部批准"行取"，董秉忠和陈天栋则未予注册。于成龙在奏疏中说，董秉忠和陈天栋"贤绩已达天听"，请求皇帝在适当的时候予以提拔重用。

于成龙另外还说，柏乡县知县邵嗣尧"矢志清洁"，高阳县知县孙弘业"留心弭盗"，这样的人才直隶有很多，还需要一段时间的磨砺，将来必堪重用。"较然不欺，卓有成绩"的突出人才还有两位：一位是通州知州于成龙——"具恬淡之性，优通变之才，治剧理繁，允堪器使"；另一位是霸州州判卫既齐——"化浮嚣之气，凛清白之操，任州幕而讲学不辍，署县篆而满汉咸和，可当大任"。

奏疏入朝后，经过部议，邵嗣尧等人准予注册，日后都得到了提拔。

光宗耀祖

康熙二十一年（1682）三月六日，虚岁六十六的于成龙，从直隶省会保定出发，回山西省，奔赴自己的永宁老家。

当年初仕罗城，他是四十五岁的中年人，满腔豪情，一主五仆，慷慨赴任，发誓不昧"天理良心"。如今，已经是堂堂一品大员，仪仗赫赫，荣归故里。可惜白发萧萧，瘦骨支离，不复当年的英武情态。途中经过号称"京西四大名关"的固关时，他写下了一首感慨万端的诗：

> 行行复过井陉口，白发皤皤非旧颜。
> 回首粤川多壮志，劳心闽楚少余闲。
> 钦承帝命巡畿辅，新沐皇恩出固关。
> 四十年前经过地，于今一别到三山。

于成龙在这首诗中回顾了自己的一生。广西、四川、湖北、福建、直隶，又点出自己四十几年前就曾经路过固关，当时应该是考上了"副榜贡生"，到北京国子监报到去的。最后说"于今一别到三山"，是指不久之后要去江宁上任了。江宁有座护国山，此山有三峰，所以称为"三山"。

于成龙回乡后，将去世六年的继母李氏，与父亲于时煌、生母田氏合葬在一处，坟墓位置在今方山县积翠乡东王家沟村。有记载说，于成龙合葬父母的花费，就是康熙皇帝御赐的那一千两内帑银子。花不完的银子，又被于成龙分赠给了贫寒的族人。

按照封建时代的规矩，高级官员的父母，一般都会有封赠的官衔，这就叫作光宗耀祖。于成龙父亲于时煌的封赠情况是这样的：

> 以子成龙官初赠中宪大夫、湖广黄州府知府；再赠通议大夫、巡抚直隶等处地方、都察院右副都御史。又以曾孙准官加赠光禄大夫、巡抚贵州等处地方、都察院右副都御史。

也就是说，于时煌不仅享受了儿子于成龙的封赠，后来又享受到了重孙于准的封赠。于成龙的生母田氏、继母李氏封赠情况是一样的："初赠恭人，再赠淑人，加赠一品太夫人。"用戏曲舞台上常说的台词，也就是一品诰命夫人，免不了还有"凤冠霞帔"等装束。

另外，于成龙的祖父母也得到了封赠，祖父于采的赠官是"通议大夫、巡抚直

于成龙像

隶等处地方、都察院右副都御史",祖母张氏赠为"淑人"。

身处九泉之下的于时煌夫妇,如果真的有灵,一定会为他们的儿子感到欣慰,感到自豪。他们的儿子,不仅仅是做了大官,而且还做了号称"天下第一"的大清官。

明代中叶的"老中丞"于坦,位至巡抚,是正二品的官。之后,于氏家族就没有再出过大官。现在,于成龙官至从一品的总督(兼兵部尚书、都察院右副都御史),已经超过了老祖宗,终于为家族争来了崇高的荣誉。

位于吕梁大山之中的永宁州,出一位一品大员也是相当不容易的事。于成龙为官二十多年的种种光荣事迹,在永宁城里应该也是家喻户晓、妇孺皆知的。于成龙也为自己的家乡争了光。如果为于成龙的一生画一条曲线,那么这次回籍葬母,无疑是他人生的最高点。

第十八章

两江改革起波澜

于成龙于康熙二十一年（1682）四月抵达江宁，上任两江总督，康熙二十三年（1684）四月在任所病故，在这个职位上的工作时间刚好是两年。其工作性质与直隶巡抚类似，只是管辖范围扩大到三个省，事务更加繁多，责任更加重大。而且，两江是大清朝最繁华最富庶的地区，是中国的经济重心，朝廷和地方的贪官污吏，都把眼光投注到这个地方，让于成龙备感棘手。在这个时期，他经历了人生中最剧烈的一次宦海风潮，虽然在皇帝的保护下勉强过关，但也身心俱疲，积劳成疾。

上任故事

于成龙的日程安排是很紧张的，康熙二十一年三月六日从保定出发，几天后回到山西永宁老家，办理安葬老母的大事。这件大事，其实于廷翼兄弟早就准备停当，只需要于成龙本人以孝子的身份到现场行礼，亲送老母灵柩下葬而已。一品大员葬母，当地的官吏、绅衿，也免不了一番必要的礼貌应酬。于成龙节俭而隆重地完成了一宗大事。

于成龙和分别多年的老妻邢氏团聚了短短的几天，与儿子孙子媳妇们在一起享受了珍贵的天伦之乐，然后就匆匆出发了。

这次上任，和二十多年前赴任罗城的冷清情形当然完全不同，但于成龙毕竟已经虚岁六十六，身体衰弱，家里人免不了伤感一场，仍然安排幼子于廷元陪同上任，一路上有个照应。熊赐履的记载说，于成龙和于廷元两个人，身上各装了几十枚制钱，雇了一辆骡车，一路上也不住公馆，省吃俭用，悄悄地赶到了两江总督驻扎的江宁城（今江苏省南京市）。

陈廷敬的记载说，于成龙是"单骑孤装赴江宁"，并且事先调查了两江地区的几十项弊政，上任后立即整顿。

袁枚的记载说，江宁的官员们听说于成龙要来，都有些恐惧，早早地就出城迎接，但于成龙躲开迎接队伍，悄悄进入了总督署。

这些记载虽然有些差异，但都强调了于成龙的清廉节俭、作风低调以及雷厉风行、高深莫测。

熊赐履当时就住在江宁城，又是于成龙晚年的好朋友，他的记载应该是有道理的。不过，永宁到江宁那么远，好几千里路，于成龙父子只拿百十个制钱，怎么可能够花？以前上任福建，都有当地的差役来迎接，官员在接官亭迎候。这次上任江宁，从家乡到江南路途遥远，不是没有人来接，而是他不让两江属员远道来接。于成龙父子大概是从老家永宁轻车简从，没有惊动官驿，微服而行，一路上做些调查研究，最后悄悄地进入江宁城。

○
○

大盗鱼壳

据袁枚讲，于成龙上任之初，发生过一个制伏大盗鱼壳的传奇故事。

江宁有名大盗叫鱼壳，武功高强，党羽众多。平时又投靠在江宁驻防都统的门下，地方官拿他没有办法。在后世的武侠小说中，鱼壳的形象被重新塑造，成了一名大侠客。

于成龙上任的时候，单骑入府，让远道相迎的地方官员扑了一个空。然后大家就商量着好好宴请于成龙一下，结果准备了几次盛宴，请了于成龙几次，总督大人都拒不接受。大家都慌慌张张的，不知道该怎么办才好。这时候，有一名按察使站了出来，他是于成龙的"年家子"，也就是一位同年好友的儿子，属于世交关系，于成龙是不好驳他面子的。

按察使对于成龙说："大人太过于清严，这样上下之情不通，以后不好共事啊。还是由我出面宴请一次，大家欢聚一下，认识一下。"

于成龙果然没有严词拒绝，而是笑着回答："与其拿别的东西来宴请我，不如去拿住鱼壳，这才算一份大礼。"

按察使一听，明白了。既然总督大人吩咐下来了，那就赶紧办吧。有于总督撑腰，应该是不怕江宁驻防都统那座靠山了，但鱼壳武功高强，一般人还真拿不住他。所谓"重赏之下，必有勇夫"，大家拿出一千两银子的赏金，公开招募武林高手。

这故事真像小说一样。榜文才贴出去，就有一位名捕雷翠亭来应募。官员们挨着个儿地会见雷翠亭，握着他的手嘱咐道："我们大家的脸面，全靠你了！"然后把赏金发给他，再按照惯例，把雷翠亭的家属扣起来做人质，免得他反悔跑掉。接下来的故事更有戏剧性。雷翠亭打听到鱼壳正在秦淮河召开"群盗大会"，就化装成乞丐，到"群盗大会"上讨饭。鱼壳是武林高手，哪能看不出雷翠亭的行藏，他用匕首扎了一块肉，送到雷翠亭的口边。雷翠亭从容不迫，张口就咬住那块肉，吃了下去。按武侠小说的惯例，一般还会把刀尖咬断，再发内力喷出去，扎到房梁上。

鱼壳惊奇地说："你绝不会是普通乞丐，你一定是替'于青天'来抓我的吧？好吧，我不连累你这位英雄，跟你走吧，反正监狱也关不住我。"

雷翠亭朝鱼壳拜了几拜："多谢你的理解支持！"然后他手一招，捕役们从外边进来，也都朝鱼壳恭恭敬敬地行礼，再把锁链给鱼壳套上。江湖人物嘛，都有那么一套江湖气概，鱼壳从容不迫地戴上刑具，让捕役们簇拥着送到监狱。

任务圆满完成，地方官员们当然是互相祝贺、庆功。雷翠亭的一千两银子算是真正赚到手了，妻子儿女也平安回家了。

接下来的故事更富传奇色彩。当晚，于成龙正在署中秉烛而坐，忽听房梁上一声响动，一名男子手持匕首，翩然跃下。于成龙喝问："你是谁？"那人答道："我就是鱼壳。"于成龙把官帽子取下，放在桌上。然后从容指了指自己的脑袋，说："拿去！"鱼壳笑道："我要杀你，当然不会等你下命令才杀。刚才我从房梁跃下时，好像有东西打了我一下，我的手已经不能动了。大人您一定是神人，我恶贯满盈，认命了。"说完，把匕首衔在嘴里，把两手放在背后，跪下来向于成龙服罪。于成龙说："国法有市曹在。我不能饶你，但可以免了你家属的罪。"命差役取一壶酒给鱼壳喝了，把他绑在射棚下边。

天亮以后，监狱才发现犯人已经逃脱，刚刚庆祝过的地方官员们又害怕起来，全都赶到总督辕门谢罪。而于成龙呢，早就让人把鱼壳押到西市处决了。

根据另一种记载，于成龙会一种叫"瞄法"的道术，鱼壳躲在房梁上的时候，偶一响动，于成龙双目如电，朝上一射，就把鱼壳给"击落"了。这个故事，大家就不必计较其真实性了。

两江特点

于成龙的新职务全称很长，"兵部尚书兼都察院右副都御史，总督江南江西等处地方军务，兼理粮饷、操江"，另外，"带记录三次"。总督一职，平时人们习惯称为"督台""制台"。

"兵部尚书兼都察院右副都御史"是加的虚衔，表示他是京官身份，被皇帝委派到地方上工作的。但虚衔也不虚，加衔表示于成龙有兵权和监察权。江南省包括今天的江苏省、安徽省和上海市（安徽省事实上已经分出来了，由安徽巡抚管理），江西省大概与今天的省域相同。"地方军务"，其实包括了地方上的所有事务。"粮饷"是指军队的后勤保障事务，"操江"是指长江防务。"记录三次"相当于"记功三次"。于成龙第一次被任命为两江总督时，兼衔是兵部右侍郎，后边写着"仍带记录三次"，不久之后，"优加兵部尚书"，后边就不再有"仍带记录三次"的字样。

清朝在全国设立的总督，总共只有八九位，各总督的管辖范围时有调整，少的管一省，大多的管好几个省，可以说是位高权重。

"三藩之乱"时，为了应付江西省境内的战争，曾经专设了江西总督，事平后撤销，仍然由两江总督管理江西。朝廷规定的总督职责是："厘治军民，综制文武，察举官吏，修饬封疆。"其直接的下属有参将、副将等武官。各省巡抚、布政使、按察使等官，虽然听命于总督，但并不是总督直接的下属。巡抚还有直接向朝廷上疏的权力，可以与总督相抗衡。在这种体制下，总督和巡抚很不好相处，互相制衡，事情难办。那怎么办呢？还是请皇上说了算，这就是中央集权制的特点。于成龙上任时，江苏巡抚为余国柱，驻苏州；安徽巡抚为徐国相（有的史料写为"涂国相"），驻安庆；江西巡抚为安世鼎，驻南昌。

两江这个区域是以南京为轴心的江南核心地区，经济发达，人文荟萃，是中国封建社会后期的经济中心，其财政收入在朝廷总收入中占有很大的比重。这个地方也是全国的文化中心，崇文重教，读书风气很盛，教育水平很高，中进士乃至中状元、榜眼、探花，入翰林、做大官的人非常多。史家说，明朝中后期，中国社会已经有了资本主义的萌芽，主要就是指两江这个地方。

明朝末年，李自成和张献忠的起义军横扫全国很多地方，起义军用屠杀方式，沉重打击了各地的大地主大官僚势力。但明末农民起义军没有到过两江地区，没有触及两江大地主大官僚的势力。到了清朝，两江地区拥立南明小朝廷，长期反清，让清朝统治者大伤脑筋。全国统一以后，两江地区仍然保持着明朝以来的民间势力格局，大官僚大地主盘根错节，树大根深，也让清朝统治者头痛。北方的政治军事中心和南方的经济文化中心，必须有一个痛苦的磨合过程。

清朝初年，北方统治集团多次兴起大狱，严厉打击江南势力，比如著名的哭庙案、通海案、奏销案等。后来清朝几位皇帝兴起的大型文字狱，虽然有加强思想统治的因素，但同样有整治江南的意思。这是当时的历史大背景。

年迈的于成龙被派到两江做总督，说是要"振饬纲纪，移风易俗"，其实还是有整治江南的意图。他后来受到报复打击，其实也可以理解为是江南旧势力的反弹。

暂停举劾

于成龙以前做基层官吏时，主要表现出来的是爱民风范，如今做了封疆大吏，"爱人才"就显得更为重要。他四月上任两江总督一职，到六月份即向朝廷上《请暂停江苏举劾疏》，其中一段内容为：

> 江苏现届二年举劾之期，臣自四月任事，虚衷察访属员。有立身以名节自励，而设施未洽民情；行已在清浊之间，而举动未撄民怒。盖贤非循卓之优，不贤非污墨之甚，恐举之劾之，不足以为未举未劾者愧励，请暂停此次举劾。其贤者，臣奖进诱掖，徐观厥成，特疏题荐；不贤者，教诫以期自新，倘怙恶不悛，亦特疏纠参，无稍姑容。

上面这段话的意思是，江苏省的官员们，好的还没有做出真正的成绩，坏的也没有到违法犯罪的程度，请求朝廷暂时停止这年的"举劾"工作。我自己将对官员们进行适当的教育，奖励好官，批评坏官，然后用随时"特疏"的方式，举荐真正的贤才，参劾真正的贪官。康熙皇帝接到奏疏后，批示同意了于成龙的做法。

在这篇疏文中，于成龙还提到，"安徽所属，臣已恪遵成宪，采访得实，照例举行"，并不请求暂停"举劾"。至于江西省，则一字未提，似乎也在照例举行之列。《清史列传》中引用了这份疏文，是把它当成了于成龙的一种执政风范，严肃认真，实事求是，不摸清底细，不随意地举荐和参劾下属，一定要等"采访得实"后才进行。其实，这里头的背景更为复杂一些，江苏是当时全国最富庶又最繁剧的地方，不管好官坏官，都有或多或少的违纪问题。有的是自身原因，有的则是客观原因。如果按照严格的制度进行举荐参劾，恐怕是举荐人人无份，而参劾人人有份。精明的于成龙，是想绕开朝廷那套严格制度，然后用"特疏"的方式，破格举荐真正的好官，参劾真正的坏官。

"小于成龙"

六月十九日，江宁知府陈龙岩病故，江宁知府这个最重要的职位便空缺出来。于成龙向朝廷上了《请补江宁知府疏》，几乎是指名道姓地请求康熙皇帝安排自己在直隶工作时就赏识的通州知州于成龙或霸州州判卫既齐调任江宁知府。

他在疏文中说：

江宁知府一官，不独为八邑之表帅，而实为通省之领袖……到任以来，目睹江宁知府陈龙岩老成持重，廉洁自矢，且其料理各项钱谷，应付过往官兵，尤征肆应之才。臣幸其得一良吏，可以收臂指之效，而表式乎群僚。不意于康熙二十一年六月十九日未时病故，臣闻报如失左右手。窃念朝廷储养人才，固不乏才德兼优之俦。但吏部铨选，原有定例。今该府员缺，部臣自必循资按格，掣签推补。诚恐所推者操守有余而才干不足，或才干可观而操守难凭。以之经理重地，难免稽棘之虞。必得才守兼全如臣任直隶巡抚所荐通州知州于成龙、霸州州判卫既齐，区画一切事务，庶可政修事举，胜任而愉快。仰请皇上俯念江宁知府一官关系最重，不拘铨选常例，敕部立速捡选或命廷臣会推清操久著干练成效者，星驰赴任。

江宁知府的职权，相当于今天的南京市委书记或者市长，品级虽然不高，但工作极为重要。江宁城里头，有总督，有皇上钦差的江宁织造，还有驻防的满洲将军，人事关系错综复杂。作为一线亲民之官的知府，其实是个难干的差事，有人说是"大受气包""大磕头虫"，能管他的上级太多，他自己负责的事务也太多，没有足够的才能是干不好的。同时，这个职位也是个"大肥缺"，贪污受贿、发财致富乃至向上级行贿的机会都很多，是官场腐败链中的重要一环，稍有不慎就会出事，所以于成龙要求选派操守和才能都比较突出的官员来接任。

于成龙在疏文中点出了通州知州于成龙和霸州州判卫既齐的名字，按当时的规矩这是违例的，总督没有权力向朝廷指名要人。但于成龙玩了个文字游戏，并没有直接要这两个人，只是说必须选派像他们一样德才兼备的人才。

他的正式要求是不要用"循资按格，掣签推补"的常规方式，改用"捡选"或"廷臣会推"，也就是专门开会研究江宁知府的人选。疏文报到朝廷后，吏部当然不肯接受，说知府这个级别的官员，从来没有"廷臣会推"的先例，只能按常规方式办理，根据官员的任职资格，抽签决定。疏文最终还是要给皇帝看的，康熙皇帝头脑聪明，一看就明白了于成龙的真实意图，他就是想要小于成龙或者卫既齐。于是下旨说，不用"会推"了，就派通州知州于成龙到江宁上任去吧。

"小于成龙"本来是从五品的知州，多年来因为盗案难完，屡受处分，没有升官的机会。这次在"老于成龙"的巧妙举荐下，直接升为正四品的知府，确实是相当不容易。两位"于成龙"同城为官，也可称得上是官场上的一段佳话。

○
○

镇江知府

镇江府位于江宁府的东南方，长江与大运河的交叉处，与扬州隔江相望，地理位置十分重要。当时，镇江府知府高龙光，是一位德才兼备的清官。他曾经捐俸银在镇江修建书院，还主持修纂过《镇江府志》。另外，此人清正廉明，办事干练，深受当地百姓爱戴。但是，高龙光的官运不太好，康熙十九年（1680），处理"漕船"事务违限，事后被朝廷追究，降级调任。于成龙是十分爱惜人才的，他听说了高龙光的情况后，立即向朝廷上疏，要求将高龙光留任。他在疏文中说：

> 京口滨江负海，地处冲要。又当闽浙孔道，素称繁剧。且为旗营驻防之所，军民杂处，豪暴间出，非偏僻旁郡可比。臣驻扎省会，抚臣亦相距稍远，耳目或有难周，所赖道府弹压整顿，良非浅鲜……臣自到任以来，凡要地郡守之淑慝，尤必加意体访，目睹镇江知府高龙光守绝一尘，才长肆应，革除耗羡，屏绝馈遗，真以实心而行实政。他如绥靖地方，审理逃务，调剂得宜，旗民允服。无忝表帅，允称理繁之任。似此才守兼优之员，正可砥砺官方，方期久任奏效……查定例，被降之官果系清廉爱民良吏，许该督抚题请留任。

康熙十三年（1674），于成龙本人因为造桥失误被朝廷革职，多亏巡抚张朝珍设法保护，戴罪立功，很快就官复原职。如今，他位高权重，也刻意地去保护清官能吏。其实，这也是间接地为一方百姓造了福。查阅高龙光的资料得知，于成龙的请求得到了朝廷批准，康熙二十四年（1685）皇帝南巡的时候，高龙光仍然是镇江知府。

○
○

江苏藩司

这年十二月，于成龙和江苏巡抚余国柱联名上疏，破格举荐江苏布政使丁思孔。为什么说是破格举荐呢？丁思孔在布政使任上干了好多年，为国家做的贡献也非常大，可谓劳苦功高。但是，江苏布政使主管全省财政，责任实在是太过重大。江苏百姓的赋税负担比其他省的要重好几倍，往往很难完成，每年都有大量拖欠。朝廷一追查责任，布政使就难辞其咎，所以丁思孔身上背了很多处分，苦不堪言，早就失去了升官的资格。于成龙在疏文中，首先大发议论说：

> 窃惟论人授官，固当就才之短长以分繁简；若就官论人，又当按地之繁简以定高下。江南赋重役繁，民生凋敝，兼以水旱频仍，供亿四出。官斯土者，长才欲黾勉，而回头无进步之阶，短才困积，遇而束手，鲜周身之策。案牍日见纷纭，催科日渐繁苦。求其痛自鞭策，志期上达者，屈指不见一二。

然后，他又叙述自己和巡抚余国柱上任以来管理教育官吏的情况：

> 朝乾夕惕，茹蘗饮冰。上以期答朝廷委用之重，下以期慰生民乐业之望。细事必出于躬亲，勺水必凛于夙夜。凡属吏公事进见，多方训诲，随事禁饬。严其守，又察其所守之真伪；勤其政，又访其敷政之宽严。莫不争相濯磨，矢心厘剔。

上面一段话的意思是说，自己和巡抚对官吏们的管理、教育、考察都很严格，而官吏们的工作积极性和业务水平都大有提高。但是结果又怎么样呢？他接着说："未几而以盗案降级者见告矣！未几而以逋欠落职者见告矣！未几而以违限处分者见告矣！"在不合理的考察制度下，大部分官员身上都背了处分。然后，他又详细介绍江苏布政使丁思孔上任以来的种种不平凡的政绩。接着说："丁思孔历任既久，参罚固多，既不敢违例以入卓异之列，又不敢拘例以蹈蔽贤之愆。"最后说，丁思孔即将"入觐"，到京城述职，希望皇上能够亲自考察这个人的"才能贤否"，如果我们"所举不谬"，就请皇上"破格擢用"。

清朝官员做事都有个特点，就是尽可能地把办好事做好人的机会留给最高统治者的皇帝。于成龙和余国柱的疏文里最后请皇上亲自考察丁思孔，但疏文到了吏部之后，吏部还是故作严肃地批复了一个"勿庸议"，意思是太荒唐了，不予理会。最后，疏文呈到康熙皇帝手里，皇帝沉思着点点头，嗯，这个江南省确实是太过繁剧了，做官也太不容易了，这个丁思孔也太有才太可怜了，就准他为"卓异"吧！过了几天，丁思孔忧心忡忡地跑到京城述职来了。康熙皇帝亲自召见，当面考察一番，决定提拔他，调到湖广省任偏沅巡抚。

对那些白璧微瑕的好官，于成龙是想方设法破格推荐。而对大部分随波逐流的普通官员，于成龙则是苦口婆心地加强教育。在《于清端公政书》和其他史料中，并没有发现于成龙在这一时期参劾过谁，其最严厉的手段，也只是谩骂恐吓而已。

于成龙担任两江总督后，兴利除弊，先后发布了《示亲民官自省六戒》《兴利除弊条约》《饬励学政事宜》《严禁漕弊各款》《弭盗安民条约》《革秋审陋规檄》《清理狱禁通行檄》等一系列重要文书布告，推行了大量的新政，史称：

江南俗侈丽，相率易布衣。士大夫家为减舆从、毁丹垩，婚嫁不用音乐，豪猾率家远避。居数月，政化大行。

○
○

清廉风范

于成龙 这位富于传奇色彩的大清官，在两江地区也给人们留下一系列清廉故事。

因为工作太忙，于成龙喝酒的爱好有所节制，常常不能够痛快地大醉一场。他成天购买青菜来下饭，老百姓给他起了个新外号叫"于青菜"，还有说他一天只吃一盂糙米饭一匙粥糜的。有天晚上，于成龙办公到深夜，肚子饿了，让仆人煮点稀粥来喝。仆人说家里没米了，煮不出稀粥，于成龙只好笑一笑，就算了。

主人是如此，仆人们自然也要跟着学，家里没有茶叶喝，就摘总督署中一棵槐树的叶子来泡茶，时间长了，把一棵大槐树都摘秃了。

在炎热的夏天，于成龙用一种又粗又破的苎布做帐子，根本挡不住蚊子。他规矩又大，于廷元等人陪侍时，必须衣冠整齐，经常穿一件蓝布大袍，浑身都是汗，既不敢脱衣，又不敢挥扇。而到了冬天，一家几口人仍然穿粗布衣服，太冷了就加一件棉袄，没有一个穿皮衣的。一品大员的后衙生活，过得就是这个样子。

而在外边的官场上，因为有于成龙的表率和禁令，那种互相送礼、互相宴请的风气也完全改观。端午节的时候，于成龙出去和官吏们聚会，居然没有人敢送一个粽子给总督大人吃。

在公务方面，年老体衰的于成龙做得比以前更加勤勉，不敢有丝毫懈怠。所有文书都是自己亲自批阅、答复，从不假手他人。常常是天不亮就起床办公，夜深了工作还没有做完。吃饭、睡觉当然是常常耽搁不按时了。有人劝他注意休息注意饮食，于成龙说：

> 吾非不知食少事繁，养生所忌。第吾受国厚恩，两江官吏多至千百，何可尽劾耶？所以为此者，冀其见闻知警，使归于廉慎。吾虽尽瘁，于国家所得不为多乎？

这段话记录于陈廷敬的《于清端公传》，用白话解读就是："我并不是不知道，吃得少干得多，是养生的禁忌。但是，我深受国恩，两江的官吏成百上千，我又不能完全采用参劾的手段来治理他们。我这么做，只是希望他们能够警惕起来，做个清廉谨慎的官员。如果能够这样，即使我自己劳累死了，对国家却有更大的好处。"

正如前面介绍过的，于成龙在两江的几年中，只见他举荐过别人，没见他参劾过别人，确实是一片婆心，一片慈悲。

○
○

御史参劾

官场原本就是个大染缸、大江湖、大战场。你不想参劾别人，并不意味着别人就不想参劾你。康熙二十二年十月，风云突变，波涛汹涌。在江南督造漕船的副都御史马世济，回到北京后上疏参劾两江总督于成龙。疏文大略为：

> 于成龙向有声誉，初到江南，美名如故。闻其自任用中军田万侯之后，人多怨言。臣奉差在南，见其年近古稀，景迫桑榆，道路啧啧，咸谓田万侯欺蒙督臣，倚势作弊，因未有实据，难以入告。督臣衰暮，不能精察，故匪人得以播弄而败善政。且各有司衙门皆有督臣秽言告示，污蔑各官。如果各官不法，何难白简题参；若俱循良，岂可凭空凌辱？显系小人播弄督臣，令其虚张声势，就中取利。请罢黜万侯，并令成龙休致。

这就是于成龙晚年面临的一次宦海风潮。

《于清端公政书外集》载《示亲民官自省六戒》

首先说说马世济参劾的内容。马世济没有直接攻击于成龙，还赞美他到江南后"美名如故"，却把矛头对准了于成龙的直接下属、中军副将田万侯，说于成龙本人年老糊涂，被田万侯欺骗，办了很多错事，民间怨声载道。最后还说，各州县衙门里头都有于成龙颁发的"秽言告示"，污蔑凌辱下属官员。所谓的"秽言告示"，主要是指那份《示亲民官自省六戒》。另外，于成龙还有一段著名的骂学政的话，说得也够难听的：

> 衡文者，爱惜人家好文字，尔子孙有文字，定为衡文者爱惜。若一味爱钱，只恐子孙纵会做文字，决不出头。更恐鬼神怒恨，生出瞎眼子孙，上长街唱莲

花落，要看字也不能够了。莫笑老夫迂谈。

从有关资料得知，当时担任江南学政的有一位叫田雯，进士出身，是清代的文学家。史称其在任时"所取士多异才"，工作是很有成绩的，而且为人也颇有清廉之风。另有一位学政叫赵崙，是山东人，在于成龙的严格监督下，工作很有成绩，受到于成龙的好评和尊敬，于成龙还让儿子于廷元拜赵崙为师。可能是江南科举风气太坏，弊端太多，于成龙把账算到学政头上，恶言痛骂了他们好几次，这也不能不引起别人的非议。

马世济很不客气地说，如果官员们有违法行为，于成龙为什么不公开参劾？如果官员们没有犯错误，那怎么能够凭空凌辱？这肯定是小人在欺骗挑拨于成龙，恐吓下属，然后小人就可以从中取利了。最后，马世济请求朝廷罢免田万侯的官职，并令负有连带责任的于成龙退休。

马世济这篇参劾文章实在是厉害，简直可称是"刀笔"。于成龙清廉有美名是事实，年老多病精力不足也是事实。而年老糊涂受田万侯欺骗是江南民间的传言，他自称没有实据，但还是把这条写上了。说于成龙颁发"秽言告示"，这当然也是事实，只是理解上和于成龙的初衷完全不同。于成龙想以批评教育为主，不愿意轻易参劾下属，本来是好心，这时却被马世济用冠冕堂皇的道理给咬住了。而"小人播弄"一部分，他又故意不指名道姓，只是虚虚地一击。最后虽然只说让于成龙退休，但绵里藏针，如果田万侯真的有问题，于成龙怎么可能顺利退休？肯定要受严重处分。

○
○

内幕分析

这件事情，《清史稿》的记载最为简明扼要："势家惧其不利，构蜚语。明珠秉政，尤与忤。"意思是两江有权有势的人家，担心于成龙要查办他们，便捏造出了许多谣言。朝廷里的权臣明珠，更是与于成龙有冲突。在这种背景下，才有了马世济的上疏参劾。

前面也交代过，两江地区是全国的经济文化中心，大官僚大地主的势力很强，可谓是盘根错节、树大根深。换句话说，是"两江的水深得很！"所谓的"势家"当然不止一家，于成龙的新政损害了他们的利益，得罪的无疑是一大批人，是一个腐败的既得利益集团。而这个集团，又与权相明珠有密切关系。康熙朝有所谓的"索额图党""明珠党"，明珠最著名的党羽名叫余国柱，被人称为"余秦桧"。而这位余国柱，此时正担任着江苏巡抚。

余国柱也是康熙皇帝的宠臣。此人很有能力，在"三藩之乱"时，给皇帝出了许多理财筹钱的主意。又曾经揣测帝意，上疏参劾平南王尚之信和两广总督金光祖，搞得尚之信被杀头，金光祖被免职，为皇帝清除了一批变节投降分子。到江苏之后，他继续为皇帝在财政方面出主意，说扬州等地被洪水淹没过的土地可以耕种了，应该征收钱粮；又说应在江宁开办大型的纺织厂，织造大幅面的绸缎。另外，他也在江宁一带开办个人"企业"，为自己求财。他晚年被参劾罢官后，仍然厚着脸皮寄居江宁，继续经商赚钱，享受着荣华富贵。康熙皇帝始终记着他的功劳，不忍治罪，只把他赶回老家了事。就是这样一个人，他的思想观念、处世态度和于成龙完全不同，如何能做到和衷共济？余国柱是文章高手，刀笔凌厉，马世济的那份疏文，少不了他的添枝加叶。

那于成龙又是如何得罪明珠的呢？他和明珠只有过一次亲近的交往，就是康熙皇帝赏了御制诗卷，由明珠等人颁发给于成龙，再由明珠领着于成龙到行殿谢恩。此外，两人见面的机会不可能太多，也不可能发生直接的冲突。但是，明珠要在北京过富裕的生活，全靠地方大员投靠门下，按年按节馈送厚礼。两江总督这个"肥缺"，每年送给明珠的应该不在少数。于成龙清廉不送礼，肯定会得罪明珠。两江其他大官要给明珠等京官送礼，这笔钱又得从"火耗""杂派"中出。于成龙明察秋毫，管得这么紧，大家送礼时都得大打折扣。另外，江南这么富庶，明珠本人难免像余国柱一样，偷偷在江南做点生意，于成龙整顿得这么厉害，难免又损伤到明珠的利益。仇怨就是这样不知不觉地结下了。

再补充两段后话：

于成龙去世后不久，著名清官汤斌上任江苏巡抚。余国柱在朝担任大学士，他暗地里传话，说明珠对汤斌照顾很多，要求汤斌按时按节给明珠馈送厚礼，汤斌不予理会。明珠和余国柱便合伙向康熙皇帝进谗，把汤斌整得很惨。

康熙中后期另一位著名清官张伯行上任江苏布政使时，按当时的惯例，应该花四千多两银子的价钱给上级和同僚馈送厚礼。张伯行不肯从俗，只准备了一些很普通很便宜的小礼物。他后来也出了事，挨了整。

我们以这两件事情作为参照，就可以了解当时个别清廉官员与腐败官场之间格格不入的情况，也就可以理解于成龙当时所处的环境。

明珠、于成龙、余国柱，三个人其实都算是康熙皇帝十分信任的宠臣，余国柱还是于成龙的下属同僚，经常要见面共事的。现在，明珠和余国柱要合伙整治于成龙，他们两个当然不方便公开出头，让皇帝看出破绽来，就必须另找一个不相干的人，这个人必须也是皇帝信任的宠臣。

马世济是原广西巡抚马雄镇的长子。"三藩之乱"时，广西将军孙延龄想跟着吴三桂造反，包围了马雄镇的宅子，胁迫他参与叛军。马雄镇自忖必死，便写了一份表达忠诚的奏疏，让长子马世济带着奏疏突围逃走，到北京找康熙皇帝汇报。马雄镇全家后来被残忍杀害，马世济的一妻一妾也死在里头。在清朝，他们家可称是"满门忠烈"了。因为这个原因，马世济得到康熙皇帝的厚爱，官做得很大，而且都是所谓的"肥缺"，最后以漕运总督退休。这时候，他正担任着副都御史，有监察、参劾官员的职责，又因为监造漕船在江南待了一个时期，有了解真实情况的可能。

所以，明珠和余国柱就找上了他。至于那篇精彩老辣的疏文究竟是谁执笔的，倒不必追究了，反正余国柱的笔杆子是十分厉害的，参倒过很多大官。

○
○

低调回奏

马世济的奏疏非同小可，康熙皇帝让各部院大臣认真讨论。部臣们认为，马世济的参劾没有真凭实据，如何定罪呢？还是听听于成龙的意见，让于成龙根据参劾内容，"明白回奏"。

于成龙接到圣旨后，免不了吓出几身冷汗。反复思考了半天，最后决定采取很低调的态度，老老实实地回答问题。按照他的一贯思想，官员被人参劾、揭发之后，首先应该反躬自省，引咎辞职，而不应该争辩抵赖，失去体统。他的回奏内容是：

臣到江南，期以兴利除害，察吏安民，仰报知遇。无奈两江之吏治、营务、刑名、钱谷，繁剧实甚。臣昼夜拮据，躬亲料理，从不敢寄耳目于左右。然近习难防，或有窥伺欺弄，臣亦安能保其必无？宪臣马世济疏称中军田万侯倚势作弊，臣实未之觉察也。至于告示一节，或地方之利弊，民生之疾苦，臣有见闻，即通行禁饬，无非以利害祸福之言痛切告诫，其词未免过于峻厉，似涉秽言污辱。宪臣马世济疏称小人播弄，令其虚张声势，就中取利，臣亦未之觉察也。此皆臣之衰迈昏聩，何以自解？若夫臣之年近古稀，景迫桑榆，久在皇上洞鉴之中，虽殚精竭虑，不敢稍自宽假。然气衰力疲，龙钟之状，大非昔比，臣又何敢自讳？乞敕部严加议处，以为大臣溺职、有初鲜终者戒。

于成龙的这份回奏，其实也是绵里藏针。他说两江的工作非常繁重，但自己一直是"躬亲料理"，态度非常认真，从来不敢轻信身边工作人员的话，这就否认了被人"欺蒙"的指责。只是不敢把话说得太绝对，留了一点余地，"窥伺欺弄"的事，不能保证完全没有。对田万侯"倚势作弊"的事，他的回答是"未之觉察"，也就是没有发现。其实，于成龙成天严查别人家的"衙蠹"，对自己身边的人，怎么能够不察呢？没有发现，基本上就相当于并无此事了。对"秽言告示"的事情，于成龙承认自己批评教育下属，说话确实过分了一些，但都是为了地方的利弊，民生的疾苦，没有私心在内。对"小人播弄"的事情，他也回答了一句"未之觉察"。最后是老实承认自己年龄确实偏大，精力确实不足，但工作态度确实是十分认真的。这些事皇上都知道，就请严加处分吧。

于成龙做了几十年的硬汉子，晚年面对这样的官场风波，只能低着头"装孙子"了。不过，客观地说，于成龙的低调应对，实在是顾大局、识大体，是名臣的风范，一般人是做不到的。康熙朝闹过几次大型的官场风波，光是两江地区就有好几次，总督、巡抚互相攻击，清官、赃官互相参劾，斗得鸡飞狗跳，确实是不成体统。只有于成龙一个人，采取了比较超然的态度。康熙皇帝后来那么深情地怀念于成龙，也和他这种高风亮节有一定关系。

梧桐树下

奏疏上报给了朝廷，处分却还没有立即下来。于成龙的情绪有点不稳定，成天心慌意乱的。他很爱惜自己的名声，以前官小，不怕处分，大不了不干了。现在官至两江总督，康熙皇帝多次表彰，全天下人都知道有个大清官于成龙，真要背个处分被革职回家，自己名声扫地不说，也对不起提拔重用自己的康熙皇帝啊。于成龙心里苦闷得不行了，就跑去找原武英殿大学士熊赐履交流。

熊赐履是湖北孝感人，虽然比于成龙小十八岁，但他是进士翰林，又做过武英殿大学士和刑部尚书，身份很高，可以说是道德学问名满天下。他在京城时，饱受明珠等权臣的排挤倾轧，终于因为一件小失误，被革职出京。因为家乡有战乱，就寄居在江宁城里。他也是清官出身，手里没钱，在江宁的生活是饥一顿饱一顿的，过得并不容易。

于成龙早在黄州时，就和熊赐履有过交往。熊赐履很敬重于成龙，经常在京城的官员中间宣传于成龙的政绩名声。于成龙呢，也把熊赐履引为知己，到江宁上任后，经常去熊宅拜访。于成龙也没有钱，帮不上熊赐履什么忙，但两人意气相投，聊得很开心。现在，于成龙有了不开心的事，还是找熊赐履来解闷。

熊赐履家里有两棵梧桐树，每次于成龙来了，俩人都在树下品茶。这次，仍然是坐在梧桐树下，于成龙谈起了自己的担忧，熊赐履慷慨激昂地说：

公亦虑此耶？大丈夫勘得透时，虽生死亦不可易，何况其他？

这就是于成龙和熊赐履之间著名的"梧桐树下语"，在后世流传颇广。所谓"大丈夫勘得透时"，也就是理学家平时说的"体认天理"，或者就是于成龙出仕时讲过的"不昧天理良心"，在这个事情上有明确的体会，坚定的信念，即使在生死关头也不会改变，何况是丢官背处分这样的小事？熊赐履当年在官场上翻船，既有别人的诬陷和排挤，也有他自己的失误，但他罢官后宠辱不惊，潇洒处世，也确实有一种"勘破生死"的大风范。

于成龙一听，立即省悟，再拜受教。回到总督署中，他就安心吃自己的青菜，喝自己的稀粥，等待朝廷的处分了。而且，就是在晚年的这个时期，于成龙自号"于山老人"，表达了自己期待退休归隐的愿望。

降级处分

北京的大臣们接到于成龙的回奏，再次认真讨论。这时候，难免被明珠等人把持了会议的风向。最后，分管武官的兵部做出结论说："既然于成龙说，田万侯倚势作弊，就中取利，没有觉察，那就应该革掉田万侯的副将之职。"分管文官的吏部做出结论说："既然于成龙声称年龄太大，身体不好，那就让他退休吧。"

处理意见送到康熙皇帝手里，皇帝前后看看，搞了半天，还是没有什么真凭实据，怎么能处理这么重呢？但事情闹到这个程度，说明于成龙和田万侯确实得罪了一批人，不处理一下，难平众怒。最后决定："于成龙留任，田万侯降级。"这是《清史列传》的说法。《清史稿》说，田万侯不但降了级，还被调走了。于成龙的留任也没有那样简单，还被降了五级，去世后才予以开复。算算这笔账，从一品降五级就是正四品了。如果以前的"记录三次"还在，抵消一下，是降到从二品。

清官难做，于成龙这次确实是受了大委屈。

第十九章

好教拂袖紫霞端

在马世济上疏参劾半年之后，年纪衰迈的于成龙就患病逝世了，一代廉吏就此告别人生舞台。但他去世之后，名声反而越来越大，成了著名的"天下廉吏第一"。

○
○

奉命巡海

康熙二十二年（1683）八月，清军进入台湾，郑成功的孙子郑克塽率部投降。但是，近海各岛，仍然有小股的反清势力。十二月，朝廷下令，两江总督属下的江口左路水师组织战船一百只，官兵五千余名，在总兵官张杰的带领下，与浙江水师会同征剿舟山海寇周云龙等部。出征之前，年迈的于成龙撰写了一份《檄示剿海行兵方略》，下发给张杰等人。他说：

> 用兵之道，无论贼之多寡，总贵谋出万全。故为将者每事谨慎，自不难于克敌奏功。

于成龙指出，江南的战船和士兵，都是临时凑集到一起的，没有经过长期训练，将士们之间互不熟悉。与浙江水师合作，与对方的将士也不熟悉，很容易混淆在一起，也容易被敌人混入。所以一定要采取各种严密措施，防范敌人的奸谋。他建议，等战船、士兵集结之后，便将官兵数目与船号编写成详细的名册，誊抄三份。总兵自存一份，江南存一份，给浙江传送一份，以便核查清楚。来往的军机公文，要认真核对印信真假，察看行文格式与措辞是否规范，以防假冒。每晚的口令要严格保密，按期更换。号带、旗帜的颜色要提前通知友军，以便辨认。官兵之间、将领之间、友军之间，都必须团结一致，和衷共济，遇事认真商量等等。于成龙经过了一番宦海风潮，对待军政大事，仍然保持着以往的作风，严肃认真，叮咛周至。

水师出发前，于成龙还特意率领两江的文武官员，聚集到供奉妈祖娘娘的天妃祠，宣读祭文，隆重祭祀，祈求主管航海的妈祖娘娘保佑全体官兵的安全和战争的胜利。

于成龙这次奉命"巡海"，自己实际上并没有出征，只是坐镇后方，保障供应。到康熙二十三年（1684）三月六日，"海寇"伪将军房锡鹏、周云龙，伪都督阮继先等率伪官一百余员、兵四千一百余名向清军投诚。于成龙晚年参与的最后一场战争，也取得了胜利。

三请退休

"降级留任"的处分谕旨下达到江宁后，于成龙百感交集。

于成龙事前曾上过一份请求退休的奏疏，康熙皇帝没有批准。此次吏部拟定的处分是"休致"，也就是让于成龙退休，还是被康熙皇帝改成了"留任"。一年中两次"圣慈宽留"，让于成龙十分感恩。但是，险恶的官场环境和年老多病的身体，使于成龙实在不敢再留恋身上的顶戴花翎和手中的权力。康熙二十三年（1684）春，他再次上疏，请求退休。

他在疏文中说，皇上宽恕自己，那是以为自己的精力还能够承担两江的重任，但是自己——

> 无奈两目久昏，两耳不聪。自去秋染疟之后，复得怔忡之症。每办事午夜，心胸惊悸，辄不能寐。焦思愈集则精神愈惫，精神既竭则事务糊涂，势所必然。臣勉励之念虽切，而艰大之任自揣万不能胜。是臣无裨两江之治化，实负期望之圣心。将来再有贻误，纵睿慈曲加矜全，臣有腼面目，尸位素餐，将何以砥砺僚属，统驭士民耶？

于成龙年迈力衰，疾病交加，应该是实际情况。但在这种艰难的情况下，他的办事能力其实并没有完全衰退，这从他写的《檄示剿海行兵方略》可以看出，康熙二十二年十二月时，他的思路仍然十分清晰，认识判断问题仍然十分准确，保持着以往的精明细致风格。这样的文章，不可能是由幕友代笔的。

但在降级留任的文书下来之后，再次上疏乞休，在别人看来，于成龙难免是有些情绪在内。至少，康熙皇帝可能会有这种看法，老总督是心里不服啊！这次的乞休，仍然没有得到批准。

但过了不久，发生了一些微妙的人事调动。康熙二十三年三月，江苏巡抚余国柱被调入北京担任左都御史，安徽巡抚徐国相升任湖广总督。在新的巡抚到任之前，两省巡抚的大印就由于成龙临时"署理"。

调动的深层原因史料中没有记载，只从表面现象看，这是个皆大欢喜的结局。余国柱和徐国相各自官升一级，成了正二品官员。于成龙虽然没有升官，但扩大了权力，减少了摩擦，也算是朝廷替他出了一口气。只是，多了两省巡抚的事务，老总督衰迈的身体哪里还受得了？

于成龙在康熙二十三年（1684）初春上了请求退休的奏疏后，心里仍然不太踏实，不知道这次乞休能否得到批准，自己能否平安地回到家乡，叶落归根，以后在儿孙的环绕下安详地离开人世。他又一次去拜访熊赐履。

这次熊赐履不在家中，而是住在清凉山的别墅。他没有太多的话语，只是反问于成龙："你忘了咱们在梧桐树下说的话了吗？"于成龙一听，又是豁然开朗："谢谢，谢谢，我明白了……"于成龙和熊赐履的几次会面交谈，都是熊赐履后来在《于公成龙墓志铭》中记载的。

三月份，余国柱走了，徐国相也走了。于成龙署理两省巡抚，其实具体的事务也不用他亲自干，两省的布政使和按察使分管各项工作，有重要情况才向他请示汇报一下。

江口左路水师三月份也回来了，总兵官张杰可能也立了战功。"海寇"投诚，一切平安。

于成龙还是像平时一样，吃青菜喝稀粥，夜以继日地办理公务。只是，老人家的身体一天比一天差了，两眼昏花，听力衰退，心脏有了毛病，晚上还会失眠。康熙二十二年（1683）秋天，他曾经患过疟疾，可能一直就没痊愈，到康熙二十三年仍然不时发作。有时几天吃不下饭，有时则大量呕吐。

○
○

廷元应试

正如前面介绍过的，于成龙十分钟爱自己的小儿子于廷元，从黄州时期开始，就一直把于廷元带在身边。多年来，于成龙公务之余，悉心教导廷元读书。有时候，廷元的文章写不好，于成龙还自己动手写一篇，给廷元示范。在两江总督任上，于成龙发现学政赵崙是位好老师，就让廷元拜到赵大人门下，继续深造。于家三个儿子，廷翼进学多年，考不上举人，已经熬到了岁贡生；廷劢的文章写得好，也早早地进了学，在多次的岁考、科考中都取得了好成绩，经常获得学政的表扬，大家称赞他："为文充沛不羁，如江河之决，茫乎其不知畔岸而无所纪极也！"但这种豪迈的文风也不合科举的规矩，多次在乡试中失利，廷劢大概也失去了进取之心。只有廷元年纪还小，是个可造之才，也许还有中举的希望。

康熙二十三年（1684）春天，于廷元的八股文在赵嶷的指导下已经颇有成就，可以下科场拼搏一回了。于成龙不顾自己年迈病重，下命令让儿子回山西参加乡试。在过去的封建家庭，父亲的命令和皇帝的圣旨是差不多的，于廷元哪里敢说个不字？母亲和兄长派他来侍奉父亲，是因为父亲老了，身体不好，身边不能没有儿子。如今，父亲又命令他回到故乡应试，不回去又不行，这叫廷元如何是好？

四月十一日，于廷元含着眼泪渡江北上。他也许没有想到，也许已早有预料，就在他离开后的第七天，于成龙就撒手人寰了。七天的时间能走多远？也就几百里而已。古代没有手机，不能随时联络，也没有电视和互联网，不能随时观看重大新闻。行在中途的于廷元是如何接到噩耗的，无人知道。但是，在父亲去世的前夕离开，应该是于廷元一生中最痛苦也最遗憾的事。

端坐而逝

康熙二十三年（1684）农历四月十八日的早晨，深受疾病困扰的于成龙早早就醒了。他从床上爬起来，穿上衣服，准备去办公。还没有走出房门的时候，疾病就发作了。仆人们赶紧扶他坐下，然后召集僚属，说老总督不行了，还有话要吩咐。诸司官员们迅速赶到，于成龙强忍病痛，拣紧要的公事吩咐了几句。还没有来得及吩咐家事，老总督就走到了人生的最后关头，精力耗尽，油尽灯枯，坐在椅子上静静地离开了人世，终年六十八岁。按现在的周岁算法是六十七岁。

如果按照现代医学的说法，于成龙应该是心脏病或者脑血管之类的疾病突然发作，导致了迅速死亡。如果和平时的政务操劳以及去年的宦海风潮联系起来，则属于忧心忡忡，积劳成疾，导致了死亡。在古代，六十七岁的年纪，虽然不算是高寿，也可以说是老年人的正常死亡。对朝廷和康熙皇帝来说，于成龙最后死在"执行公务"的时候，确实可称是鞠躬尽瘁，死而后已，确实是忠心可嘉的。

古代的高僧大德，去世时常采取"吉祥卧"或者"跏趺坐"两种姿势，记载中常用"端坐而逝"的字眼，表示其"生死自在"的修行水平。于成龙一生严于律己，积德行善，信奉"天理良心"，算是一位综合儒释道各家的修行人。他最后坐在椅子上去世，这个细节也被当时的人们注意，认为于成龙的修行达到了一种很高的境界。

陈廷敬在《于清端公传》中记载说：

> 四月十八日晨起视事，未出户，疾作。召诸司语，不及家事，端坐而逝。至夜漏四十刻，坐不欹倚，颜色如生，年六十有八。

仔细解读一下这段文字。古代一天分为一百刻，每刻大致相当于现在的十五分钟。于成龙是早晨去世的，到天黑时，大概过了四十刻，也就是十小时左右。在这段时间里，他一直端坐在椅子上，身体并没有倾侧歪斜，也没有靠到椅背上。他的面容、神色在这段时间内也保持着活着时的样子，并没有变化。

在两江总督的官署中，只有几名仆人，并没有亲属，也没有事先给于成龙准备寿衣、棺材等丧葬用品。他去世以后，官署里一片忙乱，大家商量后事，准备东西，到天黑以后才给于成龙装殓。所以，在这一整天里，于成龙的遗体就端端地坐在那里，没有人移动，他也保持了一整天的"端坐而逝"的神奇状态，仿佛高僧圆寂一般。

人们很愿意相信，一生讲究"天理良心"的于成龙，完成了他的从政誓言，达到了他的人生目标，最后融入了他追求的至高境界。他晚年写诗回忆少年时代在安国寺读书的情态，最后两句为："四十年来魔障尽，好教拂袖紫霞端。"对他来说，人生好比是个"苦海"，是来"消除魔障"的。如今，"魔障"已尽，自然拂袖而去，回归天宫仙界，与紫霞为伴了。

官民痛悼

于成龙活着的时候，大力整顿官场风气，大力整顿民间风气，好像得罪了很多人，有很多政敌和仇家。但他去世的消息传开以后，江宁城忽然就沉浸在一片悲痛之中。老总督的德政和善举，毕竟还是深入人心的。

首先是一批文武官员，赶到总督署中，为于成龙料理后事。以前，他们听说过于成龙清廉、清苦，过的是苦行僧的生活。现在，他们是真真实实地看到了。原来对于成龙有成见有敌意的官员，这时候也忍不住泪流满面，感慨万端了。且看陈廷敬的记载：

> 将军、都统、寮吏来至寝室，皆见床头敝笥中惟绨袍一袭，靴带二事，堂后瓦瓮米数斗，盐豉数器而已，无不恸哭失声。

原大学士熊赐履也去吊唁了，他记载说：

> 公殁也，予以一瓣香哭公于丧，次瞻几筵，惟青灯布缦冷落菜羹而已。问其箧笥，则故衣破靴外无他物，盖公之素履卓绝类如此。

得到官府的允许后，江宁城的父老乡亲、男女老幼纷纷来到总督署，一面吊唁、祭拜老总督，一面参观、瞻仰这位天下著名清官的灵堂和生活起居的后堂。且看丛澍的记载：

> 公薨之日，举国若丧考妣，男妇童叟皆入公署，见孤灯荧荧，犹然在案，周身只见布被一床而已，清俭之节固千古所未有也。

于成龙在任时，曾经平反大量冤狱。那些被于成龙解救过的老百姓，早就在自己家里设了于成龙的长生牌位，每天焚香供奉。现在，老总督去世了，他们就抱着牌位来到总督署祭拜，放声大哭一场，怀念青天于大人。据陈廷敬记载，江宁城的老百姓，还采取了"巷哭""罢市"等大规模哀悼方式，自发地悼念于成龙。而每天到总督署祭拜的人数，多达数万。在哭祭于成龙的人群中，还有小商小贩、色目胡人、蒙藏喇嘛各色人等。阅读古人的记载，总疑心其中有夸张溢美的成分，但于成龙去世后江宁城里的哀悼盛况，却是真实的。那些对于成龙忌惮颇深的"势家"们，这时候免不了也要虚应故事，做做表面文章，到总督衙门祭奠一下，掉几滴虚伪的眼泪。而那些深受于成龙恩惠的广大百姓，却是发自内心的哀悼、纪念。

于廷元走了，于成龙身边没有亲属，没有操办丧事的银钱，也没有准备好的寿衣、被褥、饭含、棺木。江宁知府"小于成龙"深受老总督的厚恩，这时候便责无旁贷，挺身而出，主动承担起一切治丧事务，买来寿衣棺木，将老总督好好地装殓起来。"小于成龙"的这番义举，后来受到了大家的一致好评。

康熙二十三年（1684）七月，于廷翼带着家人赶到了江宁。他看见百姓们用焚化纸钱的方式祭奠于成龙，便劝告说："家父生平不爱钱票，请勿强加于他，往后祭祀莫用纸票。"

江宁百姓听从了于廷翼的劝告，从此不再用纸钱祭祀于成龙，但对于成龙的纪念，一直持续着，持续了好多年。在江南一带，从来没有哪一位封疆大吏，能得到老百姓如此长久的纪念。

老朋友熊赐履，受孝子于廷翼的委托，认真地为于成龙撰写了墓志铭，让廷翼带回去刻石。这是于成龙去世后第一份成文的传记资料。

于成龙的灵柩启运回乡时，江宁知府"小于成龙"及老总督的门下诸生、士民数万人，步行相送二十余里，一路哭声震天，如丧考妣。

名臣魏象枢和于成龙同岁。这一年，他身患重病，已经退休回乡。听到于成龙去世的噩耗之后，魏象枢十分伤感地写了两首挽诗，寄到了山西永宁：

> 简命深叨圣主知，臣心精白总无私。
> 清风亮节高千古，吏治民生济一时。
> 寝食难忘宸翰重，死生难报赐金慈。
> 岩疆赖有斯人在，何事惊传箕尾骑。
>
> 生与同庚性不殊，居然三晋两迂儒。
> 怜君磐错身应瘁，顾我膏肓病未苏。
> 南望江河谁复挽，北瞻云日总难呼。
> 当年荐草曾闻否？历尽平生一语无。

第一首诗讲的是君臣之情，第二首诗讲的是二人的知己之情。说他二人年岁相同，性情相同，是山西省的两个迂腐的儒生。一个积劳而死，一个缠绵病榻，命运也十分相似。最后两句指出，当年特疏推荐于成龙，是件机密大事，于成龙本人可能都不知道。而两人神交已久，居然没有见面说过一句话，也是最大的遗憾。

于成龙夫妇墓碑残块

于成龙的灵柩回乡后，按一品大员的规格，享受了"祭葬"待遇，于第二年被隆重安葬在今方山县峪口乡横泉村。墓室风格独特，全部用白瓷碗砌成，碗里装有石灰和松香。石灰和松香都是天然的干燥剂和防腐剂，同时，石灰象征着"一世清白"，松香象征着"万古流芳"。而白瓷碗，则象征着"挽留"，象征着大家依依不舍的思念。由于朝廷的全额拨款，一代廉吏于成龙在下葬时，墓中随葬了大量财物，属于"厚葬"。于大人一生清苦，吃糠咽菜，去世后却躺进了金银珠宝堆里，在黄土垄中享受那看不见的荣华富贵。邢氏夫人多年后去世，和于成龙合葬在一起。他们的墓碑，由清朝名相陈廷敬书写，这也是非常荣耀的事情。

于成龙的墓地，在清代一直得到保护和维修，保持着一品大员的排场，巍巍壮观。当地人传说，于成龙被奸臣陷害，身首分离，墓中葬的是金头。还说于家为防盗墓，曾经一日出灵十八次，葬了十八处疑冢。这些故事当然是荒诞不经的，但也引发了后人"掘坟取财"的兴趣，最终导致于成龙墓在民国三十六年（1947）被毁坏。

皇帝表彰

于成龙去世的消息传到北京，康熙皇帝十分震惊和伤感。他让大臣们商议于成龙的身后待遇，大臣们回奏，于成龙曾经受到降五级留任的处分，按惯例是享受不到太高规格的。皇帝说，撤销处分，恢复原来的级别，按从一品大臣的待遇，举行祭葬典礼，并且赐谥号为"清端"。"清"是指清廉，"端"是指正直。封建时代官员的谥号最高的是"文正"或者"文"，于成龙没有考上进士，没有进入翰林院，便和这个"文"字无缘了，但"清端"仍是极高的美谥，能够概括于成龙一生的成就和风范。

康熙皇帝为人是比较厚道的。他恢复于成龙的品级，赐予祭葬和谥号，只是想展示自己"宽仁"的一面。其实，他听信了谗言，对于成龙在两江的行为还是有些疑虑的。当年七月份，内阁学士锡住从南方出差回来，入宫觐见，康熙皇帝忍不住又问了："你从江南路过，有没有打听到原任两江总督于成龙各方面的情况？"锡住可能事先得到过别人的嘱咐，还是按统一口径来答复皇上："于成龙确实比较清廉，但因为过于轻信，有时候会受到属下官员的欺骗。"皇帝若有所思地说：

> 于成龙因在直隶居官甚善，朕特简任江南总督。后闻居官不及前，变更素行。病故后，始知其居官廉洁，甚为百姓所称。殆因素行梗直，与之不合者，挟仇谗害，造作"属下欺罔"等语，亦未可定。是为不肖之徒见嫉耳，居官如于成龙者有几？

康熙二十三年（1684）冬天，皇帝第一次南巡。南巡的任务很多，其中就包括考察江南，顺便也考察考察已故总督于成龙。十一月，康熙皇帝到了江宁，见到了熊赐履、"小于成龙"等人，了解到了马世济奏疏的某些内幕背景，这才对于成龙彻底地放心，彻底地佩服，知道自己确实没有看错人，没有用错人。他十分感慨地对小于成龙说："你一定要学习前任总督于成龙的正直洁清，才不会辜负朕的一番眷顾提拔啊。"南巡结束回到北京后，康熙皇帝便开始放心大胆地表彰于成龙，他下诏说：

> 国家澄叙官方，首重廉吏，其治行最著者，尤当优加异数，以示褒扬。原任江南江西总督于成龙操守

端严，始终如一。朕巡幸江南，延访吏治，博采舆评，咸称居官清正，实天下廉吏第一。应从优褒恤，为大小臣工劝，其详议以闻。

接着，康熙皇帝又亲自写诗表扬于成龙：

原任总督于成龙，居官清廉，自古罕有，特命诸臣议恤，以励官方。

服官敦廉隅，抗志贵孤洁。

扬历著贤声，谁能茹荼檗。

况复拥旌麾，藜藿甘以悦。

视彼悬鱼操，于今尤峻烈。

东南失保厘，言念心如结。

江上见甘棠，遗爱与人说。

恤典宜优崇，庶不负清节。

匪独彰国常，且以风在列。

明珠等人当时还待在朝廷，掌握重权，进谗诬告了几回，一点效果也没有，皇帝越发地推崇于成龙。好在于成龙已经去世了，恩怨也就一笔勾销。大臣们经过商量，建议给于成龙追封"太子太保"的官职，并荫一子入监。康熙朱笔批示："依议！"

"太子太保"名义上是东宫太子的老师之一，从一品衔，但清代已变成荣誉职位，并不真的去教太子。而且，这个官职和"太子太师""太子太傅"等官职，经常是用于死后追封的。"荫一子入监"就是所谓的"官荫生"，允许子孙一人，到国子监读书，几年后就可以做官了。这个待遇让于成龙的孙子、于廷翼的儿子于准享受了。

康熙二十四年（1685）二月十五日，盖棺论定的于成龙就要隆重安葬了。康熙皇帝亲自给于成龙撰写了一篇碑文，全文如下：

> 朕读《周官》六计弊吏，曰廉善、廉能、廉敬、廉正、廉法、廉辨，吏道厥惟廉重哉！朕用是审观臣僚，有真能廉者，则委以重寄，赐以殊恩，所以示人臣之标准也。尔于成龙，秉心朴直，莅事忠勤，而考其生平，廉为尤著，以故累加特擢，皆朕亲裁。盖拔自庶官之中，洊受节钺之任，尔能坚守夙操，无间初终。古人脱粟布被，或者嫌于矫伪，尔所谓廉，本于至诚。闻尔之风，可以兴起。乃不慭遗，忽焉奄逝。日者省方察吏，南及江表，采风谣于草野，见道路之讴思，清德在人，于今不泯。惟尔之廉，天下所知。朕俯合舆情，载褒劲节，既考名副实，谥曰清端，葬祭以礼。又晋之崇秩，赐予有加，恩恤尔子。呜呼，人臣行己、服官、事主之道，尔可谓有始有卒者矣，顾不可以风世也与！

在这篇碑文中，康熙皇帝高度评价了于成龙的一生。

他认为，于成龙在个人品德方面，是"朴直"；在做官办事方面，是"忠勤"；综合考察平生最大的优点，是"廉洁"。而且，于成龙从州县小官到督抚大臣，能够"坚守凤操，无间初终"，一直保持着廉洁的风范。同时，康熙皇帝又拿于成龙和古今的清官们相比较。他认为，历史上有些清官，吃粗粮穿破衣，都还有些"矫伪"的成分，也就是做表面文章给别人看，内心里头并不一定是真正廉洁的。而于成龙的"廉洁"，是"本于至诚"的，是发自内心的真诚。最后还评价，于成龙在行己、服官、事主三方面，都是始终如一、可以为世表率的。

康熙二十四年四月二十六日，朝廷要在于成龙墓前举行两场隆重祭奠。对于成龙追思不已的康熙皇帝撰写了两道祭文，命令汾州知府张奇抱到于成龙墓前宣读。碑文主要内容为：

第一道

朕惟国家敷治，简贤道先，保障人臣，奉公奏最，节重清勤，苟四知之克严，历终身而弗替，宠褒宜贲，恩恤用昭。尔于成龙志笃醇诚，谊敦贞介，甫膺民社，聿著循声，既懋旬宣，弥彰令绩。是用畀以节钺，绥乃邦畿，尔克抚字维勤，苞苴尽绝。迨两江迁镇，一节周渝，驭下则大革贪风，励己则寒同儒素。虽古廉吏，曷以加兹？乃倚任方殷，遽溘焉沦逝。轸怀良恻，异数频颁。呜呼！萧然官舍，竟担石之无存！焕以纶章，庶泉台之克慰。苾芬在御，尚其歆承。

第二道

惟尔苦节克贞，鞠躬匪懈。真一介之弗取，越数官而弥坚。奄忽云亡，能无悯焉。呜呼！清风未远，长存表德之思；宠恤重颁，丕著旌贤之典。尔灵不昧，其克歆承。

这两篇祭文，后来也刻成了石碑，保存在于成龙的陵园。阅读祭文，从中能发现康熙皇帝的伤感和忏悔之情。在于成龙最后那段日子里，皇帝对于成龙是有过疑虑的，是不太信任的。他居然让这么一位好臣子，在忧愤中积劳成疾，早早地去世；居然让这么一位好臣子，死于极端贫困之中；居然让这么一位好臣子，受了这么大的委屈！现在，皇帝除了能够写几篇文章怀念一下，还能做些什么呢？

○
○

念念不忘

于成龙去世后，康熙皇帝一直念念不忘。不仅多次表扬、评价，还特别地照顾于成龙的后人。

康熙二十七年（1688），名臣傅腊塔被任命为两江总督。陛见时，康熙皇帝鼓励他说："你一定要洁己奉公。本朝的两江总督中，没有能超过于成龙的，你一定要向他学习。"康熙三十三年（1694），傅腊塔在任所病故，得到了康熙皇帝的沉痛悼念。皇帝在诏书中，仍然拿于成龙和傅腊塔相比：

> 傅腊塔和而不流，不畏权势，爱惜军民。两江总督居官善者，于成龙而后，惟傅腊塔。

康熙三十三年闰五月初六，翰林院在瀛台举行考试，考题是《理学真伪论》。收卷子的时候，康熙皇帝命大学士张英传旨：

> 你们做《理学论》，哪知江南总督于成龙是个真理学……理学原是躬行实践……

从此，"真理学"也成为于成龙的一个重要荣誉。康熙皇帝佩服于成龙，就是因为于成龙平生讲的空话少，唱的高调少，只是低头做事。这是他和其他清官的最大区别。

康熙三十八年（1699），皇帝第三次南巡，到了浙江杭州。当时，于成龙的孙子于准担任浙江按察使，已经是一名高级官员了。皇帝爱屋及乌，对于准恩宠有加，亲自给他题写了匾额，悬挂在政事堂上。

这一年，于成龙的幼子于廷元在故乡英年早逝，是兄弟三人中最短寿的一个。第二年，于廷翼因病去世，于准"丁忧"回乡。又过了两年，于廷劢也去世了。于准在"丁忧"期间，曾经到五台山拜见康熙皇帝，得到了丰厚的赏赐。

康熙四十二年（1703）九月，于准"丁忧"期满，到北京补官。康熙皇帝特别召见了于准，很兴奋地指着于准对大臣们说："这就是老总督的孙子啊！"随后，任命于准为四川布政使，官升一级。

这年十月，康熙皇帝西巡，于准随驾而行。到太原后，皇帝询问于成龙墓地的道路远近，于准回答说有二百七十多里。皇帝国事繁忙，便打消了亲自祭墓的想法，只郑重题写了一块"高行清粹"的匾额，赐给于准，再一次公开表彰于成龙。另外，皇帝又写了一首诗送给眼前的于准："石岸众芳静，斜阳柳色边。挥毫意独远，鱼跃在深渊。"

之后，于准陪着皇帝巡游到晋南的蒲州。因为马上就要到四川上任了，于准就请皇帝再指示几句。康熙皇帝给于准讲了一番做官治民的道理，然后又忍不住回忆起老总督于成龙。他伤感地说："你祖父于成龙'宽严并济'，这是别人都学不到的啊！"

"宽严并济"四个字，是康熙皇帝对于成龙的一个新评价。前面多次介绍过，于成龙是霹雳手段与菩萨心肠并具，是注重"恩威并用，宽严相济"的。康熙皇帝总结的这四个字，确实是于成龙最为难得的一种品质。

于准到四川上任布政使以后，不足四个月，就被调到贵州担任巡抚，很快又调任江苏巡抚。这种升官速度，固然和于准自己的政绩有关，但无疑也是沾了于成龙的大光。

康熙四十六年（1707），皇帝又一次南巡。他见到很多江南百姓仍然在纪念老总督于成龙，民间还在流传于成龙

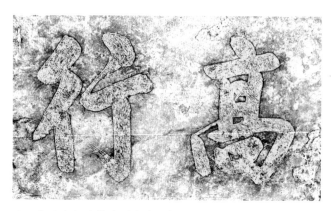

康熙御赐高行清粹碑（残碑局部）

的各种故事，不由得感慨万分，便为于成龙题写了一副对联，赐给江苏巡抚于准："历仕甘棠随地荫，两江清节至今传。"

这副对联和以前赐的"高行清粹"匾额，都被供奉在各地的"于清端公祠"中，作为标准的纪念样式。

不仅如此，于家一门大小，这次都得到了皇帝的龙恩。康熙皇帝为去世的于廷翼题匾"绍德贻谋"，给于廷翼夫人张氏题匾"寿帏恩永"，给于准题匾"敷惠宁人"。还给于廷翼和于准分别赐联："一经式训光先业；屡赐承恩裕后昆。""恺泽三吴滋化雨；节庞再世继清风。"

此时距于成龙去世，已经二十三年过去了。皇帝和百姓都仍然还在怀念于成龙，这究竟是多么大的人格魅力呀！

第二十章

清风化雨滋后人

康熙帝之后的雍正、乾隆二帝，都分别纪念过于成龙。雍正时于成龙入祀北京贤良祠，乾隆帝曾为于家题写"清风是式"。从清朝一直到当代，人们一直没有忘记一代廉吏于成龙，一直在学习他、研究他、纪念他、赞美他。

各地纪念

在山西省会太原，有一座三立祠，建立于明朝万历年间，供奉本省名贤七十多位。同时，三立祠具有书院性质，招收学生，是山西的最高学府。于成龙去世后不久，由洪洞籍著名学者范鄗鼎发起，申报山西巡抚马齐，于康熙二十六年（1687）二月，批准将于成龙的牌位入祠供奉，列为本省名贤。马齐在批语中评价于成龙说：

> 大司马于公清操介节，事业文章，焜耀古今，允堪风世。如详入三立祠，以光俎豆。

在于成龙的故乡永宁州，由当地士绅发起，在城南修建了一座"于清端公祠"，专门纪念于成龙。后来，这座祠堂还成为永宁于氏家族的议事场所。另外，古人常用修建牌坊的方式，表彰各种有功绩的人物。清朝时期，永宁城里牌坊众多，而和于氏家族相关的就有四座。分别是："天眷元臣，秉钺挥旄"坊——这是专为于成龙修建的。"恩荣五代，绩著两朝"坊——这是为于采、于时煌、于成龙、于廷翼、于准五代人修建的。"祖孙督抚"坊——这是为于成龙和于准祖孙二人修建的。"威重廉江，化宣东粤"坊——这是为于成龙的重孙、于准的儿子廉州知府于大樨修建的。

在于成龙的几处任所，也都先后由当地士绅发起，修建了"于清端公祠"。

江宁城里的"于清端公祠"，最初建在天妃祠内。于成龙生前曾经在梦中进入天妃祠朝拜，好像和妈祖娘娘有缘，所以大家把祠堂建在了天妃祠。祠成十年后，深受百姓爱戴的两江总督傅腊塔也在任上去世。大家在讨论给傅总督建祠的时候，认为于成龙的祠堂建在天妃祠内不合适，就重新在雨花台选址，和傅总督的祠堂同时修建。

苏州城里的"于清端公祠"，最初建在城内的通阛坊。后来，大家认为通阛坊靠近寺院，地方窄小，不适合供奉于成龙。而江苏巡抚汤斌的祠堂建在苏州府学内，地段比较好。大家就建议把于成龙的祠堂也移到苏州府学，和汤斌祠同时并建。

黄州的"于清端公祠"就建在当年于成龙赋诗饮酒的黄州赤壁之上。后来，于准从贵州巡抚调任江苏巡抚，路过黄州，见祠堂破旧，就捐资重修了一番。清末洪良品曾写过一首《赤壁于清端公祠》：

> 独拜荒祠绕薜萝，堂堂遗貌壮山河。
>
> 清名白日雷霆动，故老青天涕泪多。
>
> 千载招魂悲宋玉，一龛香火伴东坡。
>
> 雪堂夜静虚明月，风马云旗缥缈过。

罗城县属于偏远落后地区，于成龙去世多年，也没有人顾得上在罗城建祠。乾隆年间，山东历城县人金岳署理罗城知县，他少年时代就爱读《于清端公政书》，一直发愿到罗城为于成龙立祠。此时夙愿得偿，就集资修建了"于清端公祠"。他还在城外三十里的路边峭壁上，刻了"于公旧治"四个摩崖大字，至今尚存。另外，罗城县还把县城一带命名为"清端乡"，以纪念于成龙。

罗城于公旧治摩崖刻石

著作整理

于成龙任两江总督时，他在黄州时期的门生、学者李中素已经开始为于成龙整理文集，后来编成《于山奏牍》七卷，附诗词一卷。这部文集的优点是保留了大量的原始资料，删削的痕迹最少，更多地体现了于成龙的真实面貌。但缺点是采访不足，收录不全。《四库全书总目提要》说：

> 此集刊于康熙癸亥，自卷一至卷七，皆载其历任所上奏疏及详文、牌示并一时同官往来书牍。第八卷则《诗词》，而终之以《制艺》一首。其后《政书》之刻，即因此本而增损之。此编盖犹其初稿。至于诗词，本非所长。《制艺》一首，尤不入格。亦不如《政书》之刊除洁净也。

于成龙的孙子于准做了大官后，开始致力于搜集整理于成龙遗著。他在李中素《于山奏牍》的基础上，补充了大量的新材料，对旧材料也进行了重新整理，改编成《于清端公政书》八卷，前七卷仍是奏疏公文，后一卷仍是诗词。另外还有"外集"，收录了于成龙的传记资料、纪念资料等。据陈奕禧讲，于准任贵州巡抚时，就已经整理出一个版本，称为"黔版"。到江苏任巡抚后，邀请于成龙门生、学者蔡方炳进一步编辑整理于成龙著作，后来诸匡鼎也参与进来。《四库全书总目提要》是这样评价这部《于清端公政书》：

> 成龙以清节著名，而自起家令牧至两膺节钺，安

民戢盗，诸政绩皆绰有成算，其经济亦有足传。今观是书，其平生规划犹可见其本末也。

到乾隆二十六年（1761），于成龙的重孙于大栻又对《于清端公政书》做了一次增补，称为"续集"。主要增加了金岳在罗城建于清端公祠的一些纪念文书。

据今人研究，于成龙的著作在几百年的流传过程中，出现过许多版本，各个版本之间颇有差异。《于山奏牍》有山西大学图书馆藏本、南开大学图书馆藏本、国家图书馆藏本等；《于清端公政书》有康熙本、乾隆本、四库本等。

当代，李志安主编的《于成龙集》于2008年由山西古籍出版社出版发行，这个集子收录的资料在目前来说应该是最全面的，是非常好的研究参考资料。

和于成龙有关的著作，应该还有《先儒正修录》《先儒齐治录》。当年，蔡方炳奉于准之命整理《于清端公政书》，工作完毕后，发现于成龙的书箱中还有一些"手录杂稿"，内容是摘抄的先儒语录，"散乱无次"。蔡方炳忽然想起来，于成龙在去世前曾经嘱咐他说："我还有一些著作，没有编排成书。现在政务繁忙，顾及不到。等《江南通志》竣工以后，我一定聘请你到署中，帮我编辑整理。"应该就是指这批手稿。后来，蔡方炳把这部分手稿整理出来送给于准，于准在公务之余，也继续编辑整理，最后编成《先儒正修录》三卷，《先儒齐治录》三卷。但这部书，内容既属摘抄，编辑工作又是蔡方炳和于准做的，不应该算作是于成龙本人的著作，后世也认定是"于准撰"。《四库全书总目提要》评价说：

是编因成龙杂抄之稿，与蔡方炳编次增益之。《正修录》所采凡一百三十八家之言，不分门目。《齐治录》所采则分幼学养蒙、闲家善后、士子守身、缙绅居乡、以道事君、任职居官、劝谕愚民、慎重刑狱、善俗戢奸、催科抚字、备荒救灾十一门，亦杂采诸家之说，所取不拘一格。其凡例称成龙不从理学中立名，绝无胸中彼此异同之见。又称成龙不佞佛，亦不辟佛。谓身为儒者，方忧圣贤道理把取不尽，何暇探讨宗教律观诸书，以资辩驳。其言明白正大，是成龙所以为成龙欤。

○
○

传记资料

于成龙的生平事迹，主要资料都在《于清端公政书》中。

《治罗自纪并贻友人荆雪涛》，是于成龙写给朋友的书信，详细讲述了他在罗城几年的经历，内容十分精彩感人，流传也最广。

《初到黄郡与友人书》，也是于成龙写的书信，主要讲述合州事迹和初到黄州的情况。

《从好录》，由黄州士绅集体编写，主持其事的可能也是李中素。主要纪录了于成龙任黄州府同知期间捕盗、赈灾、清廉、爱民、敬士等方面的事迹。另外有一部分内容，可能是于成龙任黄州知府期间的事迹。于成龙的很多精彩故事，都出于此。

《跋〈于山奏牍〉后》，武祇遹受于廷元委托撰写。记录了于成龙顺治八年（1651）参加乡试的情况和出仕途中向朋友表示“誓不昧‘天理良心’四字”的情况。

于成龙去世后，门生李中素很快整理出一个原始的传记版本，这其实也是李中素几年研究的成果，但内容还是比较少的，后来没有正式成文。

于成龙的灵柩运回永宁前，于廷翼委托熊赐履撰写墓志铭。熊赐履可能参考了李中素的传记初稿，然后加上他在江宁的大量经历和见闻，形成了第一份于成龙传记。

康熙二十九年（1690）冬天，在户部任职的于准去拜访“小于成龙”。小于成龙时任左都御史兼镶黄旗汉军都统，不久后调任河道总督。他告诉于准，陈廷敬的文学水平很高，又善于记叙人物故事，可以请他为于成龙撰写一部标准的传记，于准便去找陈廷敬。陈廷敬也是山西人，当时可能担任左都御史或工部尚书。于成龙担任直隶巡抚时，曾经和陈廷敬有过交往，两人在保定的馆驿中深谈过半夜，颇有知己之感。陈廷敬接受了于准的请求，根据李中素撰写的《于成龙传略》和范鄗鼎整理的于成龙杂文、轶事，撰写出一部比较完整详尽的《于清端公传》，或称《清端于公传》。这部传记在于成龙的各种传记中，字数最多也是最精彩的一部。但这部传记出于避讳目的，没有谈及于成龙晚年的那场官场风波。

康熙三十八年（1699），于准任浙江按察使。他请求大儒毛际可再为于成龙写一部传记。毛际可认为，因为体裁要求，熊赐履写的"墓志铭"过于简略，而陈廷敬写的"家传"则过于详尽，他就写了一部长短适中的传记，后来又写了一部更简短的小传。

之后，清代人为于成龙写的传记有很多种，散见于清代各种史书中，都是推崇备至，赞扬有加，著名的传记作者有理学家范鄗鼎、大学者戴震、文学家袁枚等，其基本依据，都是熊赐履和陈廷敬的作品，就不一一介绍了。

○
○

清代评价

关于于成龙的平生功业，李中素在《于清端公政书》原序中有一段辞藻精彩、感情充沛的总结：

> 于戏，盛哉！今而知无意于功名者，始能成天下之大功。不遗一事者，始能集天下之大事。本内圣外王之学，以行其致君泽民之志。其在斯夫！其在斯夫！
>
> 方公初仕粤西，瘴疠所侵，异类与居，凡七年矣。北人宦此者百不一归，而公处之泰然，略不为动。卒之瑶僮革心，民安盗戢，其规划条议，至今犹用之不尽，抑可伟也！

及由蜀入楚，遍历艰险，数定大乱，使内地悉平，王师得一意南征，无后顾之虑。迄今读与中丞张公往复诸议，真死而后生、危而后存，其难更有百倍于往日者。当东山逆贼首倡，江右、吴、豫转相煽炽，使蕲、黄不守，则吭扼喉噎，荆、武非我有矣！公独与张公定策，率门下十余人，督乡勇数百，直捣贼巢，身自陷坚，亲冒矢石，一败之黄土坳，一败之纸棚河，旬月间一抚再剿，诸逆授首，而吴豫江右间闻风溃散，南北之路始通。方是时，外诛巨寇，内办军需，既饬属僚，复抚百姓，羽檄交驰，人马擐甲，凡所设施，皆手自裁答。于仓皇中示闲整，于扰攘中恤民力，周不纤细曲当，洞中机宜。此又素所亲炙，不假披阅始知者。

至若出八闽于汤火之余，调剂军民，各安厥所。赎还难民，动以千百。每一书上，王公大人皆虚心听受。抚绥上谷，屡建谠言，为民请命，天子知公直，皆特旨报可。以故得苏解困痾，全活死徙无算。

古人得一节，足以传之无穷，公则萃于一身，无往而不备矣。

……甫莅两江，未期月纲纪整饬，俗易风移。每有示谕，闾里小民争手录口诵，旬日成帙……

清代名臣魏象枢曾给于成龙写过一封回信，当时于成龙还在黄州知府任上。魏象枢高度评价了于成龙的政绩和为人，同时也介绍了当时北京官场及民间对基层名吏于成龙的普遍看法，可以由此了解于成龙早年的名气：

> 迨壬子奉召入都，始闻足下贤名，如雷贯耳，儿童走卒悉能言之。嗣于大计过堂之时，遥望丰采，窃喜此日得见黄州矣。数年来又从司农署中，见满洲诸司之自楚来者，咸曰："黄州太守，好官也。"长安清议，如出一口。大抵谓才足济变，政可得民，其贤如此。

于成龙的山西老乡、乡试同年、著名理学家范鄗鼎在《跋〈于清端公传〉后》评价说：

> 本朝养士四十余年，得于先生，先生之廉可不谓其尽善乎！廉则心清，心清则理明，理明则才全，理明则学优而气壮……

范鄗鼎在文中拿于成龙和山西的几位廉吏相比，说于成龙才、学、气三者俱备，并且幸运地获得了皇帝和上级的赏识，一生大展宏图，功业卓著。并说于成龙的才、学、气俱备来自于廉洁，只有行为廉洁才能够心地清净，心地清净才能够道理通明……可谓是极高度的赞扬。

陈廷敬在《于清端公传》中，一方面引用了范鄗鼎的评价，一方面又谦虚地表示自己不敢妄议。但观察卫周祚、魏象枢、毕振姬等几位自己熟悉的贤者，假如他们被放到于成龙的位置，成就还真不知道会怎么样。他最后表示，自己认真为于成龙作传，是想表达一种"私淑"之意，也就是要向于成龙学习，做于成龙那样的名臣。

武祗遹在《跋〈于山奏牍〉后》很痛快地赞扬评价了老同学：

> 其刚毅自矢，不畏强御，则包孝肃也；其精白一心，可对天地，则赵清献也；其安上利下，扶危定倾，则司马温公也；易箦之日，仅余竹箧败笥，污衣旧靴，银钱毫无，则海忠介之萧条，棺外无余物，冷落灵前有菜根也！所谓"言顾行，行顾言"，公之谓也！

武祗遹以包拯、赵抃、司马光、海瑞四位古名臣为范例，从四个方面高度赞扬于成龙。这个评价虽然不无过誉，但也是很有道理的。

熊赐履在"墓志铭"中高度评价于成龙，是从"诚于中而形于外"的角度说的：

> 呜呼！余考传记，三代而后以廉干称者代不乏人，然类多矫饰沽激，流为刻核，以纳于偏畸。故措施建树、表里初终之际，往往难言之。未若公之狷介性成，质任自然，略无矫强刻厉之迹。而诚意感孚，无不服教畏神，不疾而速，直有超越于古人之上者。然后叹

公为真不可及，而益信诚中形外之为不诬也！

熊赐履说，历史上很多廉吏，往往不是虚伪，就是偏激，行事往往会引发争议。而于成龙则是生性清廉，自然如此，没有一丝一毫的虚伪，确实是超越了古人。

出身状元世家的著名居士彭绍升在《于成龙事状》中评价说：

> 操执似海忠介，智略似王文成。行成于独，不言而人自化。用能保圣天子始终之恩，立百尔在官之准，永斯人没世之慕。区区发奸禁暴，岂足以见公之雅量哉！

彭绍升把于成龙比作明朝的清官海瑞和儒将王守仁（王阳明），这也算是非常高的评价了。

于准在《先儒正修齐治录序》中评价祖父于成龙说：

> 先清端平生从不讲学，而所行未尝不合于道。素景慕者，汉则江都、隆中，唐则邶侯、宣公，宋则魏公、温公，明则文清、文成。文清、文成为理学宗主，而汉唐宋诸公，皆不以理学名者也。然江都之正谊明道，隆中之淡泊宁静，邶侯之智识，宣公之忠悃，魏公之度量，温公之立诚，虽不树理学名，实归真于理学。先清端之景慕乎诸君子者，亦期无愧于真而已。

于准列出了于成龙的八位"崇拜偶像"，包括建议"罢黜百家，独尊儒术"的董仲舒，帮刘备治理蜀汉的诸葛亮，帮助唐肃宗平定安史之乱的李泌，给唐王朝上书提意见的陆贽，宋仁宗时期的名相韩琦，宋哲宗时期的名相司马光，明朝的理学家薛瑄，平定过宁王之乱的大儒王阳明。用这种巧妙的方式，评价了于成龙的心胸和志向。

晚清理学大师、名臣曾国藩的老师唐鉴在《于成龙为政辑评》中这样评价：

> 圣贤之学，体用一源。有真体者必有真用，有真用者必有真体。如先生者，所谓有真用者也，而真体即于用中见之……吁！先生之清令人畏，令人服，令人感泣，何若是其神也？则以其出于诚也！真体真用于是乎见之。夫而后知先生之《政书》，即先生之学案也。天下之言清者，孰如先生？天下之言勇者，又孰如先生？曰仁曰诚，先生可无愧矣。先生，吏者之师也。

唐鉴生活在于成龙去世一百多年之后，作为理学大师，他的评价可谓十分经典。所谓体与用，也就是我们熟悉的理论与实践。于成龙平生没有理学方面的著述，可以说是没有理论，唐鉴认为有真理论才会有真实践，有真实践必定有真理论。于成龙以实践见长，那一定是精通圣贤的理论。于成龙的公文和奏疏，等于是理学家的"学案"。他对于成龙的清廉、勇敢、仁爱、真诚，非常认可也非常佩服。最后点出，于成龙是"吏者之师"，是官场上的大理学家。

○
○

当代影响

白寿彝主编的《中国通史·清代传记编》中，于成龙占了一章的分量，该书评价于成龙是"勇于任事，清苦克俭"。在今人撰写的几部《康熙传》中，都有专门的章节介绍清官于成龙。余沐撰写的《正说清朝十二臣》中，清官于成龙也占了一席之地。另据检索，网上有"中国古代十大清官"的说法，清代的于成龙排在第十位。王若东、刘乃顺、林祥三先生合著的《天下第一廉吏：于成龙传》，是一部资料丰富、内容完整、可读性很强的著作，也是本书重要的参考资料。

在文艺作品方面，有王永泰先生的长篇小说《清官于成龙》。这部小说因体裁缘故，虚构内容较多，但影响很大。单田芳先生将其改编为一百回的评书，广为流传；二十集电视连续剧《一代廉吏于成龙》也由小说改编，2000年在中央电视台黄金时段播出，一时间红遍全国，扮演于成龙的是著名演员李万年；上海京剧院将小说的部分章节改编为京剧《廉吏于成龙》，由著名表演艺术家尚长荣先生主演，后来由上海电影制片厂拍成了电影，也有很广泛的影响。2017年1月，由吴子牛执导的新版电视剧《于成龙》

在中央电视台一套黄金时间首播，随后多家电视台反复重播，网络同时可以收看，再次引发了全国范围内的于成龙热，演员成泰燊塑造了全新的于成龙形象，受到观众的欢迎。另外，还有不少文艺作品在各地上演，不一一列举了。

由于当代廉政建设的需要，于成龙故里、遗迹的保护和开发，于成龙著作、传记的出版和发行，以及于成龙故事的演绎和宣传，都可以说是方兴未艾，热潮迭起。作为现代人，有充分的渠道去了解于成龙、认识于成龙、感悟于成龙、学习于成龙。斯人虽然早已化为吕梁山上一缕清风、一抔黄土，但他的精神将永远不朽，长留世间。

在本书正文的最后，大家一起来欣赏电视连续剧《一代廉吏于成龙》的主题歌：

你为的是天下，想的是社稷，苦了自己。

你穿的是旧衣，吃的是粗米，从不在意。

你爱的是百姓，恨的是贪吏，一身正气。

你流的是热泪，熬的是心血，勤政不息。

啊……民心和顺四海安定欣共举！

参考文献

［1］［清］蔡方炳、诸匡鼎编，于准录《于清端公政书》，康熙年刊印。

［2］［清］李元度：《国朝先正事略》。

［3］［清］于准编《于氏宗谱》，康熙年刊印。

［4］《永宁州志》，康熙年刊印。

［5］虞山襟霞阁主编《于成龙判牍精华》，上海中央书店印行，1943年。

［6］［清］赵尔巽等：《清史稿》，中华书局，1977年。

［7］王钟翰点校《清史列传》，中华书局，1987年。

［8］王若东等：《天下第一廉吏——于成龙传》，山西人民出版社，2000年。

［9］李志安主编《于成龙集》，山西古籍出版社，2008年。

于成龙年表

　　1617年，明万历四十五年，于成龙出生。明朝朝政混乱，关外的女真族后金政权刚成立一年多。

　　1639年，明崇祯十二年，于成龙二十三岁。乡试中副榜，做贡生。清朝的关外政权已正式成立三年。

　　1644年，明崇祯十七年，清顺治元年，于成龙二十八岁。明朝灭亡，清军入关。此年故乡山西永宁州被李自成大顺军攻破，惨遭屠城。

　　1651年，清顺治八年，于成龙三十五岁。参加乡试，未中。此前二年，山西曾发生大规模反清战争，大同、汾阳等地被清军屠城。

　　1656年，清顺治十三年，于成龙四十岁。赴吏部谒选，获得候补知县的身份。

　　1661年，清顺治十八年，于成龙四十五岁。赴吏部掣签，上任广西罗城知县。此年顺治皇帝去世，康熙皇帝登基，索尼等大臣辅政。清朝已基本统一全国。

1667年，清康熙六年，于成龙五十一岁。已在罗城任职七年，政绩突出，被举为"卓异"。又以"边俸逾期"，升任四川重庆府合州知州。此年康熙皇帝亲政。

1669年，清康熙八年，于成龙五十三岁。因为在罗城被举"卓异"及合州的功绩，升任湖广黄州府同知，驻麻城歧亭，开始大力治盗。此年康熙皇帝智擒鳌拜，掌握权力。

1670年，清康熙九年，于成龙五十四岁。赴京"入觐"，完毕后曾回故乡山西永宁探亲。从此年开始，幼子于廷元一直在任所陪侍父亲。

1674年，清康熙十三年，于成龙五十八岁。第二次被举为"卓异"，第二次赴京"入觐"。因"三藩之乱"署理武昌知府，升任福建建宁知府，又署理武昌知府。因造桥失职被罢官，又因剿抚东山叛乱成功被复职，调任黄州知府。平定黄州叛乱，办理军需事务。

1677年，清康熙十六年，于成龙六十一岁。调任下江防道，驻蕲州。

1678年，清康熙十七年，于成龙六十二岁。升任福建按察使。

1679年，清康熙十八年，于成龙六十三岁。春季始抵福建上任，九月第三次被举"卓异"，十月升任福建布政使。

1680年，清康熙十九年，于成龙六十四岁。三月升直隶巡抚，六月抵达保定府上任。大力赈灾并推行新政。

1681年，清康熙二十年，于成龙六十五岁。两次"陛见"康熙皇帝，受赐甚多。年底请假回籍葬母，又被任命为两江总督。

1682年，清康熙二十一年，于成龙六十六岁。回籍葬母，撰写《家训》。上任两江总督，推行一系列新政。

1683年，清康熙二十二年，于成龙六十七岁。十月受马世济参劾，受到降五级留任的处分。

1684年，清康熙二十三年，于成龙六十八岁。屡次上疏乞归，四月十八日病故，七月灵柩离开江宁运回故乡。次年隆重下葬。

附录二

于成龙传

　　于成龙，字北溟，山西永宁人。明崇祯间副榜贡生。顺治十八年，谒选，授广西罗城知县，年四十五矣。罗城居万山中，盛瘴疠，瑶、僮犷悍，初隶版籍。方兵后，遍地榛莽，县中居民仅六家，无城郭廨舍。成龙到官，召吏民拊循之，申明保甲。盗发即时捕治，请于上官，谳实即处决，民安其居。邻瑶岁来杀掠，成龙集乡兵将捣其巢，瑶惧，誓不敢犯罗山境。民益得尽力耕耘。居罗山七年，与民相爱如家人父子。牒上官请宽徭役，疏醨引，建学宫，创设养济院，凡所当兴罢者，次第举行，县大治。总督卢兴祖等荐卓异。

　　康熙六年，迁四川合州知州。四川大乱后，州中遗民裁百余，正赋仅十五两，而供役繁重。成龙请革宿弊，招民垦田，贷以牛种，期月户增至千。迁湖广黄冈同知，驻歧亭。歧亭故多盗，白昼行劫，莫敢谁何。成龙抚其渠彭百龄，贳罪，令捕盗自赎。尝察知盗所在，伪为丐者，入其巢，与杂处十余日，尽得其平时行劫状。乃出呼役械诸盗，具狱辞，骈缚坑之，他盗皆远窜。尝微行村堡，周访闾里情伪，遇盗及他疑狱，辄踪迹得之，民惊服。巡抚张朝珍举卓异。

十三年，署武昌知府。吴三桂犯湖南，师方攻岳州，檄成龙造浮桥济师，甫成，山水发，桥圮，坐夺官。三桂散伪劄遍湖北州县，麻城、大冶、黄冈、黄安诸盗，皆倚山结寨应三桂。妖人黄金龙匿兴宁山中，谋内乱。刘君孚者，尝为成龙役，善捕盗，亦得三桂劄，与金龙等结大盗周铁爪，据曹家河以叛。朝珍以成龙旧治得民心，檄往招抚。成龙诇知君孚虽反，众未合，犹豫持两端。兼程趋贼砦，距十里许止宿，榜示自首者免罪，来者日千计，皆贷之。先遣乡约谕君孚，降者待以不死。乃策黑骡往，从者二，张盖鸣钲，迳入贼舍。呼君孚出见，叩头受抚，降其众数千，分立区保，籍其勇力者，督令进讨。金龙走纸棚河，与其渠邹君申往保山砦，成龙擒斩之。朝珍以闻，请复官，即擢黄州知府，上允之。

诸盗何士荣反永宁乡，陈鼎业反阳逻，刘启业反石陂，周铁爪、鲍世庸反泉畈，各有众数千，号东山贼，遥与湖口、宁州诸盗合，将趋黄州。时诸镇兵皆从师徇湖南，州中吏民裁数百，议退保麻城。成龙曰："黄州，七郡门户，我师屯荆、岳，转运取道于此。弃此不守，荆、岳且瓦解。"誓死不去。遂集乡勇得二千人，遣黄冈知县李经政攻阳逻，得鼎业诛之。士荣率贼数犯，自牧马崖分两路来犯。成龙遣千总罗登云以千人当东路，而自当西路。令千总吴之兰攻左，武举张尚圣攻右，成龙力冲其中坚。战合，之兰中枪死，师少却；成龙策马冒矢石迳前，顾千总李茂升曰："我死，汝归报巡抚！"茂升战甚力，尚圣自右出贼后，贼大败，生致士荣，槛送朝珍，遂进克泉畈。凡二十四日，东山贼悉平。十五年，岁馑，讹言复起。成龙修治赤壁亭榭，日与僚吏啸咏其中，民心大定。会丁继母忧，总督蔡毓荣奏请夺情视事。十六年，增设江防道，驻黄州，即以命成龙。

十七年，迁福建按察使。时郑成功送犯泉、漳诸郡，民以通海获罪，株连数千人，狱成，当骈戮。成龙白康亲王杰书，言所连引多平民，宜省释。王素重成龙，悉从其请。遇疑狱，辄令讯鞫。判决明允，狱无淹滞。军中多掠良民子女没为奴婢，成龙集资赎归之。巡抚吴兴祚疏荐廉能第一，迁布政使。师驻福建，月征辇夫数万，累民，成龙白王罢之。

十九年，擢直隶巡抚，莅任，戒州县私加火耗馈遗上官。令既行，道府劾州县，州县即讦道府不得馈遗挟嫌，疏请严定处分，下部议行。宣化所属东西二城与怀安、蔚州二卫旧有水冲沙压地千八百顷，前政金世德请除粮，未行，为民累；成龙复疏请，从之。又以其地夏秋屡被灾，请治赈。别疏劾青县知县赵履谦贪墨，论如律。二十年，入觐，召对，上褒为"清官第一"，因问剿抚黄州土贼状，成龙对："臣惟宣布上威德，未有他能。"问："属吏中亦有清廉否？"成龙以知县谢锡衮，同知何如玉、罗京对。复谕劾赵履谦甚当，成龙奏："履谦过而不改，臣不得已劾之。"上曰："为政当知大体，小聪小察不足尚。人贵始终一节，尔其勉旃！"旋赐帑金千、亲乘良马一，制诗褒宠，并命户部遣官助成龙赈济宣化等处饥民。成龙复疏请缓真定府属五县房租，并全蠲霸州本年钱粮，均报可。是年冬，乞假丧母，优诏许之。

未几，迁江南江西总督。成龙先后疏荐直隶守道董秉忠、阜城知县王燮、南路通判陈天栋。濒行，复荐通州知州于成龙等。会江宁知府缺，命即以通州知州于成龙擢补。成龙至江南，进属吏诰诫之。革加派，剔积弊，治事尝至达旦。好微行，察知民间疾苦、属吏贤不肖。自奉简陋，日惟以粗粝蔬食自给。江南俗侈丽，相率易布衣。士大夫家为减舆从、毁丹垩，婚嫁不用音乐，豪猾率家远避。居数月，政化大行。势家惧其不利，构蜚语。明珠秉政，尤与忤。二十二年，副都御史马世济督造漕船还京，劾成龙年衰，为中军副将田万侯所欺蔽。命成龙回奏，成龙引咎乞严谴，诏留任，万侯降调。二十三年，江苏巡抚余国柱入为左都御史，安徽巡抚涂国相迁湖广总督，命成龙兼摄两巡抚事。未几，卒于官。

成龙历官未尝携家属，卒时，将军、都统及僚吏入视，惟笥中绨袍一袭、床头盐豉数器而已。民罢市聚哭，家绘像祀之。赐祭葬，谥清端。内阁学士锡住勘海疆还，上询成龙在官状，锡住奏甚清廉，但因轻信，或为属员欺罔。上曰："于成龙督江南，或言其变更素行，及卒后，始知其始终廉洁，为百姓所称。殆因素性鲠直，不肖挟仇谗害，造为此言耳。居官如成龙，能有几耶？"是年冬，上南巡至江宁，谕知府于成龙曰："尔务效前总督于成龙正直洁清，乃为不负。"又谕大学士等曰："朕博采舆评，咸称于成龙实天下廉吏第一。"加赠太子太保，荫一子入监，复制诗褒之。雍正中，祀贤良祠。

论曰：于成龙秉刚正之性，苦节自厉，始终不渝，所至民怀其德。彭鹏拒伪命，立身不苟，在官亦以正直称。陈瑸起自海滨，一介不取，行能践言。陈鹏年、施世纶明爱人，不畏强御。之五人者，皆自牧令起，以清节闻于时。成龙、世纶名尤盛，闾巷诵其绩，久而弗渝。康熙间吏治清明，廉吏接踵起，圣祖所以保全诸臣，其效大矣。

（选自《清史稿》卷二百七十七《列传六十四》）